# LA CRIANZA FELIZ

# La crianza feliz

## Cómo cuidar y entender a tu hijo de 0 a 6 años

Rosa Jové

la esfera de los libros

Primera edición: junio de 2011
Decimotercera edición: julio de 2018


Avenida de Alfonso XIII, 1, bajos
28002 Madrid
Tel.: 91 296 02 00 • Fax: 91 296 02 06
www.esferalibros.com

Con la colaboración de Mariana Vas en la elaboración del capítulo XV.

ISBN: 978-84-9970-064-9
Depósito legal: M. 21.275-2011
Fotocomposición: IRC, S. L.
Fotomecánica: Unidad Editorial
Impresión: Anzos
Encuadernación: De Diego
Impreso en España-Printed in Spain

# Índice

SEGUNDA PARTE
## QUIÉN EDUCA A NUESTROS HIJOS

TERCERA PARTE

## SOLUCIONES PRÁCTICAS

*Para Toni,*
*que hace realidad nuestros sueños.*

# Agradecimientos

La autora agradece a Julio Basulto, Loli Martínez, Antonio Sales y Mariana Vas sus valiosos comentarios y aportaciones al manuscrito.

También a Eva Blasco, Enric Tomás, Pablo Solvey y Raquel Ferrazzano por estar ahí y transmitirme fuerzas para terminar el trabajo.

Los testimonios de padres citados en este libro provienen de la consulta particular de esta autora y de foros públicos de internet. En ambos casos se han cambiado nombres y datos de identificación. Damos, pues, también las gracias a los siguientes sitios y a los padres que los forman por cedernos sus experiencias: *www.crianzanatural.com*, *www.elpartoesnuestro.es*, *www.quenoosseparen.info*, así como al Centro Urdimbre y al Centre Mèdic CMS.

PRIMERA PARTE

# UNA VIDA EN NUESTRAS MANOS

# Capítulo I

# BASES PARA UNA CRIANZA FELIZ

*La vida es fascinante: sólo hay que*
*mirarla a través de las gafas correctas.*
A. DUMAS

## MIRAR CON OJOS DE NIÑO

*Hasta que los leones tengan sus propios historiadores,*
*las historias de caza siempre glorificarán al cazador.*
DICHO YORUBA (NIGERIA)

Hace poco me contaron una historia:

> Había una vez un lobo jardinero que se dedicaba a cuidar un pequeño bosque. Un día oyó acercarse a una niña con una caperuza roja que cruzaba el bosque pisando la hierba y arrancando sus flores. Preguntada a dónde iba, le dijo que a ver a su abuelita, que estaba enferma. Para evitar males mayores, la desvió por un camino algo más largo, pero asfaltado, que bordeaba el bosque.
>
> Al poco se da cuenta de que ha debido de coger unas flores urticantes y, cruzando el bosque por el camino más rápido, llega a casa de la abuela.
>
> La abuela, en cuanto lo ve, se encierra en el armario y mientras el lobo trata de convencerla para que salga oye acercarse a la niña.

—¿Qué hago? Le he pegado un susto de muerte a la abuela y ahora voy a causarle un disgusto a la niña si no la ve.

Recoge el gorro de la abuela, se lo pone y piensa: «Me hago pasar por la abuela y, después de que la niña se vaya, intento calmar a la pobre mujer».

La niña se acerca a la cama y nota ciertos cambios morfológicos que va preguntando, hasta que al final se da cuenta del engaño y sale corriendo. El lobo va detrás para intentar calmarla.

Por el bosque merodeaba un cazador que había seguido el rastro de los gritos y al ver a un lobo a tiro no se lo piensa dos veces y dispara. El cazador contento, la niña contenta y la abuela también.

Los lobos no se explican cómo ha llegado esta historia tan diferente hasta nuestros días... Pero nosotros sí podemos hacerlo porque sabemos que quien escribe la historia siempre la cuenta a su manera: el héroe de un bando es un enemigo o traidor para el contrario.

Si pasean por las estanterías de las librerías y bibliotecas (sección de educación para niños) se encontrarán con que la mayoría tienen títulos peyorativos para los niños del tipo *Socorro, tengo un hijo adolescente, Pórtate bien, El pequeño dictador, Cómo sobrevivir a los hijos, Cómo evitar la tiranía en los niños...*, porque los escribimos los adultos para los adultos. En ningún momento nos hemos detenido a pensar cómo se sentirían ellos. Por otra parte, el artículo 18 de nuestra Constitución garantiza el derecho a la propia imagen (se tenga la edad que se tenga), y estos títulos dañan la imagen del menor.

Una señora comentaba no hace mucho en una librería de mi ciudad: «Esto, esto es lo que tengo yo: ¡un tirano en casa!», en clara alusión a su hijo adolescente y al título de un libro que allí estaba. Probablemente esa mujer lo debía de estar pasando fatal por los problemas de comunicación y comportamiento de su hijo adolescente, pero mientras pensara que éste era un tirano seguro que iba a tardar más en solucionarlos. Aquel título posiblemente hiciera que el problema se agravara porque había añadido una palabra peyorativa al concepto que la madre tenía de su hijo: a partir de aquel momento éste pasó de ser un adolescente con problemas a ser un tirano.

Imaginen que este tipo de títulos se hicieran sobre otros colectivos: *Socorro, tengo una mujer emancipada, Pórtate bien, El pequeño dictador,*[1] *Cómo sobrevivir a los inmigrantes, Cómo evitar la tiranía en tu esposa...* Más de un colectivo —¡y con razón!— se habría levantado en protesta porque la imagen de todo el grupo quedaba dañada con estos títulos. En el caso de los niños, algunos adultos incluso encuentran estos títulos graciosos.

No podemos empezar a educar a los niños sin el convencimiento de que tienen los mismos derechos que nosotros (los adultos). Que son personas de pleno derecho.

> Artículo 1 de la Declaración Universal de los Derechos Humanos: «Todos los seres humanos nacen libres e iguales en dignidad y derechos y, dotados como están de razón y conciencia, deben comportarse fraternalmente los unos con los otros».

Y ése debe de ser el primer paso ante cualquier actuación educativa hacia el menor: nunca menoscabar su dignidad ni sus derechos.

---

[1] Sí, es el mismo título que el libro infantil, pero imaginen que en lugar de la foto de unos niños ponen la de su político preferido o la de una persona discapacitada que necesita cuidados constantes.

Este libro parte de la premisa de que educar es un camino que hay que recorrer con los hijos, al lado de los niños. ¿Cómo vamos a compartir viaje con alguien del que pensamos que nos quiere tomar el pelo o torearnos? Ese tipo de pensamientos provoca una distancia emocional entre padres e hijos. Ya no se hace el viaje con alguien, junto a alguien, sino unos delante y otros detrás; y eso en el mejor de los casos, porque hay otra opción peor, que es la de llevarlos a «rastras». Conforme esa distancia entre padres e hijos se acrecienta, cada vez es más difícil el camino de regreso.

No debemos caer en el error de ver la educación de los niños desde un solo ángulo; tenemos que darles voz, saber ponernos en su lugar. Sólo así podremos entenderlos, y la comprensión es el primer paso para solucionar un problema.

A principio de los noventa trabajaba en una escuela de mi ciudad que tenía un edificio muy antiguo y que estaba dando muchos problemas. Después de mucho pedir, construyeron uno nuevo. Semanas antes del traslado nos invitaron a ver el edificio a la comunidad de padres y profesionales del centro.

La decepción fue mayúscula. Los arquitectos no habían tenido en cuenta a ninguna de las personas que iban a usar el edificio (niños, padres, maestros, profesionales...) y habían caído en errores monumentales, como poner una escalera de diseño con unas barandillas por las cuales los niños podían caerse al vacío, o situar los percheros de las clases de parvulitos a metro y medio de altura. Lo más gracioso era ver a los niños de la clase de párvulos usando los urinarios de pared: como estaban demasiado altos, se ponían a orinar apuntando hacia arriba y el pis les volvía a caer en su pantalón (a los más afortunados sólo les salpicaba los zapatos). La inauguración se retrasó y, una vez instalados, las reformas continuaron.

Cuando se hace una cosa para alguien, hay que tener en cuenta a ese alguien. Como cuando en Navidad buscas un regalo adecuado a esa persona que tanto quieres; normalmente es un buen regalo si has tenido en cuenta sus gustos, no los tuyos.

Por lo tanto, si usted es de los que piensan que para educar a un niño se pueden utilizar formas de trato diferentes de las que se usan con el resto de personas (pues no las emplearía con su pareja, ni con sus amigos íntimos), como dejarles llorar, enviarles a su habitación, ignorarles, dejarles sin cenar, quitarles sus objetos más preciados durante un tiempo, levantarles la voz...,[2] o si es de los que piensan que cuando un niño presenta un problema toda la culpa es de él, o que es malvado, o que le toma el pelo... Si es así, éste no es su libro (pero mejor que siga leyendo).

## QUÉ ES LA CRIANZA FELIZ

*El medio más seguro de hacernos agradable*
*la vida es hacérsela feliz a los demás.*
A. GRAF KÖRNER

¿Y qué es el amor? Mucho se ha escrito sobre este tema, pero en realidad sólo lo conoces cuando lo sientes. Lo mismo que la crianza feliz.

---

[2] No he mencionado el pegar un bofetón porque es ilegal, aunque lo haga un padre o el niño se lo merezca. Tan sólo hemos mencionado aquellas actitudes que se tienen hacia los niños que no se tolerarían con otros adultos, pero que aún no están penalizadas por nuestras leyes.

La crianza feliz es una forma de crianza que tiene en cuenta en todo momento las necesidades del niño —no sólo físicas, sino también emocionales—, entendiendo que estas necesidades deben ser atendidas, de forma que respete al bebé como persona que es. Cuando la familia está en sintonía y convive armoniosamente, sin odios ni temores, hay felicidad. Y cuando eso lo aplicas a la crianza, tendrás una crianza feliz.

Pero para ello debemos quitarnos los miedos (y no provocarlos en nadie): hemos de ser capaces de eliminar de nuestra mente el temor a pensar que nuestros hijos nos manipulan, a admitir que nos podemos equivocar (como ellos) y a tener la valentía de pedir perdón. A tener la capacidad de defender nuestro modelo de crianza en contra de modas pasajeras y a fomentar el respeto hacia todos los miembros de nuestra familia: ningún miembro debe sentir miedo de hablar, de expresarse o de pedir lo que necesita, pues ha de tener la seguridad de que va a ser escuchado y respetado.

Para conseguir todo esto es importante cambiar el paradigma de la crianza y del concepto de infancia que se tiene. Aún arrastramos la idea de que los niños son como pequeñas fierecillas salvajes que tenemos que domesticar contradiciendo sus acciones erróneas. Pues no. ¡Somos humanos! ¡Por amor moveríamos el mundo! Fomente el amor en su familia y sus hijos se desvivirán por hacer feliz la vida a los demás miembros de la misma. Una amiga mía solía decir que «un tarrito lleno de miel sólo puede derramar miel».

¡Cuántas cosas hemos hecho por amor! Por amor hemos compartido nuestra comida, hemos dejado dinero, hemos permanecido noches enteras pendientes de un teléfono… El amor nos envuelve en un estado de «embriaguez» en el que sólo vemos el objeto amado y buscamos su felicidad.

Por el contrario, el niño criado en un entorno hostil, en el que no es atendido con rapidez cuando llora, desarrolla en él una carga elevada de estrés que provoca una mayor actividad (en algunos casos confundida con hiperactividad) y, como mecanismo de defensa, se hace un niño más agresivo:

> Si estudias casos de personas con desórdenes debidos al estrés, verás que ante un factor estresante intentan reaccionar con una actividad frenética, haciendo mil cosas a la vez, y, pase lo que pase, siguen con ese ritmo, aunque ese factor ya no esté presente. Es un estado psicológico de emergencia perpetua, sin tregua. (...)
>
> Uno de los factores que más ayudan a aliviar la carga de estrés, tanto para nosotros como para el resto de animales, es hacer infelices a los demás, dirigiendo nuestra agresividad hacia otras personas.[3]

El hecho de fomentar el amor entre nuestros hijos y familia no sólo va a revertir en nosotros, porque viviremos de forma más feliz y satisfactoria, sino porque nuestros hijos aprenderán antes lo que les enseñemos. De todos es sabido que los aprendizajes hechos en un entorno de amor se adquieren antes, y eso en crianza implica que vamos a tener que dedicar menos horas para que nuestros hijos aprendan algo (y las podremos emplear simplemente en disfrutar de ellos):

> (...) pues todos sabemos que aprendemos con mayor facilidad aquello que nos produce satisfacción (placer) y que nos es enseñado con afecto y cariño (...).

---

[3] R. Salpolsky, en una entrevista realizada por Eduard Punset y transcrita en su libro *El viaje a la felicidad*, Destino, Barcelona, 2005, pp. 167-168.

Las investigaciones del equipo de Morgado Bernal con ratones de experimentación corroboran la vinculación entre el placer y la capacidad de aprendizaje.[4]

Para remarcar eso, numerosos investigadores insisten en cómo el miedo y el estrés «colapsan» nuestro sistema límbico, que al ser responsable de una parte de nuestra memoria[5] bloquea a su vez los aprendizajes.

> «El exceso de hormonas del estrés o descargas de catecolaminas parece perjudicial a las contribuciones del hipocampo y de la amígdala, respectivamente, en el procesamiento de la memoria».[6]

Pero la crianza feliz va a revertir sobre todo en el propio menor, en nuestro hijo, desarrollando más su inteligencia, fomentando su autoestima, disminuyendo las probabilidades de trastornos mentales como depresiones y ansiedades, y haciendo de ellos personas con un carácter más seguro y menos agresivo, como demostraremos en las páginas sucesivas.

---

[4] N. Acarín, *El cerebro del rey,* RBA, Barcelona, 2005, pp. 194 y 195.

[5] Como la implícita y la de corto plazo.

[6] D. J. Siegel, *La mente en desarrollo,* Desclée de Brouwer, Bilbao, 2007, p. 88.

## LOS OBSTÁCULOS PARA UNA CRIANZA FELIZ

*Haz que las contrariedades te alienten*
*y los obstáculos te engrandezcan.*
ANÓNIMO

A lo largo del libro hablaremos de cómo realizar una crianza feliz. En los dos próximos capítulos nos ocuparemos de cómo poner las bases; en los tres siguientes, de quién y cómo las pone, y finalizaremos con soluciones prácticas para determinados problemas.

Pero al intentar llevar a cabo todo esto es posible que se encuentre con algunos de los obstáculos que nombraremos a continuación y que debería intentar eliminar o minimizar en su vida.

### *Los consejos no deseados (o las críticas recibidas)*

*Dad el consejo a tiempo y daréis pocos.*
TERENCIO

Cuando uno tiene un hijo todo el mundo se cree con el derecho de opinar. Lo peor es cuando encima se creen capaces de hacerlo. Nadie ha tenido un bebé como el que usted tiene, nadie tiene una familia igual y nadie vive como usted; por lo tanto, nadie sabe lo que siente ni exactamente por qué hace lo que hace ni por qué le suceden las cosas que le suceden. Así que debe mantener la prudencia ante esas personas tan bien intencionadas.

El problema es que muchas de ellas son personas próximas a nosotros y queridas, como una madre, una hermana o una amiga. A las personas de la calle puede evitarlas (si mi carnicera me censura, puedo ir a otra), pero a una madre o a una amiga no; las verá aunque no quiera. ¿Qué hacer para minimizar sus intervenciones y continuar con su amistad? Veamos:

- *Ignorar, asentir y distraer.*
  Imagine que su amiga le está hablando de lo mal que está haciendo en llevar a su hijo siempre consigo. Puede ignorarla, es decir, escuchar y no hacer caso; ella contenta y usted también. Puede asentir en las cosas que cree que le sirven (no siempre todo el discurso va a ser negativo); ella pensará que le da la razón y usted hará lo que quiera. Por último, puede distraer, es decir, si ve que saca un tema en el que no le va a gustar lo que va a comentar siempre puede preguntar: «Por cierto, ¿te apetece un café mientras hablamos? Ven, que verás en la cocina...». O, por ejemplo: «¡Ah! Perdona que te interrumpa pero me escapo un momento al baño que no puedo más». O, el socorrido: «Hablando de niños... ¿Qué tal tu novio?». En este caso, se ríen las dos un rato.

- *Dar información o mencionar a un profesional.*
  Ninguna madre (y padre) hace las cosas porque sí. Normalmente, antes de tomar una decisión sobre su hijo ha leído libros o ha hablado con su pediatra. Ante una persona que le lleve la contraria, utilice como argumento aquella información que avale lo que usted piensa. En el raro supuesto de que haya dos opiniones suficientemente contrastadas, cuando la otra persona le diga las suyas, haga como una amiga

mía, que le dijo a su suegra:[7] «Sí, en este caso hay dos caminos, y nosotros queremos ir por éste».

- *Mejorar su uso del lenguaje.*
  A veces vale la pena tener preparadas (incluso memorizadas) las respuestas. Espero que este libro le dé algunas ideas de cómo responder ante algunos problemas. Cuando la gente de mi alrededor «criticaba» la lactancia de mi hijo con tan sólo un año, aprendí respuestas del tipo «Es que la OMS (Organización Mundial de la Salud) y Unicef dicen que se debería amamantar en exclusiva hasta los 6 meses, y luego hasta mínimo 1 año o los 2 años». Cuando mi pequeño hizo año y medio me volví más irónica y tenía respuestas del tipo «Es que mi religión me prohíbe destetar». La verdad es que cuando nombras la religión la gente desiste de convencerte. Como mucho me preguntaban: «¿Y qué religión es ésta?», y yo les respondía: «Filioegoísta practicante», es decir, que doy prioridad a mi hijo por encima de todo.
  Cuando mi hijo tenía 2 años o 2 y medio, mis respuestas cambiaron, y un simple «Es que me gusta más así» acallaba muchas discusiones.

- *Dar a conocer nuestros sentimientos.*
  Se supone que las personas que le taladran los oídos son personas cercanas y queridas (si no lo son, a veces

[7] Estaban hablando sobre si era mejor introducir primero las verduras o la fruta. La verdad es que da igual, como demostraremos en el capítulo de la alimentación, pero encontrará tantos profesionales que defiendan una idea como otros que defiendan la contraria.

no vale la pena hacer nada; simplemente ignórelas); por lo tanto, podemos explicarles cómo nos hacen sentir y les vamos a pedir que, en virtud de ese amor y/o amistad, no prosigan. No vamos a hablar de hechos, porque cada uno los puede interpretar de una manera, sino de sentimientos, y nadie le puede discutir los suyos (usted es la única que sabe cómo se siente).
El discurso o la petición se compone de las siguientes partes:

- *Cuando tú...* (aquí decimos lo que no nos gusta de lo que estamos oyendo).
- *Yo me siento...* (explicar lo que nos duele con esa crítica).
- *Preferiría...* (le pedimos que, como persona cercana y que nos ama, no siga por ese camino; incluso le podemos mostrar el que tiene que seguir).

Por ejemplo: «*Cuando tú,* querida suegra, me dices que el niño se queda con hambre, yo me siento mal porque pones en duda mi capacidad de amamantar. *Preferiría* que no comentaras esto en casa». «*Cuando tú,* estimada esposa, me dices que no baño bien al niño, me siento triste y con pocas ganas de hacerlo al día siguiente, porque ya sé lo que tendré que oír. *Preferiría* que no me lo dijeras más y que, si quieres ayudar, estés a mi lado un par de días para observar en qué nos diferenciamos tú y yo».
Nadie se puede enfadar ante un comentario así, porque no le negamos (ni le damos) la razón; no hablamos de quién tiene razón sobre los hechos, sino tan sólo de sentimientos, y eso nadie lo puede rebatir.

- *Elegir las batallas.*
  No vale la pena neutralizar todas las críticas y comentarios que le van a hacer: ceda en los insignificantes y «pelee» en los más importantes. Si su madre le dice que hace frío en la casa para el niño, intente subir un ratito el termostato en lugar de soltarle un discurso. Si su amiga le dice que es mejor que le ponga la bufanda por fuera del abrigo (o por dentro), puede hacerlo así ese día y luego usted lo hace como quiera.

- *Buscar gente como usted.*
  Hay grupos de padres que piensan como usted, asociaciones, encuentros reales y virtuales... Si se rodea de gente más acorde a su manera de pensar, estará mejor, y dudará menos ante esas personas que pueden hacer bailar sus cimientos.

- *«No se puede hablar del océano con una rana de charco» (dicho popular).*
  Por último, piense que hay gente con la que no se puede razonar, ni argumentar, ni convencer. Personas que no saben lo que es la crianza ni se pueden poner en su lugar. Existen y son difíciles de neutralizar. Intente entender que son así y haga lo que pueda, siguiendo los consejos anteriores.

### *El adultocentrismo*

El adultocentrismo sería esa forma de pensar y de actuar de algunos adultos que se creen superiores a los niños y consideran que tienen más derechos que ellos. Es una forma de educar basada en la obediencia ciega y en la idea de que las normas se imponen de arriba abajo, es decir, de padres a hijos. Un concepto por el cual el padre no se equivoca nunca; si lo hace, se intenta ocultar; y, si es muy evidente, se excusa. Todo con tal de no pedir perdón.

Muchos padres creen todavía que ellos son los únicos que están en posesión de la verdad y no escuchan las magníficas ideas que les dan sus hijos.

El adultocentrismo es un forma de inseguridad, porque muchos se escudan en ideas de este tipo: «Es que si yo no mando me van a tomar el pelo», «Es que si no me pongo de mal humor van a hacer lo que quieran». En el fondo es gente insegura que tiene miedo de que alguien pueda superarles y hacen del ataque su mejor defensa. En una familia no se debería atacar ni defender, sino hablar y comprender.

Intente hacer un ejercicio de humildad de cuántas veces le pasan estas cosas y procure solucionarlas para conseguir una crianza feliz.

### *Límites*

Cualquier límite es un obstáculo para una crianza feliz, de igual manera que si existen en una pareja son un impedimento para que los novios sean felices (al menos los dos a la vez). Yo no limito a mi marido, ni mi marido a mí: simplemente hemos hablado de lo que nos va bien en nuestra convivencia y lo hacemos.

Si ustedes van a una conferencia que se titula «Poner límites», todo el mundo da por supuesto que tratará sobre niños, puesto que en los mayores no se utiliza. Pues bien, eso no es justo.

La palabra «límite» es una coacción a la libertad y por eso no me gusta. Hemos de hablar a nuestros hijos de valores y no de límites.

En mi casa no robamos, no porque tengamos ese límite, sino porque nuestros padres nos inculcaron el valor de la honradez.

> Chimo (3 años) acababa de empezar la escuela y se escapaba de la clase hacia el patio siempre que podía sin hacer caso a la profesora. La maestra le dijo a la madre que el niño no tenía límites y había que ponérselos. Pues no. El niño no tiene motivación (dale algo mejor que el salir al patio y se va a quedar en clase hasta que quieras); puede que no tenga valores (no tiene respeto a los compañeros o a la señorita), pero no vamos a emplear una palabra que nunca utilizaríamos con un adulto en el mismo caso.

El hecho de usar la palabra «límite» casi exclusivamente con niños es un claro ejemplo de adultocentrismo. En la tercera parte de este libro («Soluciones prácticas») verán cómo se puede educar sin poner límites. Es una palabra que no usamos en ningún momento.

### *Hábitos rutinarios y rutinas habituales*

Cuando era pequeña me gustaba leer. Un buen día se puso de moda que desde el colegio se debía impulsar el hábito de la lectura; nos dieron un listado de libros para leer en casa y hacer un trabajo sobre ellos. ¡Qué aburrimiento! Se me acabó la afición a la lectura (aunque algunos me gustaron). Gracias a Dios, el colegio se terminó pronto y en la universidad no se les ocurrió implantar el hábito de la lectura, y volví a disfrutar de este placer.

Se intentan crear hábitos en los niños pensando que se les hace un bien, cuando lo que hemos de inculcar es la pasión y las ganas de hacer una cosa; yo me ducho no porque sea un hábito rutinario para mí, sino porque me gusta ir limpia. Si te agrada ir limpia te ducharás, y si es sólo un hábito lo harás a regañadientes o te lo saltarás de tanto en tanto. El día en que leer sea sólo un hábito en lugar de un placer, no lo haré: hemos de incentivar la motivación en lugar de instaurar la rutina en nuestra vida. Las cosas serán más agradables y la vida más feliz.

### *Las políticas familiares*

Actualmente existe una gran cantidad de familias que optan por una crianza más acorde con las necesidades del bebé, pero que se encuentran frustradas por políticas que no concilian la vida laboral y familiar. Las políticas restrictivas ponen en peligro la salud mental y física de nuestros hijos: salud mental, porque separar a la madre del bebé prematuramente, crea un estrés en el niño que provoca alteraciones emocionales en el futuro; y problemas de salud física porque, entre otras cosas, interfiere en el tiempo que el bebé recibe lactancia materna. La familia debe ser un espacio esencial para el menor, pero necesita una protección y reconocimiento social que actualmente no se da. Hablaremos más de este punto en la segunda parte del libro, pues es un tema de vital importancia y un obstáculo para todo tipo de crianza.

## PARA SABER MÁS

GONZÁLEZ, C., *Bésame mucho,* Temas de Hoy, Madrid, 2003.

RODRIGÁÑEZ, C., *Poner límites o informar de los límites,* texto inédito que se puede consultar en *www.casildarodrigañez.org/ varios.php*

## RESUMEN

- Todos los niños son seres humanos. No se pueden utilizar con ellos medios, modos y métodos que no serían aceptables en otro ser humano.
- Insultar, pegar y menospreciar a un niño no es aceptable, igual que no lo sería en otro tipo de personas.
- Una crianza feliz y respetuosa es aquella que tiene en cuenta las necesidades físicas y emocionales del niño, siendo atendidas de forma que se respete al menor como persona.
- Los obstáculos a este tipo de crianza están muy arraigados en nuestra sociedad, por ello, es importante cambiar las ideas preconcebidas y los mitos. En definitiva, cambiar el paradigma de la crianza infantil.
- Los obstáculos más frecuentes con que se encuentran los padres son:
  - ❒ Las críticas recibidas.
  - ❒ El adultocentrismo.

➡

- Los límites. No se debe limitar a nadie, se han de dar valores, consejos, sugerencias. La palabra límite sólo se utiliza con niños y no es aceptable.
- Los hábitos y las rutinas. Lo mejor es estar motivados y hacer las cosas porque nos gustan, no como un hábito. Solamente deben instaurarse los hábitos cuando es imprescindible hacer algo y es imposible enseñarlo de forma agradable y motivadora.
- Las políticas familiares.

# Capítulo II

# EL DESARROLLO ARMÓNICO DEL NIÑO

*Cuando pongas el pie sobre este suelo*
*empezará una carrera y un asedio:*
*no pierdas la sonrisa mientras te clavamos*
*las infinitas reglas de este juego.*
L. A. García Martín[1]

Desde que nuestro hijo nace iniciamos un camino a su lado. Según como lo transitemos propiciaremos un desarrollo armónico y feliz de nuestro hijo o no. De nosotros depende.

La familia —los padres— es el núcleo social en el que los seres humanos iniciamos nuestra educación a todos los niveles, tanto emocional (puesto que en ella aprendemos a querer y a ser queridos, a ser consolados y a consolar, a ser escuchados y a escuchar, a dirimir nuestras diferencias, etcétera) como social (ya que aprendemos a relacionarnos con los demás, empezando por nuestros padres y hermanos), así como de aprendizajes más «académicos» (¿qué son, si no, el aprendizaje de la lengua materna y de los primeros conceptos?).

Pero para que todo eso se dé dentro del núcleo familiar de una forma constructiva y pueda fomentar que el menor desarrolle todas sus capacidades, ha de producirse una serie de

---

[1] L. A. García Martín es licenciado en filosofía y autor, entre otros, del libro *Mi Ángel y yo,* Proyectos y Producciones Editoriales Cyan, Madrid, 2007, en donde relata, en poesía, la llegada al mundo y el primer año de vida de su hijo.

requisitos en la crianza desde que el niño nace y que abarcan diversas etapas de su vida.

## EL PERIODO DEL HÁBITAT PRESERVADO (0 A 6 MESES)

*El resto de la vida es una lucha por volver a este momento.*
L. A. García Martín

### *¿Qué es el hábitat preservado y por qué?*

Cuenta Eduard Punset[2] que, mirando unas ecografías con el ginecólogo Stuart Campbell, exclamó:

—¡Qué aburrimiento permanecer nueve meses encerrado en el vientre de la madre (...)!

—Te equivocas —respondió de inmediato el doctor Campbell—. Nunca volverá a ser tan feliz en toda su vida. El feto está dentro del útero en un entorno templado protegido de la luz y del ruido; oye los sonidos de la madre y el latido de su corazón. Está muy a gusto.

Y así es: cuando nace, el bebé viene de alojarse en el mejor aposento de este mundo: el vientre de su madre. Un lugar en el que no existe el hambre, ni el frío, ni el calor, ni la soledad... Y cuando sale necesita lo mismo, porque, al fin y al cabo, un recién nacido no es nada más que un feto con unos segundos más de vida, y sus necesidades no han cambiado tanto. Requiere un entorno que emule en lo posible la vida intrauterina. A esto se denomina «exterogestación»

[2] Esta anécdota se encuentra en su libro *El viaje a la felicidad, op. cit.*

Usted se preguntará: ¿y por qué nacemos tan vulnerables? ¿Por qué nuestro recién nacido no puede desplazarse como las crías de las cebras? ¿Por qué no se agarra a su madre sin caerse, como los gorilas?

Somos primates; no hace mucho aún nos parecíamos bastante a nuestros primos los gorilas. Los primates no andan erguidos (de pie) y suelen apoyarse (en mayor o menor grado) en las manos. Andan como agachados. Imagínese a usted pasando por un túnel con el techo muy bajito. Pues así.

Cuando nos pusimos de pie, nuestras pelvis y caderas se vieron en la necesidad de hacerse más estrechas y basculadas hacia delante para sostenernos de pie. Si usted se ha imaginado antes andando por el túnel de los pitufos y ahora sale al exterior, notará cómo su cadera y su pelvis se mueven hacia adelante conforme se va poniendo de pie.

Bien. Ese estrechamiento de las caderas provocó que el canal del parto (el lugar entre los huesos de la cadera por el que salen los niños) también se estrechara. ¿Cómo parir bebés cabezones[3] con una cadera estrecha? Pues adelantando

*Figura 1*

EVOLUCIÓN DE LOS CRÁNEOS

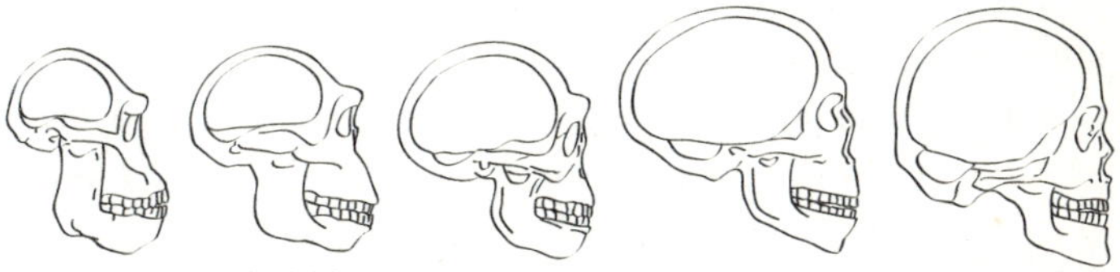


[3] Nuestro cerebro ha aumentado mucho de tamaño con la evolución de la especie. Ver Figura 1.

el momento de nacer. Se supone que es por eso por lo que los humanos nacemos entre seis y doce meses antes de lo que lo hacíamos cuando todavía no andábamos erguidos.

*Figura 2*

EVOLUCIÓN DE LA ESPECIE HUMANA

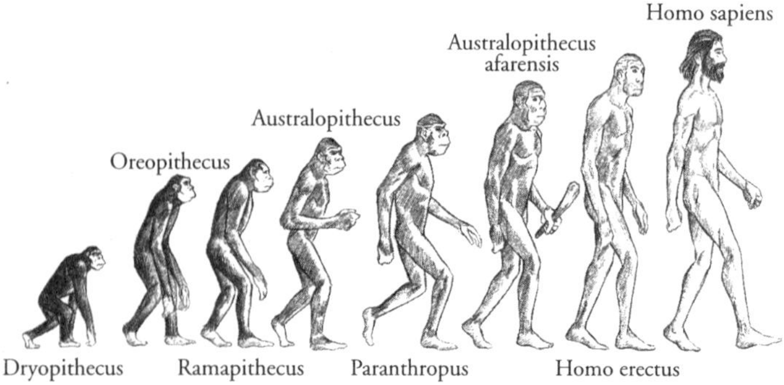


Por eso nuestro pequeño bebé necesita recrear lo mejor posible las condiciones que tenía en el útero de su madre, puesto que es expulsado de ahí antes de lo que le correspondería.

Otro factor por el que necesitamos esa exterogestación durante los primeros meses es por el hecho de ser una especie altricial. Los animales tienen varias formas de poner en práctica la crianza: altriciales, que necesitan el cuidado de otros para sobrevivir porque no pueden moverse ni alimentarse por sí mismos durante un periodo sustancial después del nacimiento, como nosotros; y precociales, aquellos cuyas crías son capaces de ver, oír, ponerse en pie y realizar las demás funciones propias del individuo adulto desde prácticamente el nacimiento. Por tanto, estas especies requieren menores cuidados maternos y son capaces de unirse a las actividades de los individuos adultos en pocos días, como los caballos.

Si exponemos ejemplos extremos: por un lado tenemos a los peces, que ponen muchos huevos, no cuidan a ninguno y sobreviven los que Dios quiere; por otro están los gorilas, que invierten mucho tiempo en el cuidado de sus hijos porque tienen embarazos muy largos y de una sola cría; otros que conocemos son los marsupiales, como los canguros, que una vez que nacen deben permanecer un tiempo más en la bolsa de mamá.

El periodo del hábitat preservado hace referencia a esta etapa de vida de nuestro hijo, entre los 0 y los 6 meses, en la que necesita que se recreen las condiciones que tenía cuando estaba en el útero. Esta necesidad se fundamenta en las tres premisas que hemos explicado anteriormente:

- ❒ Porque lo hemos tenido durante nueve meses en unas condiciones excepcionales en el útero y no está preparado para afrontar ese cambio de una forma tan rápida.
- ❒ Porque nacemos antes de tiempo y necesitamos una exterogestación de unos seis meses como mínimo.
- ❒ Porque somos altriciales y necesitamos cuidados.
- ❒ Un cuarto factor sería el desarrollo del cerebro en estas edades. Dada su importancia, lo detallamos en el siguiente apartado.

### *El desarrollo del cerebro de 0 a 6 meses*

Nuestro cerebro es un órgano muy complejo y con múltiples partes.

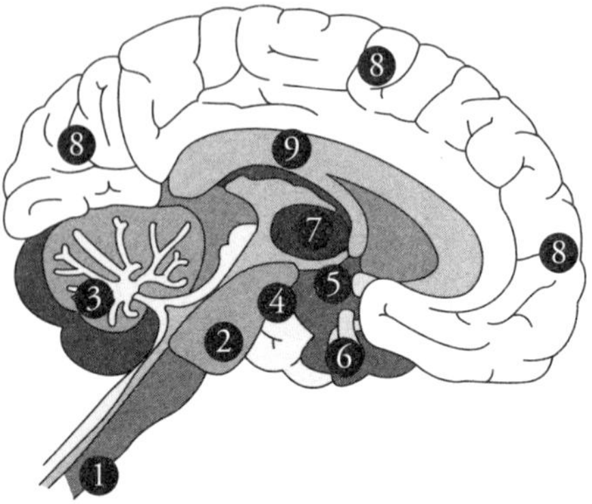


1. Médula espinal
2. Bulbo raquídeo
3. Cerebelo
4. Amígdala
5. Hipotálamo
6. Glándula pituitaria
7. Tálamo
8. Corteza cerebral
9. Cuerpo calloso

Para facilitar al máximo la comprensión, las podemos agrupar en tres grandes apartados:

a. Cerebro primitivo.
b. Cerebro emocional.
c. Cerebro superior.

Asimismo, representamos el cerebro con nuestro puño cerrado y con el dedo gordo escondido dentro de la palma de la mano,[4] de esta forma:

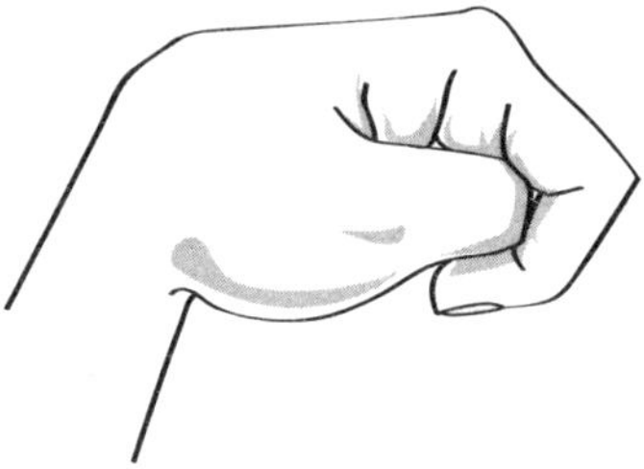

[4] Tomamos esta idea de D. J. Siegel, *La mente en desarrollo, op. cit.*, p. 35, porque nos parece una forma muy didáctica de explicar nuestro cerebro.

a. La parte que estaría en nuestra muñeca y al final de la palma de la mano y que en el dibujo del cerebro corresponde a los primeros números (1, 2, 3) sería nuestro cerebro más primitivo, llamado también cerebro reptiliano. Es el responsable de nuestras funciones más básicas: nodulación del latido del corazón, respiración, temperatura, marcha automática... Controla nuestra supervivencia, autopreservación y reacciones más instintivas.
Este primer nivel cerebral lo tienen todos los animales; nuestro bebé, como descendiente de ellos, también.

b. La parte que formaría nuestro dedo gordo, que en el dibujo del cerebro estaría representada por los números 4, 5, 6, 7, 9, es la responsable de nuestras emociones y sentimientos y de parte de nuestra memoria (la inmediata, la implícita).
Este segundo nivel (el cerebro emocional) también lo tienen los bebés y los mamíferos, pero no así otros animales «inferiores» en la escala evolutiva, como peces y reptiles.

c. La última parte, la más exterior y que correspondería al dorso de la mano y los dedos (en el dibujo del cerebro es el número 8), es el cerebro más moderno, aquel que sólo poseemos los mamíferos y que los humanos tenemos más desarrollado. De él depende el lenguaje, el razonamiento, el pensamiento, la memoria a largo plazo y la memoria episódica.
Este tercer «cerebro» está incompleto cuando nacemos; de hecho, la mielinización del córtex cerebral no

se da hasta los 2-3 años. Por eso los niños no hablan correctamente antes de esas edades y por esa misma razón no podemos recordar nada de nuestra primera infancia.

¿Qué deducimos de todo esto? Que el niño es un ser emocional. Que su cerebro más desarrollado es el sistema límbico y, por eso, ante cualquier amenaza a su seguridad va a explotar y a reaccionar con exageración.

Por eso los niños lloran cuando «sólo» tienen hambre o cuando algo les causa dolor, como la simple rozadura de una etiqueta en el cuello. Nosotros no entendemos por qué pasa eso; total, no es para tanto. Lo que sucede es que nosotros sabemos que eso no tiene importancia puesto que más tarde o más temprano vamos a comer o nos quitaremos el jersey en cuanto lleguemos a casa. Pero los niños no saben cuándo va a terminar su sufrimiento; dependen de que alguien haga caso a su llanto y les atienda.

Una vez una amiga mía tenía hipo, cosa sin importancia y que ya había tenido otras veces. Pero esta vez estaba muy nerviosa porque tenía un examen oral y no sabía cuándo iba a finalizar.

Nuestros bebés no controlan a los adultos y, en cambio, como seres altriciales, dependen exclusivamente de ellos. Eso, más el desconocimiento de cuándo va a finalizar su «sufrimiento» debe de ser terrorífico.

Nuestro cerebro no está terminado en el momento de nacer porque, como ya hemos dicho, lo hacemos antes de tiempo; el cerebro del bebé tiene todas sus partes pero con pocas conexiones. Es como cuando compras un ordenador y el *software* que lleva es prácticamente nulo, hay que instalar los programas.

Asimismo, el mayor cerebro humano obliga a que los bebés nazcan «antes de tiempo», precozmente y computen sus redes neuronales a partir de los estímulos que perciben en sus primeros años de vida.[5]

Por tanto, dependiendo de cómo se programe el cerebro del bebé, así será su vida adulta, puesto que las experiencias que se repiten quedan «grabadas inconscientemente» (recuerden que los bebés no tienen memoria explícita hasta los 3 años). «Se comprenderá, pues, que en los humanos sea tan determinante la estimulación cerebral a partir de la exposición del individuo al entorno físico, social y cultural».[6]

Conforme al funcionamiento del cerebro se determina la evolución de una persona. En el momento de nacer el cerebro humano es extremadamente inmaduro; y se desarrolla de forma espectacular hasta los 2-3 años de edad.[7] Por eso, aunque nazcamos iguales, no lo somos, ni siquiera los hermanos criados de la misma manera, si bien cuantas más experiencias similares tengamos, más posibilidad habrá de parecernos.

De hecho, es cierto que nacemos con el número máximo de neuronas, pero sin conectar. Estas neuronas se van conectando y ramificando (eso es la neuroplasticidad, muy grande en niños porque están en periodo de realizar muchas conexiones, mientras que es menor en los adultos) dependiendo de las experiencias vividas.

---

[5] N. Acarín, *El cerebro del rey, op. cit.*, p. 42.

[6] *Ibídem*, p. 204.

[7] A partir de ese momento nuestro cerebro continúa cambiando pero nunca de forma tan notoria.

Y aquí radica la importancia de dichas vivencias y el trato que reciban nuestros bebés desde el primer momento:

> El que el niño o la niña se sienta atendido, satisfecho y estimulado influye decisivamente en la construcción de su tejido nervioso, enriqueciendo sus arborizaciones dentríticas y creando mayor contingente de sinapsis o, contrariamente, frustrando su desarrollo si es deficientemente atendido.[8]

¿Ven la importancia de atender al bebé tal y como lo necesita? Si lo hacemos así, las estructuras que se graban en su cerebro son de tranquilidad, sin estrés, de autoestima, con mayores ramificaciones... En cambio, si usted graba en su hijo los circuitos de la espera sin final (el niño no sabe cuándo termina su sufrimiento), el estrés y el miedo, su personalidad tendrá déficits en algún área.

> Si en el pasado se ha estimulado cierto patrón, aumenta la probabilidad de activar un perfil similar en el futuro. (...) este proceso general se denomina desarrollo cerebral «dependiente de la experiencia».[9]

El neurólogo Donald Hebb lo explica diciendo que las neuronas que se excitan conjuntamente en un momento del tiempo tenderán a excitarse conjuntamente en el futuro.

Imagine por un momento esta escena:

> Los primeros contactos que tiene el bebé con el pecho materno suministran ya mucha información al cerebro. El bebé apoya la mano en el pecho y percibe el tacto de su piel cálida, de su

---

[8] N. Acarín, *op. cit.*, p. 43.

[9] D. J. Siegel, *op. cit.*, p. 53.

> volumen y consistencia. Con los labios succiona el pezón obteniendo alimento y un líquido dulzón que le sacia el hambre, la sed y le proporciona placer. Al quedar satisfecho se relaja y se duerme. (...) Con el olfato percibe el olor de la leche y el de la madre (...). Mientras que con la vista aprende a distinguir el pecho materno (...). Progresivamente, el niño integra todas estas percepciones en los circuitos de su cerebro, asociándolas a los distintos estados de placer y satisfacción.[10]

Si usted estimula los centros de placer de su bebé, éste se sentirá más satisfecho, crecerá más seguro, pero también será más inteligente porque estos mecanismos de placer se reproducirán más fácilmente ante otras experiencias de aprendizaje (es lo que hemos grabado en nuestra mente), y ya se sabe que lo que se aprende con satisfacción y placer se aprende mejor: «todos sabemos que aprendemos con mayor facilidad aquello que nos produce satisfacción (placer), y que nos es enseñado con afecto y cariño».[11]

Ahora vayamos al otro extremo: niños que viven en un entorno que pueden percibir como hostil, que se les hace esperar para responder a sus necesidades o con afecto limitado a unas horas. Es decir, un niño que vive inseguro y con miedo porque no controla la situación.

Como dice Eduard Punset:

> Una vez se establecen estos circuitos como respuesta al miedo, la reacción tiende a perpetuarse automáticamente. (...) Es muy difícil desprogramar estos circuitos por dos motivos básicos: en primer lugar, el miedo se almacena de forma casi

---

[10] N. Acarín, *op. cit.*, pp. 154-155.

[11] *Ibídem,* pp. 194-195.

> indeleble en nuestro cerebro, y, en segundo lugar, reaccionamos de forma instintiva ante esta emoción. (...) Como se ha dicho antes. Muchos miedos almacenados en la infancia son inconscientes y perduran siempre.[12]

A estos procesos se les denomina de memoria implícita. Ésta es una memoria de la que no tenemos consciencia (por eso no recordamos nada de cuando éramos bebés), está desprovista del «recuerdo», del tiempo. Es como una impronta que graba en nuestro cerebro unos caminos que después tendemos a perpetuar.

Así pues, el hecho de que una persona sea incapaz de pedir un aumento de sueldo puede ser porque ha adquirido desde pequeño la idea de que no es merecedor de que le valoren. El hecho de no saber pedir ayuda es porque ha aprendido que nadie se la va a dar porque a veces de pequeño lloraba pidiéndola y nadie le hacía caso (esto se llama indefensión aprendida y lo presentan muchos niños a los que se ha tardado en atender o se les ha dejado llorar).

No responda a su bebé y hará un adulto que no pregunta, deje llorar a su bebé y tendrá un adulto que no sabe quejarse adecuadamente porque la forma natural de hacerlo ha quedado truncada y alterada en él. El llanto es un proceso comunicativo que no debería ser manipulado nunca.

### *¿Cómo preservar el hábitat?*

Desde el momento en que el bebé viene al mundo hemos de poner las condiciones para que se sienta «como en casa». Por lo tanto, lo que necesita el bebé es la no separación de su

[12] E. Punset, *op. cit.*, pp. 89-90.

madre desde el momento del parto, por ser ella quien le ha acompañado durante nueve meses; la alimentación a demanda, por ser como lo estaba haciendo hasta entonces, y el contacto siempre que sea posible, ya que antes se encontraba en un abrazo permanente en el útero de su madre. Todo lo demás: pañales, cunas, etcétera, es secundario; puede que también importante, pero secundario.

Muchas de las madres que optan por esta forma de crianza suelen llevar a sus bebés a cuestas, cargados en mochilas o bandoleras de tela, dándoles cariño y contacto continuos, tanto de día como de noche (ya que duermen con ellos). También les dan alimentación a demanda. No tiene más.

Solamente con eso el bebé se sentirá satisfecho y atendido, eliminará el miedo y el estrés en su vida. Será feliz.

### *¿Qué se le transmite al bebé con el hábitat preservado?*

Muchas veces he estado de invitada en casas ajenas. En muchos casos mis anfitriones se han desvivido por agasajarme: me han preparado una habitación confortable, han cocinado algo especial para mí... Y yo pienso: soy importante y valiosa para ellos, puesto que se han tomado muchas molestias para que esté bien. En otros casos, el trato es correcto pero frío, y pienso: no soy importante para ellos, se esmeran para no quedar mal pero no les importo. Podría pasar (de momento es una hipótesis en mi caso) que se me invitara y me trataran mal (no me dieran de comer, ni un lugar donde dormir, no me hicieran caso...) y pensaría: me odian, me han hecho venir para tratarme mal, ¿qué les he hecho yo?

Lo mismo le sucede a nuestro bebé: necesita que le digamos lo valioso que es para nosotros. La consigna más importante que puede grabar en su mente es «soy valioso».

El menor requiere y reclama cuidados y atenciones. Aquellos niños que los reciben de forma satisfactoria desarrollan una mayor autoestima; serán niños y adultos emocionalmente fuertes. Los que no tengan esa suerte generarán personalidades inseguras, aunque, a veces, para que no se les note, las disfracen en forma de violencia y agresividad; piensan que la mejor defensa es un buen ataque.

> Cuando los progenitores son egoístas y no cumplen con dedicación y afecto esta función, se pueden frustrar algunas expectativas del desarrollo generando dificultades en la maduración y en la interrelación del niño con el entorno natural y social.[13]

Un bebé con el hábitat preservado acaba de nacer y piensa: «¡He acertado viniendo aquí! ¡Me hacen caso, me quieren, se desviven por mí!», y por eso es un bebé feliz, porque tiene tranquilidad, seguridad y ausencia de miedo, ya que sabe que nada malo le va a pasar, como hasta ahora, y si pasara sabe que le ayudarán con premura. Los circuitos que se graban son positivos, duran toda la vida y configuran la base de un apego seguro:

> Un bebé que disfruta de un apego saludable y seguro ha contado con la experiencia repetida de respuestas protectoras (...) y de atención previsibles en su madre, respuestas que han sido codificadas implícitamente en el cerebro. (...) Dado que estas experiencias repetidas han sido previsibles y que, cuando se

[13] N. Acarín, *op. cit.*, p. 298.

han producido interrupciones en la comunicación madre-bebé, la madre ha reparado con relativa rapidez y eficacia las rupturas, este bebé afortunado ha sido capaz de desarrollar un modelo mental seguro y organizado de su relación emocional. Su memoria implícita anticipa que el futuro seguirá aportándole tal comunicación contingente.[14]

En cambio:

Un bebé con apego inseguro puede haber experimentado a sus progenitores como menos previsibles, emocionalmente distantes o incluso como temibles. Estas experiencias también se codifican implícitamente y en la mente del bebé se crea una representación generalizada de esta relación que puede caracterizarse por la incertidumbre, la distancia o el miedo.[15]

De usted depende qué se graba en la mente de su bebé y cómo responderá cuando sea mayor con estos circuitos que se quedaron marcados en su recuerdo más olvidado.

### *Principales preocupaciones de los padres en este periodo*

- *La inversión parental.*
  Somos una de las especies que dedica más inversión parental (es decir, tiempo que ocupan los padres en la crianza de sus hijos), aunque no la que más: las gorilas suelen estar unos siete años portando a sus bebés consigo.

---

[14] D. J. Siegel, *op. cit.*, p. 63.

[15] *Ibídem.*

Muchos padres se quejan del tiempo que reclaman sus bebés. Por el hecho de andar de pie pagamos un precio: nuestros bebés necesitan de nosotros más tiempo.
Al adoptar la postura erguida el canal de parto se estrechó y un bebé de un año de gestación sería muy cabezón para nacer. Por eso nacemos antes, muy prematuramente, y se nos debe cuidar más tiempo.
El hecho de saber que su bebé es así, que no es que quiera tomarle el pelo, hará que usted se sienta más segura con lo que hace y, por lo tanto, más tranquila. Y si quiere más consejos prácticos puede mirar en el capítulo IV el apartado dedicado a la organización y gestión del tiempo en familia. De momento hay soluciones prácticas como llevar al bebé atado a su cuerpo, así puede cuidarlo y tener las manos libres para hacer otras actividades.

❐ *Cuanto antes, ¿es mejor?*

Juan José y Mercedes acuden a consulta y cuentan: «Vamos a sacar al bebé (de 3 meses) de la habitación porque ya nos han dicho que "cuanto antes es mejor" para los niños. Debe aprender a dormir solo».
Les respondí: «¿Por qué no le quitáis ahora el pañal también? Ya se sabe, ¡cuanto antes mejor! y debe aprender a usar el váter».
Palidecieron. Quitar el pañal a los 3 meses iba a dificultar mucho la tarea de la madre; en cambio, el hecho de no hacer caso al niño por la noche iba a facilitar su vida. Muchas veces se utiliza el argumento de que «cuanto antes, mejor» para que los padres se atrevan a poner en práctica actitudes hacia sus hijos que no tienen ninguna base lógica ni científica.

Nadie quita un pañal a los 3 meses porque sabe que el bebé no está preparado para ello. Su desarrollo cerebral no le permite hablar, controlar esfínteres, pensar y razonar antes de los 2-3 años. Por eso, cualquier aprendizaje que necesite de alguno de estos procesos psicológicos no va a ser adquirido hasta esa edad, aunque lo practique desde la cuna. No enseñe a escribir a su hijo de 2 meses (es tiempo perdido); en cambio, si empieza después de los 2-3 años tiene más posibilidades de que lo aprenda en un corto espacio de tiempo.

¿Enseñamos a llevar coches a nuestros niños de 10 años? Los adultos pensamos que no están capacitados para asumir una responsabilidad tan grande hasta los 18; en cambio, sí pensamos que pueden hacer sin problema cosas más complejas como tener técnicas de estudio, el autocontrol emocional y la adquisición y respeto a todas las normas (¡a los 10 años es mucho más fácil que conduzcan un coche de forma correcta, créame! Rételo a una carrera de coches en un videojuego y verá).

Si usted aún es de los que opina que «cuanto antes, mejor», antes de sacar a su hijo de la habitación, antes de retrasarle las tomas de pecho, antes de dejarle solo para que se acostumbre, por favor: quítele el pañal, enséñele a leer, a encender la tele, etcétera. Si no está preparado para esto, tampoco lo estará para lo otro.

- *¿Se malcrían?*

El concepto de malcriarse tiene dos significados.

a. Por un lado, el niño que se acostumbra a una cosa y pensamos que no se le podrá cambiar: «Es que si le dejo dormir en mi cama no lo podré sacar nunca». ¿Usted cree que si lo acuesta en una cuna no lo podrá sacar nunca? Nadie ha pensado que los niños puedan «engancharse» de por vida a una camita de 40 x 100 cm, pero todo el mundo está de acuerdo en que se pueden «enganchar» a una de 135 x 200 cm. Los niños no saben de medidas de camas y tienen tantas posibilidades de engancharse a la cuna como a la cama de matrimonio. Si fuera así, acuéstelo siempre en una de matrimonio, que estará mejor visto de mayor que si siempre duerme en una cuna.

Si usted es de los que cree que si se acostumbran a algo nunca más lo va a cambiar, acostúmbrele desde que nace a lo que hacemos los mayores: no le ponga pañal nunca, no le dé chupete, no le vicie a tomar biberones (el pecho se lo puede dar, pues no está mal visto entre los adultos que se deseen las tetas, se tenga el sexo que se tenga). Por supuesto, nada de cochecitos de paseo, que luego no quieren andar nunca.

Ya hemos visto que los niños no poseen capacidad de razonar y memoria de lo que está pasando antes de los 3 años; por lo tanto, la palabra malcriar no sirve para los pequeños.

Puede que su hijo se acostumbre a dormir en un determinado lugar, a pasear con la abuela, a jugar con su patito, pero eso no quiere decir que esté malcriado o viciado. Simplemente muestra sus preferencias.

Si hay alguien moldeable, adaptable y flexible, ése es un niño. Lo sé, trabajo con ellos. Con tiempo y cariño se pueden convencer y se dejan modificar.

Pero lo más importante es que si usted no lo hace, el niño lo hará por usted: es imposible obligar a un niño a quedarse para siempre en la cuna o en la cama de sus padres. Es imposible obligarle a que toda la vida tome el pecho o el biberón o a que se quede con el chupete. Es imposible impedirle que un día quiera quitarse el pañal.

De la misma forma que ningún adulto continúa durmiendo en la cuna, su hijo dejará la cama de sus padres. De la misma forma que ningún adulto continúa con el chupete, su hijo se destetará solo. De la misma forma que ningún adulto continúa con el pañal, su hijo también lo dejará.

Nada hay tan cambiante como los intereses de un niño cuando se hace mayor. No deje de darle algo o de hacer algo sólo por el miedo a que nunca pueda retirar esa costumbre en su hijo.

b. El segundo significado de malcriarse está relacionado con el egoísmo: sólo piensa en él. «No tiene nada grave, pero quiere que esté pendiente de él: me toma el pelo», dicen algunos padres.

En cuanto a esta conducta de desear estar bien y reclamarlo sin importar nada más, hay cuatro grupos de personas que la realizan. En tres es normal y sólo en una es patológico y perverso.

Las tres «normales» son los bebés, los adultos enfermos y algunos ancianos. Estos tres grupos desean estar bien y reclaman cuidados sin atender muchas veces a nada más.

En el caso del niño es porque necesita preservar su hábitat y lo reclama por encima de todo: si no lo tiene, se cree morir. Siente que su vida está amenazada, que lo que necesita no le es dado. No le toma el pelo cuando deja de llorar ante su madre que le coge en brazos: sólo quería eso y por eso ya no llora. Si su madre le vuelve a dejar en la cuna, volverá a llorar. Pero no toma el pelo a nadie; es su forma de decirle lo que necesita. Por eso, cuando lo tiene, calla, y cuando le falta, llora.

En el caso del adulto enfermo y del anciano es algo derivado de la enfermedad o de la vejez: «Cuando sufrimos una crisis febril nos sentimos aturdidos e indefensos y, como el bebé, no deseamos otra cosa que recibir alimento, saciar la sed, recibir cuidados y dormir; no nos interesa otra cosa».[16]

El único caso en que resulta una cosa perversa es en el adulto normal: «La variante perversa puede observarse en los adultos que atropellan a los demás persiguiendo la satisfacción exclusiva de sus intereses, lo que en términos psicológicos llamaríamos narcisismo».[17]

Así pues, si su hijo reclama alguna cosa, por algo será. Él no sabe de días ni de noches, ni de si es importante para usted o no; él sólo sabe que quiere eso y lo pide. Conforme pase el tiempo será capaz de esperar, será más autónomo y reclamará menos, pero sobre todo ya sabrá qué es lo que se considera importante o no para los adultos y obrará en consecuencia.

En cambio, los adultos ya conocemos esas cosas. Por lo tanto, nosotros sí podemos hacerlas o no

---

[16] N. Acarín, *op. cit.*, p. 297.

[17] *Ibídem*, p. 297.

> para manipular. Y algunos padres las hacen egoístamente para que la gente les deje hacer lo que ellos quieran. Si observa en algún padre conductas de ese tipo: «Quiero descansar por encima de todo y todos», «Ahora quiero que no me moleste nadie», «Ven cuando yo te lo mando», etcétera, normalmente también podrá observar que critica en su hijo lo que él hace, con la salvedad de que su hijo no lo hace con la misma intención que él.

El hábitat preservado debe durar mientras el menor así lo pida: normalmente llega un momento en que el bebé quiere dejar los brazos de su madre y ser depositado en el suelo, en donde empieza a sentarse o a gatear. Ningún bebé permanece eternamente en brazos de su madre.

## EL PERIODO DEL TIEMPO RESPETADO (7 A 24 MESES)

*Las personas hervimos a diferentes temperaturas.*
ANÓNIMO

### *¿Qué es tiempo respetado y por qué?*

Los niños que han recibido los cuidados adecuados y a los que se les ha preservado su hábitat van creciendo y necesitan sentir además que son respetados en aquello que realizan. Pero no sólo en lo que hacen, sino en el tiempo que tardan en hacerlo. Cada niño tiene su ritmo, y querer forzarlo hace que el niño sienta que hace mal las cosas. La introducción forzada de alimento, los métodos traumáticos para que el niño duerma y los castigos severos ante el control de esfínteres van a provocar un menoscabo de la autoestima del menor.

Entre los 7 y los 24 meses, la mayoría de niños suelen presentar ansiedad. Para el profesional entrenado es fácilmente observable mediante tests musculares, o con la forma de garabatear cuando ya son algo mayores. ¿Por qué? Pues porque se les obliga a ir a un ritmo sin tener en cuenta el suyo. Como citaba al principio de este apartado, «las personas hervimos a diferentes temperaturas»; esto es, cada una necesita un tiempo distinto para hacer y adaptarse a las cosas. Los niños también.

Pero con los niños no se tiene en cuenta. Es normal saber andar entre los 11 y los 18 meses, pero como usted tenga un bebé que no sepa andar alrededor del año ya le van a mirar mal. La enuresis (hacerse pipí) no se considera problemática hasta pasados los 5 años, pero como su hijo vaya a la escuela con 3 años y lleve pañal le mirarán mal.

Los niños entre 7 y 24 meses son forzados en los aspectos más importantes de su vida, ya que en esa edad es cuando se dan los mayores aprendizajes de un niño:[18]

- La alimentación complementaria.
- La deambulación (gatear, andar).
- La superación de la angustia de separación.
- El control de esfínteres.

Pero no se respetan sus tiempos y el día en que el niño cumple los 7 meses nos lanzamos como locos a una carrera

---

[18] Muchos de estos aspectos están explicados en la tercera parte de este libro.

para que tome papillas, o llegados los 2 años queremos sacar el pañal cueste lo que cueste en un par de días. Total, si otros lo consiguen, ¿por qué no el nuestro? Pues no tiene por qué ser así: cada niño tiene su tiempo.

El problema radica en que cuando un bebé nace, la sociedad les regala a los padres dos valiosos objetos virtuales para su crianza: un cronómetro y un aro. Así, desde que el niño nace, el juego consiste en hacerle pasar por el aro al mismo tiempo que los demás. Es decir, llega el séptimo mes y, como la mayoría ya come papilla, el nuestro es obligado a tomarla, cuando la lactancia debe ser mayoritaria hasta el año y la papilla sólo es un «extra».[19] Resulta que llega el segundo año y nos ponemos como locos a quitarle el pañal sin mirar si está preparado: un niño no preparado, en lugar de controlar esfínteres, lo único que hace es contracturar la musculatura de la pelvis y realiza un mal aprendizaje.

No cree un problema donde no lo hay. Antes de forzar a su hijo, busque bien los periodos «normales» de adquisición de cada una de estas metas y no se deje guiar por los valores más frecuentes, ya que cada niño tiene su ritmo. Los otros niños son ordinarios, pero el suyo es extraordinario.

El tiempo respetado es la necesidad que tiene el niño de que se respete su tiempo de adquisición por varios motivos:

- Porque no hacerlo le produce ansiedad.
- Porque los periodos normales son más amplios de lo que se suele decir.
- Porque el cerebro del niño en esta etapa sólo tiene memoria implícita. La grabación de esos momentos

[19] Normativa de la Organización Mundial de la Salud (OMS) y de la Asociación Española de Pediatría (AEP).

de sufrimiento, debido a que es forzado, reñido o castigado por no adquirir unas metas para las que no está preparado, dejan una huella indeleble en él.

*¿Cómo respetar el tiempo?*

Hay que estar muy atentos al bebé y a sus señales. Él irá indicando el camino de cada una de estas metas. Por si no sabe verlo, su pediatra le indicará el momento más frecuente; cuando llegue ese día, intente estar más atento. Respecto a las principales metas que hemos comentado (comida, sueño, control de esfínteres y retirada del pañal), puede encontrar sugerencias en la tercera parte del libro.

*¿Qué se le transmite al bebé con el tiempo respetado?*

Un bebé al que se le respeta su ritmo de adquisición siente que es considerado, que lo que hace normalmente está bien. Si a usted le dijeran que hace las cosas bien, ¿no sentiría crecer su autoestima por momentos? Nuestros hijos también.

En cambio, si le dice que debe comer más, que debe dormir mejor, que haga menos pis… ¿no cree que su autoestima bajará?

Si su hijo se mueve dentro de una normalidad, no lo dude y respete sus tiempos y su ritmo.

El tiempo respetado no puede ir separado de la preservación del hábitat. Así, un niño al que en un primer momento se le dijo que era valioso, y ahora además sabe que se le respeta y que hace las cosas bien, será un adulto fuerte emocionalmente, seguro, con una sana autoestima y un apego sólido hacia sus progenitores.

*Principales preocupaciones de los padres en este periodo*

- *La provocación.*
  Imaginen a un bebé de 8 meses sentado a la mesa. Coge un vaso de cristal y lo lleva hacia el borde mientras nos mira. Cuando lo vemos es demasiado tarde, el vaso está en el suelo hecho añicos. Le regañamos. Pero él no entiende: «Mamá se debe equivocar, con lo bonito que ha sido todo. Seguro que me regaña por otra cosa. Es imposible que sea por esto».
  Al día siguiente se repite la historia. El niño coge el vaso y mira a su madre mientras lo lleva hacia el borde. La madre le dice: «¡No!»; pero el niño se ríe y sigue sin hacerle caso porque piensa: «Mamá, espera, si es bonito... Se cae y salen más trozos y hace ruido... Yo te lo muestro». Puede que la madre siga diciendo «¡No!» y el niño, mirándola con cara de pillo, llevará poco a poco el vaso hacia el borde hasta que la madre se lo quite o el niño pare y se quede contrariado.
  La experiencia del niño es que aquello no es malo (incluso es divertido) y no entiende el daño que encierra aquella acción. Seguramente esta escena se repetirá más veces, puesto que la única forma que tiene de saber si una cosa está bien o mal es haciéndola y mirando en la cara de sus padres el resultado de lo que ha hecho.
  El próximo día que lo haga sus padres comentarán: «Lo ves, ¡nos provoca! Ya le hemos dicho que no, ya se lo hemos quitado varias veces y él lo sigue haciendo, y encima lo hace poco a poco y se ríe mientras nos mira».

Este comportamiento suele tenerlo también con sus juguetes. Coge uno y lo tira. «¡Qué divertido, hace ruido y encima viene mamá y me lo devuelve!». La segunda vez la mamá ya le dice que no lo haga más, pero se lo recoge; y la tercera vez el niño coge el juguete, mira a la madre con cara de diversión y poco a poco le muestra sus intenciones de volverlo a tirar. No la está provocando, sino que juega con ella, como los perritos a los que les tiramos un palo, «yo tiro y tú recoges»; pero aparte está diciéndole a su madre: «¿No ves lo divertido que es esto?». Y como su madre le está dando a entender con su cara que no le parece divertido, él quiere comprobar si es por el juguete («¡No puede ser que por esto mi madre se ponga así; voy a repetirlo porque le voy a enseñar que no hay de qué preocuparse!»).

Ya lo ven, lo que son simples comprobaciones sobre si una cosa está bien o mal, o si su madre puede ver las cosas igual que lo hace él podemos interpretarlas como un reto, una provocación o una puesta a prueba. Pero no es eso.

## EL PERIODO DE LA COMPRENSIÓN (2 A 4 AÑOS)

*Si de veras llegáramos a comprender, ya no podríamos juzgar.*
A. Malraux

De 2 a 4 años debemos dejar muy claro a nuestros hijos que les comprendemos (aunque a veces no aceptemos sus actos). Es la época en la que se inicia la independencia (a su manera, claro) y es un momento en que pretenden hacerlo todo ellos solos y llevando la contraria. Debemos comprender eso antes de corregir sus actos, puesto que, aunque sean contrarios a nuestros principios, ellos no los hacen para «fastidiar» sino para probar cosas nuevas y experimentar con el entorno.

Este periodo es también el de las rabietas, porque el niño quiere empezar a ser autónomo y se disgusta cuando alguien le coarta sus ideas o su libertad.

Es la etapa en la que el niño va adquiriendo la memoria explícita, aquella que los adultos solemos entender por memoria: la capacidad de evocar un recuerdo, de recordar algo o a nosotros haciendo algo. Por eso ya son capaces de evocar la imagen de su madre aunque no esté y pueden pasar un rato sin su presencia, superando así la angustia de separación tan típica del periodo anterior. Por eso, en la mayoría de los casos, los niños suelen empezar la escolarización entre los 2 y los 4 años.

En este momento el cerebro del niño experimenta un cambio muy sustancial, puesto que finaliza la mielinización del córtex cerebral. ¿Se acuerdan? El córtex era la parte de nuestro cerebro que se encargaba del lenguaje, la memoria explícita, el razonamiento y el pensamiento.

Debido a todo esto, suele ser un periodo difícil, y los problemas de comportamiento se disparan debido a la incomprensión de los padres ante un niño con unos razonamientos muy primitivos.

### *¿Cómo comprender?*

Las formas de pensar y de razonar de nuestro hijo están empezando; no pensemos, pues, que las vamos a entender a la primera. Pero si damos unas pistas podremos tolerar mejor algunos de sus comportamientos.

- *Estar sin ser.*
  A los niños de estas edades se les pide que estén en un lugar, pero que no se comporten como niños. Deben estar pero no ser niños. Eso es casi imposible porque aún no son capaces de interiorizar todas las normas de comportamiento que se necesitan para hacerlo. Si usted va a una reunión y quiere llevarse a su hijo, sepa que puede que no se comporte como usted espera y que realice algún comportamiento infantil «normal», como correr, levantar el tono de voz, jugar, etcétera, que a lo mejor usted percibe como mal comportamiento. Nada más lejos: se comporta perfectamente, como lo que es, un niño. Déjele ser un niño mientras sea un niño. Ya tendrá tiempo para hacer de adulto. De hecho, nos pasamos más tiempo siendo adultos que niños.

- *Tiempo presente* vs *tiempo futuro.*
  Los padres tenemos unas ideas de la educación que queremos dar a largo plazo a nuestros hijos, pero para ellos la idea de «mañana» o «el futuro» puede quedar muy lejana.
  Los padres que quieren que su hijo coma verdura lo hacen porque saben que les va a beneficiar en el futuro, pero el niño simplemente no la quiere *hoy*. No entiende el plan nutricional que han elaborado sus padres, sólo sabe qué le apetece más hoy o qué no. Cuando queremos que un niño ordene su habitación lo hacemos porque queremos que en el futuro sepa

organizarse; en cambio, el niño no quiere hacerlo *hoy*, pero quizás no tiene inconveniente en hacerlo otro día. «Nos toma el pelo: hay días en que lo hace y días en que no quiere». No, no es eso, no quiere tomarnos el pelo (repase el último apartado de la preservación del hábitat y se dará cuenta de que no se malcrían ni nos quieren tomar el pelo), aunque es cierto que un día le apetecerá más hacer una cosa y otros no. Él no ve si es una mejora en su futuro; sólo percibe un incordio en el presente. Con el tiempo aprenderá a ver el tiempo futuro y a anticipar lo que se espera de él y a ver qué acciones le van a favorecer más en el futuro.

❐ *La comunicación no verbal.*

Lo niños captan con una rapidez y certeza inauditas la verdad o falsedad en las personas. Cuántas veces alguien se ha dirigido al niño mintiéndole: «Tranquilo, ven conmigo que no pasa nada» y el niño no se lo ha creído (y bien que ha hecho, porque lo que querían hacer era llevarlo dentro de una clase sin su madre). Cuántas veces una enfermera que pretende pinchar a nuestro hijo lo ha mirado y con voz de falsete le ha dicho: «¡Ay, qué niño más guapo! Ven que no voy a hacerte daño». Seguramente el niño ha contestado: «¡Tonta!», y la señora se ha sentido ofendida y así se lo dice a la madre, que a su vez regaña al niño.

El niño en ese caso no quería insultar a la señora; tan sólo ha visto claramente que mentía y ha pensado: «Queridísima señora, me estoy dando cuenta de que miente, sus movimientos y gestos me lo demuestran, pero usted no sólo piensa que me lo tragaré, sino que si no lo hago me va a pinchar, así que para demostrarle mi desacuerdo con su comportamiento voy a buscar en mi limitado repertorio infantil una palabra que exprese lo que siento. A ver… ¡Ah, sí! ¡Tonta!». ¿Qué palabra puede tener en su repertorio un niño pequeño para estos casos? Pues eso: «tonta», «burra», «déjame en paz»… Pero el proceso que le lleva a decirla es más complejo y no tiene nada que ver con el resultado.

- *La sintonización y la empatía.*
  En el capítulo IV hablaremos de la empatía, así que, a pesar de que son muy parecidas, vamos a explicar más la idea de sintonización. La sintonización es el arte de entender qué quiere el niño y dárselo, si se puede, o buscarle una alternativa aceptable para el niño y para nosotros. La forma en que lo tratemos dará lugar a distintos tipos de apego. Veamos algunos ejemplos en palabras de Siegel:[20]

  Un niño de 14 meses quiere subirse a una mesa en cuya parte superior hay una lámpara.
  - Una posible respuesta parental sería decir «¡No!» y sacar al niño al jardín, donde su impulso de encaramarse pueda ser «sintonizado».
  - Otra respuesta sería no advertir el intento del niño, escuchar el sonido de la lámpara caer al suelo, y seguir sin hacerle caso o como mucho decirle que no lo vuelva a hacer sin prestarle atención.

[20] D. J. Siegel, *op. cit.*, p. 397.

- Una tercera respuesta podría ser gritar «¡No!» y echar una reprimenda al niño, hacerle sentir culpable y después distanciarse de él porque nos ha decepcionado.
- Un cuarto enfoque sería enfurecerse y arrojar la lámpara al suelo, justo a los pies del niño, para enseñarle lo que podría haber pasado y pedirle que no vuelva a hacerlo nunca más.

(...) Estas cuatro respuestas parentales se asociarían con los vínculos de apego de seguridad, evitación, ambivalencia y desorganización, respectivamente. Como queremos fomentar en el niño un apego seguro, la sintonización y empatía hacia el menor deberían guiar nuestras acciones educativas.

## EL PERIODO DE LA DISTANCIA EMOCIONAL ASIMILABLE (4 A 6 AÑOS)

*Lo opuesto del amor no es el odio,*
*sino la indiferencia ante los sufrimientos ajenos.*
E. PUNSET

Entre los 4 y los 6 años es la etapa en que se atreven a separarse de casa, de la familia (empieza la escolarización en la mayoría). Los hay muy aventureros, que enseguida se adaptan a todo, pero también hay algunos a los que les cuesta más.

Hay cosas insuperables de entrada para muchos niños: el primer día de cole, una noche sin sus padres, su primera representación teatral, ir de excursión... Algunos lo aceptan con facilidad, pero a otros les cuesta. ¿Cómo hacerlo? ¿Cómo ayudarles a que se decidan a hacer cosas que temen?

Si hemos seguido hasta el momento todos los apartados anteriores, entre los 4 y los 6 años tendremos un hijo/a que será capaz de afrontar esos momentos; algunos lo lograrán antes y otros después, porque ya hemos dicho que cada niño hierve a diferente temperatura. Unos estarán preparados a los 4 años y otros a los 6. Incluso algunos harán algunas cosas a los 4 y otras a los 6.

Pero puede que su hijo sea más inteligente (¿por qué no?) que los otros y tenga más miedo. El miedo en la infancia va ligado a niños más inteligentes que la media: se dan cuenta del peligro con más facilidad y ven problemas donde quizás no los haya («¿Y si entra un señor a robar?») porque su cabeza es capaz de elaborar más hipótesis ante un hecho y de ver peligros en donde a otros les daría igual.

También puede pasar que su hijo tenga miedos a causa de algún problema de alejamiento de su base segura, es decir, sus padres. Así ocurre con los niños hospitalizados, los que sufren la separación de sus padres, los que no han sido respetados en su tiempo de adquisición o que no tuvieron la suerte de tener un hábitat preservado, en definitiva, los que sufren déficit de amor o exceso de experiencias semitraumáticas en su corta vida.

Sea como sea, puede que su hijo tenga miedo de enfrentarse a cierto tipo de situaciones. ¿Cómo conseguir que lo haga?

En primer lugar hay que averiguar su Zona Emocional Cubierta (aquello a lo que se enfrenta sin problema y que llamaremos ZEC) y diferenciarlo de su Zona Emocional a Cubrir (aquello que no puede asumir de ninguna forma y que llamaremos ZEAC). Por ejemplo, el caso de una niña que debe participar en una representación escolar y tiene miedo (eso es su ZEAC) pero participa sin problema en representaciones en casa (eso es su ZEC).

Una vez que conocemos la zona emocional que tiene cubierta (la que no tiene cubierta ya la hemos averiguado por la cara del niño cuando le hemos explicado lo que tiene que hacer), vamos a trabajar en la parte del medio que nos queda, la distancia emocional a cubrir (que llamaremos DEAC). Veamos:

*Figura 3*

++++++++++-----------------------------------------------------------------------------++++++++++

Zona emocional cubierta | Distancia emocional a cubrir | Zona emocional a conseguir

Pero esta distancia es a veces muy grande para el niño. Y no podemos hacerlo en un solo paso.

A partir de aquí debería trabajarse siempre con el niño desde el respeto, partiendo de su zona emocional cubierta para pasar gradualmente a la ZEAC.

Puede que el niño no sea capaz de ir contento el primer día a la guardería (zona emocional a conseguir), pero es capaz de hacerlo si su madre se queda un rato (zona emocional cubierta). ¿Cómo conseguimos que se quede sin su madre? A lo mejor lo puede hacer de un salto: cuando su madre lleve unos días con él ya le permitirá marcharse (véase Figura 4). Pero si no es así tendremos que trabajar en la DEAC de forma gradual: a lo mejor primero se tendrá que quedar la madre un ratito con él, luego ya se podrá poner más alejada, con otros niños o hablando con la señorita, para finalmente salir de la vista del niño (véase Figura 5).

Es decir, en el primer caso la forma de trabajar la distancia emocional a cubrir sería con un solo salto, puesto que lo asimilaría el niño de esta forma:

*Figura 4*

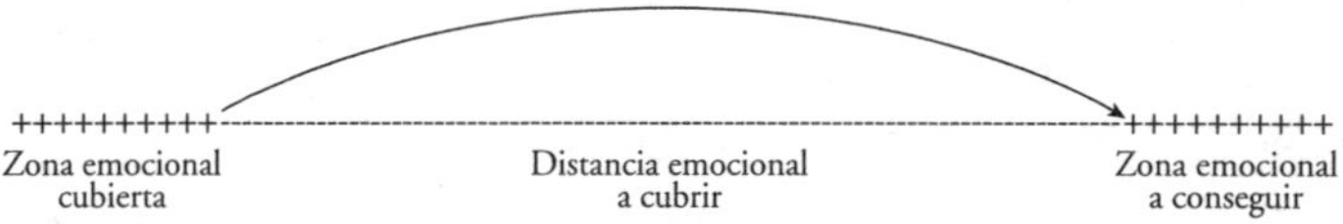

En cambio, en el segundo ejemplo, como el niño no está preparado para afrontar el cambio tan brusco, deberemos averiguar las posibles distancias asimilables e ir estirando poco a poco para que el niño lo acepte.

Sería algo así:

*Figura 5*

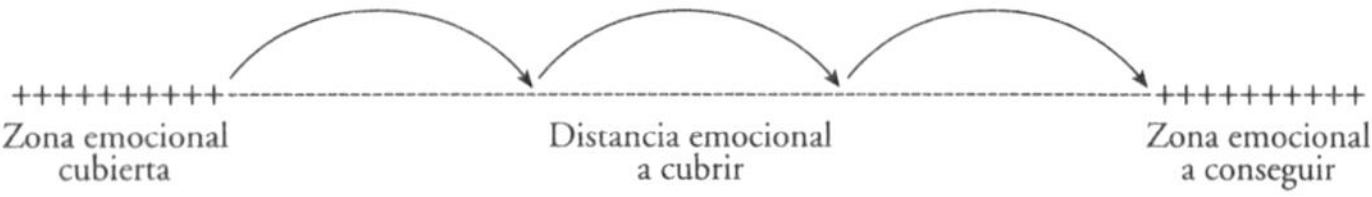


Los «saltos» son la distancia emocional asimilable para el menor. Si todo lo que le pedimos y enseñamos se encuentra dentro de una distancia emocional asimilable para el niño, nuestro hijo avanzará en la consecución de sus metas de una forma segura.

### *¿Qué le transmitimos al niño entendiendo su distancia emocional asimilable?*

Le estamos diciendo «entendemos y aceptamos tus limitaciones y estamos aquí para ayudarte a superarlas de una forma que no te resulte desagradable». Muchos padres quieren que sus hijos vayan rápidos e intentan que se adapten a situaciones a «grandes saltos», de la noche a la mañana. Pero ello genera inseguridad en el niño e incomprensión («mis padres no saben lo que me molesta esto», «no me entienden»).

Si queremos niños seguros, trabaje usted sobre sus distancias emocionales a cubrir (DEAC) mediante «saltos» a su medida, es decir, mediante distancias asimilables por el niño.

Los padres (o personas queridas por el niño, como abuelos, maestros, etc...) son los que dan seguridad al niño para que realice estos saltos animándole en todo momento, acompañándole mientras los hace y reconociendo su esfuerzo siempre que se pueda.

La mayor parte de los aprendizajes importantes de esta vida los hacemos junto a alguien que nos guía por una zona que nosotros no seríamos capaces de transitar sin su ayuda, adaptando los aprendizajes al nivel que podemos asimilar en cada momento. ¿Por qué no hacer lo mismo con las emociones?

## PARA SABER MÁS

ACARÍN, N., *El cerebro del rey,* RBA, Barcelona, 2005.
PUNSET, E., *El viaje a la felicidad,* Destino, Barcelona, 2005.
—, *El viaje al amor,* Destino, Barcelona, 2007.
SIEGEL, D. J., *La mente en desarrollo,* Desclée de Brouwer, Bilbao, 2007.

## RESUMEN

- El desarrollo armónico del niño se da cuando facilitamos las condiciones óptimas de crianza desde que nace.

- El periodo del hábitat preservado (0 a 6 meses) da como resultado un niño que se siente valorado, y eso hará que sea un adulto fuerte, capaz, con una alta autoestima.

➡

- El periodo del tiempo respetado (7 a 24 meses) transmite a nuestro hijo la idea de que es respetado en lo que hace y de que normalmente hace las cosas bien. Por tanto, su autoestima crece y su seguridad se afianza; sus conexiones neuronales son sanas.

- El periodo de la comprensión nos lleva a poder entender a nuestro hijo en un momento en que sus conductas suelen ser difíciles (rabietas) porque ha empezado su camino a la independencia: ya tiene más de 2 años y su razonamiento, lenguaje y pensamiento se ponen en marcha cada día con más fuerza.

- El periodo de la distancia emocional asimilable nos habla del miedo de muchos niños a enfrentarse por primera vez a una cosa. Los padres deberíamos averiguar qué es lo que el niño ya puede soportar (zona emocional cubierta) y trabajar la distancia emocional a cubrir en pequeños saltos que el niño pueda asimilar (distancia emocional asimilable).

- Hacer lo anterior de una forma más agresiva puede provocar que se activen los circuitos del miedo grabados en su infancia más lejana, y que esas experiencias sean más difíciles de asumir.

# Capítulo III

# NO TODO EMPIEZA HOY

*Un buen punto de partida*
*es donde se encuentra usted ahora.*
ANÓNIMO

Si usted lee este libro mientras espera a su bebé, le será de ayuda saber que no todo empieza después del parto. Hoy podemos asegurar que muchas de las características personales de su bebé pueden fomentarse desde su estancia en el útero de su madre y también dependiendo de cómo se aborde el acto de nacer.

Puede que usted ya haya tenido a su bebé y piense que ha llegado tarde, pero no es así: nunca se sabe si este capítulo puede servirle para un futuro hijo, nieto, hijo de una amiga... Así que anímese a leerlo.

Para hablar de cómo el parto y el nacimiento influyen en la crianza tenemos que comprender las bases neurobiológicas y hormonales de las que dependen que se establezcan o se dificulten el proceso del parto y el vínculo afectivo que se forja entre la criatura que acaba de nacer y su madre en las primeras horas tras el nacimiento.

# EL EMBARAZO[1]

*Yo te esperaba*
*y el espejo nos miraba mientras*
*ya te amaba.*
A. GUZMÁN

Todo el mundo sabe que es importante que la embarazada cuide tanto de ella como de su futuro hijo. Eliminar el tabaco y el alcohol de la dieta de la madre, tomar ácido fólico y llevar una dieta adecuada sin carencias importantes ayudarán a prevenir malformaciones[2] en nuestros hijos y problemas tanto médicos[3] como psicológicos.[4]

Se ha demostrado que el seguimiento de la mujer embarazada por parte de una matrona, o similar, reduce la tasa de mortalidad infantil, y una buena información tanto de su embarazo como de su parto ayudará a la madre a estar más relajada durante la gestación y el nacimiento. También le orienta para que sepa qué quiere y cómo obtenerlo. En caso de partos «normales» y fisiológicos deberíamos ayudar a las mujeres a concienciarse de qué tipo de parto quieren y cómo pueden conseguirlo.

La toma de fármacos durante el embarazo debería estar siempre bajo estricto control médico. Pero asegúrese de que su

---

[1] Éste no es un libro para hablar de embarazo, sino tan sólo de cómo el embarazo puede afectar al bebé y a su crianza.

[2] Por ejemplo, el déficit de ácido fólico se relaciona con espina bífida.

[3] Por ejemplo, el alcoholismo en la madre se asocia a bajo peso y al síndrome alcohólico fetal.

[4] El síndrome alcohólico fetal está relacionado con problemas psicológicos y comportamentales del niño (como hiperactividad), y el exceso de tabaco provoca una baja tasa de lactancia, lo que puede ocasionar alteraciones psicológicas, sobre todo de apego.

doctor esté al día de las compatibilidades o incompatibilidades de los fármacos y el embarazo. La mayoría no recetan fármacos por miedo o prudencia, cuando la verdad es que, salvo casos importantes, casi todos los fármacos (analgésicos, antibióticos, etcétera) se pueden tomar. Como recurso profesional, se puede utilizar la siguiente página del hospital Marina Alta en Denia, Alicante, por ser de las más completas que hay. Si su ginecólogo duda, puede pasarle el enlace *www.e-lactancia.org*.

Disfrute de su embarazo. Quizá nadie se haya parado a investigar los efectos del disfrute del embarazo en su salud y en la del niño, pero mientras somos felices secretamos endorfinas y eso siempre tiene beneficios a corto, medio y largo plazo.

Puede que tenga molestias en algunos momentos, pero considérelo una experiencia más en su vida y no un sufrimiento. Anímese a ver la parte positiva de lo que le ocurre (¡que es mucha!).

## EL PARTO[5]

*La decisión de tener un hijo es trascendental.*
*Es aceptar por siempre que tu corazón*
*ande vagando fuera de tu cuerpo.*
E. STONE

La importancia del embarazo nadie la discute, pero quizás mucha menos gente sabe lo importante que es el momento del parto tanto para la madre como para el bebé: *la mujer es una mamífera* y el parto es un proceso instintivo guiado

[5] Éste no es un libro para hablar de partos, sino tan sólo de cómo el parto puede afectar al bebé y a su crianza.

genéticamente por el sistema límbico. Si recuerdan el capítulo anterior, explicábamos que el sistema límbico es el que rige nuestras emociones, por lo que, para que progrese adecuadamente, se deben evitar tanto interferencias externas como internas, sobre todo por parte de la corteza cerebral, que tiene la «virtud» de alterar a nuestro sistema límbico.

Dicho de otro modo, el sistema límbico modifica el funcionamiento de la formación reticular y de la corteza cerebral haciendo que sus funciones estén al servicio del parto y que, en la medida en que la corteza cerebral esté desactivada, la *hembra mamífera* pueda seguir los instintos propios de su especie, es decir, del sistema límbico, heredados filogenéticamente a lo largo de la historia del *Homo sapiens.*

Esto hace que la mujer de parto no pueda estar pendiente del entorno que la rodea ni de ninguna actividad que implique la participación de la corteza cerebral para favorecer que su cuerpo haga lo que instintivamente sabe hacer.

Es frecuente ver que cuando una mujer de parto está conectada con su sistema límbico se comporta de una forma más primitiva, adoptando posturas y emitiendo sonidos que pueden sorprender a los profesionales que acompañen a la parturienta si no están acostumbrados a atender partos fisiológicos, dado que hoy en día la mayoría de los partos son intervenidos. Esta intervención hace que sea difícil poder ver comportamientos instintivos de las mujeres durante el parto, hasta tal punto que se les llama la atención si gritan o gimen y no se les permite adoptar la posición que ellas quieran (cuatro patas, cuclillas...).[6]

[6] Aunque las cosas están cambiando y parece que cada vez más los profesionales que asisten a las mujeres de parto tienden a ofrecer una atención más fisiológica y menos medicalizada.

El parto no es una enfermedad; por lo tanto, la mayor parte de las veces no tendría que ser medicalizado ni transcurrir en un entorno hospitalario, si así se deseara. Es como el comer: cada uno lo puede hacer por sí mismo, pero si hay un problema (atragantamiento, anorexia, etcétera) hay tratamientos, técnicas e intervenciones por parte de los profesionales de la salud que son de agradecer. Es por eso por lo que NO deberían realizarse procedimientos que interfirieran en la fisiología, a menos que las condiciones de salud de la madre y/o del feto los necesitasen para asegurar su salud; es decir, habría que hacer un uso racional de la tecnología aplicada al parto.

Como el parto depende de nuestro cerebro más intuitivo y sensorial, la mujer de parto precisa y busca *intimidad y tranquilidad* en el momento del parto, al igual que otra mamífera; cualquier cosa que altere esta tranquilidad liberará hormonas de alerta y activará la corteza cerebral, que, a su vez, inhibirá el hipotálamo, lo que puede hacer que se refrene o incluso anule la secreción de oxitocina, hormona fundamental para el progreso del parto, por eso es tan importante que en el momento del parto haya intimidad y tranquilidad para que el parto se desarrolle con normalidad.

En este sentido, también podemos observar que los espacios dedicados en los hospitales para parir son, en su mayoría, fríos y austeros, y no tienen en cuenta las necesidades de la mujer. Si bien en estos últimos años podemos percibir que a la hora de diseñar nuevos hospitales o reformar los antiguos ya se tienen en cuenta factores como el espacio, la iluminación, el aislamiento acústico, los flujos de personal y pacientes, etcétera, de forma que se cree un ambiente hospitalario agradable e íntimo que transmita a la parturienta una sensación de hogar, de seguridad, calor y tranquilidad.

¿Cómo conseguirlo? Basta con elegir pinturas cálidas, imágenes o cuadros relajantes, luz natural filtrada, puntos de luz indirectos y de intensidad regulable, aislamiento acústico (para evitar que la oigan u oír a otras personas), y proporcionarle la posibilidad de escuchar la música que ella desee. Que todo el proceso del parto discurra en la misma habitación también ayuda a que la mujer se sienta relajada y tranquila, pues el hecho de trasladarla a otra sala con aspecto de quirófano, como suele suceder en los paritorios tradicionales, a veces hace que la mujer lo viva como una amenaza, como un peligro, lo que implica que predomine la actividad de la corteza cerebral sobre el sistema límbico, con la consecuente alteración en la liberación de la oxitocina.

Que los muebles de la habitación sean de color madera, en vez de metálicos, hace que la mujer se olvide de que está en un ambiente hospitalario y, por lo tanto, que no permanezca alerta, lo mismo si evitamos que el material médico quirúrgico esté a la vista. Para ello podemos guardarlos en muebles o tras una cortinilla.

Para no activar la corteza cerebral es necesario también evitar estímulos sensoriales fuertes, es decir ruidos, olores...; se debe cuidar el lenguaje para no inducir ideaciones en la corteza cerebral, procurando en lo posible hablarle y, si se hace, no tocando temas relacionados con la salud.

También se debe evitar que la mujer se sienta observada y todo aquello que la pueda poner «nerviosa». Si dejamos que la madre pueda desconectar de su córtex, entrando en un estado feliz, de despreocupación, se favorece el instinto del parto por influjo de la oxitocina liberada por el hipotálamo: esta secreción de oxitocina se inhibe por influencia de la corteza cerebral y ello no nos interesa durante la dilatación, ya que si no hay oxitocina no hay contracciones y si no hay contracciones no hay parto.

«Dice Michel Odent[7] que es suficiente preguntar a una parturienta su número de la seguridad social para que el parto se interrumpa: la corteza cerebral inhibe los delicados mecanismos del cerebro primitivo y lo interrumpe. El mismo efecto inhibidor producen las actitudes autoritarias, el lenguaje puramente racional o irrespetuoso, la presencia de observadores, los tactos vaginales constantes, las luces potentes, los ruidos…».[8]

El hecho de que el parto sea más corto o más largo, se pare o continúe, lo vivamos con más dolor o con menos depende de un sutil equilibrio de hormonas y neurotransmisores que podemos «aprender» a favorecer o a entorpecer. Por eso la madre debería estar informada de cómo hacer su parto más fácil y agradable.

## *¿Qué hormonas nos ayudan en el parto y cómo potenciarlas?*

*El amor me impulsa y me hace hablar así.*
DANTE ALIGHIERI

- *Oxitocina.* También es denominada la hormona del amor, del altruismo o de darse a los demás, por su actividad tranquilizante e inhibidora de la agresivi-

---

[7] Michel Odent es obstetra y autor de un gran número de artículos y libros sobre el parto y los bebés.

[8] I. Fernández del Castillo, *La revolución del nacimiento,* Granica, Barcelona, 2006, p. 37.

dad, y se la relaciona asimismo con la protección de las crías y con la sensación de plenitud o satisfacción. Se ha visto que el feto segrega oxitocina durante el parto, lo que también puede ayudar a reforzar el vínculo maternofilial y a que se sienta protegido y querido.

Justo después del parto y antes de la expulsión de la placenta es cuando la mujer tiene la mayor capacidad de secreción de oxitocina, por lo que es muy importante que en ese momento se eviten todos los factores comentados anteriormente que puedan dificultar su liberación; además, si se lo permiten, la madre estará sosteniendo en brazos a su bebé, piel con piel, le mirará a los ojos con fascinación, le olerá, le acariciará, y esto a su vez favorecerá la liberación pulsátil de la oxitocina y del resto de hormonas, que veremos a continuación, íntimamente ligadas al establecimiento del vínculo.

Podemos favorecer a la madre dejándola tranquila durante el parto y facilitándole todo aquello que pueda necesitar para tal fin.

- *Prolactina (PRL).* Es la llamada hormona de la maternidad y es complementaria a la oxitocina en la creación de este vínculo; además, es la responsable de la lactogénesis,[9] mientras que la oxitocina en la lactancia tendrá un efecto sobre la eyección[10] de la leche.

---

[9] Origen o formación de la leche. Pro-lactina, como su nombre indica, es pro leche, es decir, es la hormona causante de que tengamos más o menos aporte de leche.

[10] Salida de la leche al exterior. La oxitocina ayuda a que la leche fluya.

Es importante para que sus niveles sean correctos que la expulsión placentaria sea total. Si usted alumbra completamente su placenta después del parto (sale entera), no debería haber problemas para un correcto nivel de prolactina (a no ser que usted tuviera un problema anterior).

- *Endorfinas.* Durante el parto se ha visto que se liberan endorfinas, que potencian el reflejo cérvico-vaginal; el feto también las libera, de tal forma que durante el parto y las horas siguientes al mismo tanto la madre como el bebé están impregnados de endorfinas, opiáceos que disminuyen la sensación desplacentera y crean un efecto de bienestar, además de favorecer el vínculo. Por eso, entre muchas otras cosas, no debería separarse a la madre del bebé recién nacido. Este momento después del parto es de vital importancia para la vinculación entre madre e hijo. De hecho, en la mayoría de hembras mamíferas, si no tienen contacto, aunque sólo sea visual o auditivo, con sus crías, suelen rechazarlas a posteriori. Por la misma razón muchas madres que han estado separadas de sus hijos «dicen» no saber qué hacer con ellos o cuentan que les costó más entablar una relación afectuosa con él.

- *Estrógeno y progesterona.* Son hormonas que potencian el instinto maternal estimulando la síntesis de oxitocina.

- *Catecolaminas.* Se liberan como consecuencia de la salida (expulsión) del bebé y hacen que la madre tenga energía y permanezca en estado de alerta cuando éste nace para acogerlo y protegerlo; este instinto es muy patente en las hembras de otros mamíferos para evitar que las separen de sus crías. El bebé también libera catecolaminas que le provocan estar atento, con los ojos abiertos: este cruce de miradas entre madre e hijo/a es un factor que refuerza el vínculo. Por eso no se debería separarles.

Entre una y dos horas después del parto el bebé está en alerta y es normal que no se duerma hasta pasado este tiempo. En esos instantes, si se le deja encima del cuerpo de su madre, es capaz de reptar hasta su pecho y agarrarse espontáneamente, favoreciendo el inicio y la buena implantación de la lactancia.

También se fomenta el vínculo que permite conocer y reconocer a la madre por parte de su bebé, y viceversa.

### *Las rutinas de parto y cómo evitarlas*

*Si se hace algo mal con bastante frecuencia,*
*acabarán pensando que es correcto.*
A. BLOCH

Ya hemos visto cuán importante es preservar el delicado equilibrio de las hormonas y mecanismos cerebrales durante el parto, por lo que pueden llegar a influenciar a la madre y al bebé. Imaginen ahora el hecho de realizar de forma rutinaria, sin que sea necesario, las siguientes acciones *en la madre:*

- Rasurado pélvico.
- Enemas.
- Episiotomía.

Estas tres primeras acciones no afectan directamente al bebé, pero sí indirectamente, puesto que muchas madres las encuentran «degradantes» y eso hace que su proceso de parto se altere. En el caso de la episiotomía, además, como la madre tiene incomodidad al sentarse, se siente más cansada, con la autoestima más baja; quienes nos dedicamos a asesorar a la madre en la lactancia sabemos que esto dificulta la adquisición de la posición correcta.

Tampoco se recomienda realizar estas rutinas en *el proceso del parto:*

- La inducción al parto.
- La rotura de membranas.
- Maniobras injustificadas (Hamilton, Kristeller...).
- El pinzamiento precoz del cordón.

Estas últimas sí afectan al bebé. Por ejemplo, el pinzamiento precoz interrumpe totalmente el aporte de oxígeno de la placenta antes de que los pulmones comiencen a funcionar y detiene la transfusión placentaria; es decir, la transferencia de un gran volumen de sangre (hasta el 50 por ciento del volumen total), cuya función es principalmente la de establecer la circulación a través de los pulmones del bebé para iniciar su funcionamiento.

Actualmente se consideran perjudiciales para el niño acciones como el aspirado de secreciones nasales o la introducción de sondas bucales y anales. No deje que se las practiquen a su hijo de forma rutinaria. El aspirado puede provocar un taponamiento de las fosas nasales (aunque sea por irritación e hinchazón) que impide la lactancia, y la introducción de sondas en un bebé que no gestiona el estrés (y que siente más dolor que un adulto) provoca estados de *shock* y ansiedad.

Si el niño tuviera el orificio bucal obturado, se verá con la primera toma de leche de su madre, y el cierre del anal si no expulsara el meconio. Fácil ¿no?

No es el fin de este libro hacer una explicación exhaustiva de estos temas, pero como están relacionados con la crianza (motivo central del mismo) los citamos y le recomendamos como padres que van a ser (o si tienen conocidos que van a tener hijos) que se informen bien y que sepan que contra este tipo de alteraciones sin fundamento hay alternativas legales. Como futura madre puede redactar una «carta de parto»[11] en la que incluya las directrices que le gustaría que siguieran en el hospital con usted y su hijo; también pueden ayudarle algunas indicaciones del Ministerio de Sanidad[12] al respecto.

En general, es importante no interferir en el proceso fisiológico sino todo lo contrario, favorecerlo. No hay que estorbar en el momento del nacimiento, sino permitir que los instintos maternos, genéticamente programados, se expresen libremente para que la madre pueda proporcionar a su bebé alimento, protección, y amor, dejándose llevar por su naturaleza maternal (regulada fundamentalmente por el sistema límbico o parte del cerebro responsable de las emociones). Michel Odent recomienda «mamiferear el parto», es decir, recuperar como mamíferos nuestra capacidad de parir sin que nada nos estorbe.

---

[11] Para saber más del tema de la carta de parto puede consultar *www.elpartoesnuestro.es*

[12] Estrategia de atención al parto normal del Ministerio de Sanidad. Se puede consultar en la propia web del ministerio, *www.msc.es/organizacion/sns/planCalidadSNS/pdf/equidad/estrategiaPartoEnero2008.pdf.*

## EL PERIODO SENSIBLE: ¡QUE NO OS SEPAREN!

*No hay nada más interesante que la conversación de dos enamorados que están callados.*
A. TOURNIER

El bebé acaba de nacer, ha estado nueve meses con usted y no es cuestión de cambiar eso en un minuto.

Las hormonas liberadas por la madre y por el bebé durante las contracciones y el parto no se eliminan inmediatamente, sino que se van eliminando poco a poco y son las responsables de que se establezca este vínculo afectivo entre la madre y su bebé. Este periodo se denomina «periodo sensible» y va a jugar un papel crucial en la relación materno-filial que se establezca. Por ello es fundamental que todos los cuidados que se proporcionen a la pareja mamá-bebé durante este periodo tengan como premisa respetar este momento y no realizar ninguna intervención que implique separarlos o desviar la atención de uno hacia el otro.

De esta forma, la fisiología del posparto también evolucionará correctamente, favoreciendo, por ejemplo, que los niveles hormonales mantengan el útero contraído (evitando así la hemorragia posparto).

Este contacto piel con piel entre la madre y el recién nacido tras el parto favorece no sólo el vínculo, sino que propicia:

- *La sincronía térmica.* Hay una sincronía entre la temperatura corporal de la madre (unos 36-37° C) y el bebé. El bebé depositado sobre el pecho desnudo de la madre «sube» su temperatura de forma más rápida que envuelto en las mejores mantas y depositado en la más eficaz de las cunas o incubadoras.[13]

- *La reducción del llanto del bebé.*[14] Como todo bebé altricial, necesita del cuidado de los otros para su supervivencia; por lo tanto, el no sentir a alguien cerca le provoca respuestas de llamada hacia el cuidador. Eso es el llanto del bebé separado.

Todos los bebés, al ser separados de la madre, responden con lo que se llama protesta de desesperación. Lloran ininterrumpidamente para conseguir volver a reunirse con la madre. Sólo dejan de llorar cuando ya no tienen fuerzas para seguir haciéndolo. El llanto prolongado provoca estrés y el bebé estresado cae en la desesperación. La temperatura corporal baja para ahorrar energías y poder sobrevivir más tiempo solo. La frecuencia cardíaca se hace inestable y la respiración se altera significativamente.[15]

---

[13] K. Bystrova, A. S. Matthiesen, I. Vorontsov, A. M. Widström, A. B. Ransjö-Arvidson y K. Uvnäs-Moberg, «Maternal axillar and breast temperature after giving birth: effects of delivery ward practices and relation to infant temperature», *Birth,* 34(4), 2007, pp. 291-300.

A. Bergström, P. Okong, A. B. Ransjö-Arvidson, «Immediate maternal thermal response to skin-to-skin care of newborn», *Acta Paediatr,* 96(5), 2007, pp. 655-658.

[14] K. Michelsson, K. Christensson, H. Rothgänger, J. Winberg, «Crying in separated and non-separated newborns: sound spectrographic analysis», *Acta Paediatr,* 85(4), 1996, pp. 471-475.

[15] Asociación El Parto es Nuestro: *www.elpartoesnuestro.org; www.quenoosseparen.info*

- *El bebé es colonizado por las bacterias de la madre.*[16] Estar con la madre favorece la colonización del bebé de la flora bacteriana de la madre, lo que impide que otros gérmenes patógenos lo hagan, evitando así infecciones nosocomiales.

- *La reducción del estrés.* «Un recién nacido separado tiene a las seis horas de nacer el doble de cantidad de hormonas de estrés que un recién nacido que ha permanecido en contacto piel con piel con su madre».[17]

- Fomenta *el inicio de la lactancia y la buena marcha de ésta,*[18] ya que el bebé dejado al pecho suele reptar e iniciar la lactancia por sí solo. Pero sobre todo empieza a tomar calostro, de vital importancia para el recién nacido.

---

[16] T. Tapiainen, S. Ylitalo, E. Eerola, M. Uhari, «Dynamics of gut colonization and source of intestinal flora in healthy newborn infants», *APMIS,* 114(11), 2006, pp. 812-817.

[17] K. Bystrova, A. S. Matthiesen, I. Vorontsov, A. M. Widström, A. B. Ransjö-Arvidson, K. Uvnäs-Moberg, B. Welles-Nyström, C. Wassberg, «Skin-to-skin contact may reduce negative consequences of "the stress of being born": a study on temperature in newborn infants, subjected to different ward routines in St. Petersburg», *Acta Paediatr,* 92(3), 2003, pp. 320-326.

E. Mörelius, E. Theodorsson, N. Nelson, «Salivary cortisol and mood and pain profiles during skin-to-skin care for an unselected group of mothers and infants in neonatal intensive care», *Pediatrics,* 116(5), 2005, pp. 1.105-1.113.

[18] K. Mikiel-Kostyra, J. Mazur, I. Boltruszko, «Effect of early skin-to-skin contact after delivery on duration of breastfeeding: a prospective cohort study», *Acta Paediatr,* 91(12), 2002, pp. 1.301-1.306.

- Fomenta *la vinculación entre la madre y el hijo,*[19] no sólo en los primeros momentos, sino hasta edades muy prolongadas. «No hay un tiempo de separación seguro. La separación siempre daña. Lo correcto es no separar en absoluto» (Asociación El Parto es Nuestro).

No olvidemos que el parto conlleva el nacimiento de un nuevo ser que tiene derecho a ser recibido con respeto a sus necesidades básicas, con seguridad pero con amor. Las separaciones injustificadas del recién nacido/a de su madre no son inocuas, ya que el mejor sitio en el que pueden estar los bebés es en brazos de su madre y recibir así su calor, amor, protección y, por supuesto, el mejor alimento: su leche.

Algunos se preguntarán cómo se va a llevar a cabo la exploración del recién nacido si no es separado de su madre. En la «Estrategia de atención al parto normal» del Ministerio de Sanidad y Consumo[20] se explica que lo más importante, una vez el niño ya está en este mundo, es la identificación y el test de Apgar. Las dos cosas pueden ser realizadas permaneciendo encima de su madre. Y cuando finalice este contacto precoz (unos setenta minutos), entonces ya se puede realizar el pesado del niño, la profilaxis ocular, vitamina K… *en presencia de los padres y tras su consentimiento.*

Es decir, que después de un periodo prudencial, son los padres los que deciden cuándo se le practican esas pruebas al bebé.

---

[19] B. Wiberg, K. Humble, P. de Château, «Long-term effect on mother-infant behaviour of extra contact during the first hour post partum. V. Follow-up at three years», *Scand J Soc Med.*, 17(2), 1989, pp. 181-191.

[20] *www.msc.es/organizacion/sns/planCalidadSNS/pdf/equidad/estrategiaPartoEnero2008.pdf*

Hace unos años el equipo del Karolinska Institutet de Estocolmo realizó el siguiente estudio en el Hospital 12 de Octubre: «Separation Distress Call in the Human Neonate in the Absence of Maternal Body Contact». Querían estudiar los efectos de la separación sobre los bebés y tuvieron que venir hasta aquí porque las leyes suecas impiden la separación de madre-bebé tras el nacimiento.

Actualmente, tal y como dice el Dr. Gómez Papí:[21]

> El contacto piel con piel forma parte de los diez pasos de la «Iniciativa Hospital Amigo de los Niños», está incluido en la Declaración de Barcelona sobre los Derechos de la Madre y el Recién Nacido (World Association of Perinatal Medicine, 2001), en las recomendaciones del Comité de Estándares de la Sociedad Española de Neonatología (Comité de Estándares SEN, 2001), en las del Comité de Lactancia Materna de la AEP (Hernández *et al.*, 2005) y en las de la Sección de Lactancia Materna de la Academia Americana de Pediatría (AAP, 2005).

## ¿Y CUANDO HAY VERDADEROS PROBLEMAS?

Todo lo dicho hasta ahora sólo se produce en el caso de un parto fisiológico, pero esto no quiere decir que en el resto de partos no podamos minimizar los estímulos inapropiados y favorecer los adecuados.

---

[21] Neonatólogo del Hospital Universitari de Tarragona Joan XXIII en su escrito «Contacto piel con piel inmediato para recién nacidos a término». Resumen de una conferencia que puede consultarse en *www.quenoosseparen.info/ articulos/documentacion/doccastellano.php*

Puede que nuestro hijo deba nacer por cesárea,[22] pero eso no implica que sea separado de la madre. Puede que nuestro hijo necesite instrumentalización para nacer, pero eso no significa que no deba ser respetado el proceso de parto en la madre o que se separe al bebé de ella de forma rutinaria.

El bebé nacido de un parto normal por vía vaginal necesita a su madre, pero el que nace después de un parto difícil aún la precisa más, ya que a mayor intervención, mayor vulnerabilidad del feto, y por lo tanto mayor necesidad de sentirse vinculado con su madre y tranquilizado por ella.

En algunas de nuestras maternidades, en casos de partos normales se respetan las decisiones de las madres y no son separadas de sus bebés. En cambio, cuando hay un pequeño problema[23] se separan (precisamente cuando ese bebé necesita más que otros el contacto piel a piel con su madre).

En casos de grave enfermedad de la madre, el bebé puede quedar a cargo del padre, piel con piel. ¿Por qué no?

## PARA SABER MÁS

FERNÁNDEZ DEL CASTILLO, I., *La revolución del nacimiento,* Granica, Barcelona, 2006.

LEBRERO, E. y OLZA, I., *¿Nacer por cesárea?,* Granica, Barcelona, 2005.

[22] Se supone que entre un 7 y un 11 por ciento de cesáreas suelen ser las adecuadas en la población normal.

[23] Se entiende que hay patologías que requieren una intervención inmediata, pero en la mayoría de los problemas no es así. Tanto en las cesáreas como en las instrumentaciones el niño puede quedarse con la madre.

ODENT, M., *Nacimiento renacido,* Creavida, Buenos Aires, 1984.

—, *El bebé es un mamífero,* Mandala Ediciones, Madrid, 1990.

RESUMEN

- Es importante que la madre abandone el alcohol y el tabaco y cualquier consumo de drogas en el embarazo.
- El consumo de ácido fólico y sal yodada es fundamental. Consulte con su médico las cantidades adecuadas y/o el fármaco recomendado.
- Conviene seguir una dieta saludable, pero no hace falta ningún tipo de dieta especial en el embarazo.
- Las revisiones en el embarazo, junto con la información a la madre, son importantes como prevención de los problemas que puedan surgir en el parto.
- Su médico/ginecólogo es quien debe decidir qué medicamentos puede tomar en el embarazo, pero ante la duda se puede consultar el enlace *www.e-lactancia.org.*
- El parto es un proceso regulado por el sistema límbico; por lo tanto, hay que favorecer que la madre tenga intimidad y tranquilidad.

➡

- Deben evitarse ciertas rutinas en el proceso del parto tales como: inducción al parto, rotura de membrana, maniobras tipo Kristeller, pinzamiento precoz del cordón umbilical.

- Deben evitarse ciertas rutinas en el recién nacido tales como: aspiración nasal, sondado vía oral y anal.

- No hay que separar al bebé de su madre después del parto.

- En caso de cesárea o parto instrumentalizado, se recomienda también no separar al bebé.

SEGUNDA PARTE

# QUIÉN EDUCA A NUESTROS HIJOS

# Capítulo IV
# LOS PADRES

*Los ejemplos son diez veces más útiles que los preceptos.*
C. J. FOX

## LAS RELACIONES *ENTRE* LOS PADRES

Hace unos años me contaron un chiste que suelo relatar a los padres para que vean cuán importante es nuestro ejemplo para educar a los niños:

—¡Juanito, cuántas veces te he dicho que no pegues a tu hermana pequeña!

—No le estoy pegando, sólo jugamos a papás y mamás...

Creemos que las relaciones que mantenemos los padres entre nosotros no tienen implicación en la educación de nuestros hijos. Total, «Los niños no se enteran», «Nada tiene que ver con ellos», «Son cosas de mayores»... ¡Cuántas veces hemos oído alguna de estas frases!

Nada más falso. Los niños se enteran y se dan cuenta de que hay un doble rasero: el que les hacemos seguir a ellos y el que siguen sus padres. Es importante que los niños observen en sus padres las conductas que queremos potenciar en ellos, así como que las relaciones entre los padres sean fluidas y armoniosas.

Así pues, antes de empezar a explicar cómo deben ser las relaciones de los padres con el niño (capítulo siguiente), mejor que comencemos por las relaciones que hay establecidas entre la pareja. Miremos cómo nos comportamos nosotros, entre nosotros, qué problemas tenemos en la pareja, y seguramente la educación de nuestros hijos mejorará.

Los principales aspectos a tratar son:

- El modelo de los padres.
- Organización y gestión del tiempo en familia.
- El papel del padre.
- El sexo durante la crianza.

### *El modelo de los padres*

*Los niños son impredecibles. Nunca se sabe en qué contradicción nos van a pillar la próxima vez.*
F. P. Jones

¡Cuántas batallas para que los niños tomen una verdura que sus padres prueban a regañadientes! Muchos padres no probarían las mismas papillas que obligan a tragar a sus hijos y en donde yo vivo, era muy típico dar a los niños sesitos y criadillas que muchos padres eran incapaces de comer. No crean que el problema se soluciona con que a los padres les guste una comida, pero si es así resulta más fácil que los niños intenten probarla o que tengan más probabilidades de verla en la mesa.

Hace unos seis años estaba convenciendo a mis hijos de la importancia de ducharse cada noche antes de cenar, cuando el mayor me dijo: «Sí, pero tú no lo haces». Y era cierto; yo no me ducho antes de cenar. De hecho, solía hacerlo en momentos en que ellos no me veían (por la mañana, normalmente, aunque también por la noche, pero más tarde). Era, pues, imprescindible explicarles este hecho: que mamá y papá sí lo hacían, pero en otros momentos; que los niños se duchaban por la tarde porque iban al cole y, además, necesitaban ser supervisados por los padres. Sin esta explicación lo que hubiera quedado es que les queríamos vender una falsa idea. En definitiva, que les intentábamos convencer de algo que nosotros no cumplíamos.

> «Alejandro preguntó a sus padres: "Mamá, si yo soy pequeño y tengo miedo por la noche y vosotros sois mayores y no tenéis miedo, ¿por qué yo tengo que dormir solo y vosotros dormís juntos?"».[1]

Y es que hay cosas que cuesta explicar.

Los mismos padres que se quejan de que el niño no presta sus juguetes en el parque, no comparten los suyos con su hijo: «Eso no se toca, que es de mamá». «Deja la pluma, que es de tu padre», «No cojas las llaves del coche»... Lo que le enseñamos al niño es: «Lo nuestro, aunque en este momento no lo estemos utilizando, no lo toca nadie», y él así lo hace. Entiendo que para usted sea más valiosa su pluma que la muñeca de su hija, pero igual ella no tiene aún la misma escala de valores. El hogar es un lugar agradable en el que vive y convive la familia; todo es de todos y lo que de momento no pertenece a todos —un cuchillo, la vajilla de los domingos, el diario secreto de mamá, etcétera— es mejor que desaparezca de la mirada infantil. Los niños son grandes exploradores, no nos cansaremos de decirlo, y si ven un cuchillo querrán uno

---

[1] Ejemplo extraído de P. Motos (coordinador), *Frases célebres de niños. El hormiguero*, Aguilar, Madrid, 2007, p. 36.

para investigar. A edades en que no deberían tener uno a su alcance, es deber de los padres velar por que no los vean. Con la edad aprenderán a respetar lo que es nuestro si nosotros respetamos lo que es suyo.

No se puede pedir a unos hermanos que no discutan, si los padres solucionan sus problemas de esa forma.

## *Organización y gestión del tiempo en familia*

*Un hijo propone un caos que hay que organizar.*
DR. J. DÍAZ WALKER

Muchas de las disputas familiares son por el trabajo doméstico. Es importante que las tareas de casa estén bien repartidas porque llegará un día en que tendremos que pedirle a nuestro hijo que colabore en ellas. ¿Cómo pedírselo si observa que su padre[2] no lo hace? ¿Cómo decírselo a un niño si al padre hay que solicitárselo varias veces?

Los niños requieren grandes dosis de tiempo en sus cuidados. Mi padre siempre decía: «Puedes tener un hijo más de los que piensas que puedes mantener, pero un hijo menos

[2] Según las últimas estadísticas de nuestro país, aunque los hombres colaboran cada vez más en las tareas domésticas (alguno que yo conozco incluso ha dejado de trabajar para hacerlo), en general la tónica dominante sigue siendo que las mujeres realicen esas labores. De los 46.375 millones de horas al año invertidas en actividades productivas no remuneradas en los hogares españoles, 33.872 millones de horas, esto es, el 73 por ciento del total, son realizadas por mujeres, frente al 27 por ciento que hacen los hombres (INE, 2008). Tengo menos probabilidades de equivocarme en el ejemplo si pongo la palabra «padre», aunque no piense que todos actúan así.

de los que piensas que tienes tiempo de cuidar». Mi padre ya sabía por experiencia que los niños requieren más tiempo que dinero.

Por eso es importante que los padres gestionen adecuadamente el tiempo en familia para que las tareas del hogar no resten tiempo de permanencia con los niños y para que dichas labores no sean un conflicto diario.

Repartir equitativamente los trabajos de casa entre la pareja, eliminar tareas superfluas (quizás es mejor tener un ratito de descanso que una sábana bien planchada), rentabilizar el tiempo empleado (se puede cocinar más cantidad y guardar en el congelador para otros días de la semana en los que se va con más prisas) y saber dedicarse momentos a uno mismo sin detrimento del tiempo dedicado a la familia son los pilares de una convivencia que nuestros hijos van a aprender para el futuro y sabrán apreciar en el presente.

Unos padres que tengan menos contratiempos y estén menos estresados serán unos padres más tolerantes con el caos que su hijo les propone cada día.

## *El papel del padre*

*Lo que no es bueno para el enjambre, no es bueno para la abeja.*

MARCO AURELIO

Este capítulo va dedicado sólo a usted, que es padre.

A día de hoy los padres no pueden parir a los niños ni darles el pecho, pero son capaces de realizar todo lo demás. Y eso es lo que se espera de usted.

Pasar por un parto y dedicar horas a alimentar a su hijo con la mejor leche del mundo son cosas que sólo su pareja puede hacer y que le impedirá durante un largo espacio de tiempo realizar aquellas tareas habituales que antes de tener al bebé podía hacer. Por lo tanto, si antes se repartían el trabajo de casa, ahora tendrá que asumir más labores, aparte de cuidar del bebé. Si usted es de los que lo tienen claro y lo hace (me consta que hay muchos padres así), puede pasar al siguiente apartado.

El problema está en los padres que no quieren hacer más, en los que quieren hacer más y en los que no saben qué se espera de ellos:

- *Padres que no quieren hacer más.*
  Quizás usted es de los que piensa que un bebé no le va a cambiar la vida. Que no quiere perder sus horas de gimnasio o de tiempo libre. Y eso es triste, porque un niño requiere mucha dedicación y tiempo. Así pues, si usted es de los que no colaboraba antes, ahora tiene un buen motivo para empezar: su hijo le necesita y, además, su ejemplo es muy importante de cara al futuro.
  Los hay que se excusan en afirmaciones del tipo:

  - «Bueno, ella tiene baja maternal». Es cierto. El Estado permite que su pareja no vaya a trabajar durante dieciséis semanas.[3] Pero ¿cuántas horas trabajaba su mujer fuera de casa? ¿Cuántas trabaja usted fuera de casa? En la mayoría de los casos ambos, ocho horas. Ahora usted continúa durante ocho horas en su trabajo y su mujer durante ocho horas se ocupa del bebé (es para lo que

---

[3] En el mejor de los casos. Porque hay mujeres autónomas que no tienen baja maternal. Hemos escogido el dato más frecuente en nuestro país.

le pagan), así que cuando usted llegue a casa no debe esperar que haya hecho nada más (como cuando trabajaba fuera del hogar). Los dos deben ponerse a trabajar cuidando al niño y haciendo las tareas de casa por igual. Y si ella debe levantarse por la noche para alimentar al bebé, usted también puede despertarse para poner lavadoras o colgar ropa. ¿Por qué no?

- «Bueno, yo tengo que ir a trabajar y ella no». Ya hemos dicho que los dos están trabajando, puesto que el cuidar a un bebé es una tarea muy difícil y laboriosa, y ella la hace. Segundo, su mujer tiene la vida de una persona a su cargo y usted a lo mejor no; quizás usted es informático, contable, barrendero, ministro... Y en el caso de que también de usted dependiera la vida de alguien (quizás es cirujano cardiovascular o neurocirujano), ya están empatados y los dos pueden levantarse por la noche porque por el día tienen personas a su cargo. Tan peligroso es que su mujer se duerma con el niño en brazos, como que usted lo haga en el consultorio. Bueno, a usted quizás pueda sustituirle un momento algún ayudante si se encuentra indispuesto; a ella no.

Siempre puede buscar excusas. Hay muchas más, créame, las llevo oyendo en la consulta muchos años. Pero un hijo es algo que sólo se tiene en contadas ocasiones. No pase por la vida de su hijo sin que su hijo pase por la suya.

- *Padres que quieren hacer más.*

¿Y eso es malo? Como hemos dicho antes, usted, papá, puede hacer todo menos parir y amamantar a su bebé. Si usted desea hacer algo más es porque se implica en esos campos.

En cuanto al parto, no hay problema; de momento no se puede.

El conflicto aparece con aquellos que se inmiscuyen en la lactancia materna. Es la mejor alimentación para su hijo y la que va a reportar mayores beneficios a la madre después del parto.

Una vez acudió al grupo de lactancia de mi ciudad una pareja que amamantaba. Él se había quejado en otras ocasiones de que ella estaba mucho rato dando de mamar al pequeño y de que no podían salir ni hacer vida «normal». Como siempre le informábamos de los beneficios de la lactancia, empezó a preguntar, entre líneas, si no era también bueno para el bebé que él se implicara en todo.

—¡Claro! —le respondimos—. Puedes hacerlo todo menos amamantarle.

Él continuó diciendo:

—Sí, pero me gustaría colaborar también en su alimentación.

—¡Perfecto! —le respondimos—. Tú lo haces todo con el bebé y este año lo alimenta tu mujer. A partir del año que viene puedes hacerlo siempre tú.

—No, me gustaría empezar ahora.

—¡Genial! —le respondimos—. ¡No sabes la ayuda que serás para tu mujer! Ella lo amamantará por el día y por la noche se puede sacar leche y se la das tú, así ella descansará.

Palideció. No era eso lo que quería. Él deseaba llegar a su casa de trabajar y que su mujer le esperara con un biberón preparado para podérselo dar al niño y disfrutar de ese momento. Eso no es ningún beneficio para el niño. El niño tiene derecho a la mejor leche del mundo y a disfrutar de su padre sin privarse de nada a cambio.

Mª Àngels Claramunt[4] tiene un hermoso poema para ilustrar estas ideas: «*Papá,/ si quieres ayudar,/ ve a comprar,/ tiende la ropa/ que no hay poca./ Sácame a pasear,/ báñame al anochecer…/ ¡Hay tanto que hacer!/ No me quieras alimentar/ contra natura,/ soy una criatura,/ déjame mamar*».

- *Padres que no saben qué se espera de ellos.*
  Hay padres muy prudentes. Puede que usted sea uno de ellos.
  Se reconocerá porque o bien le da miedo hacer mal las cosas con respecto al bebé, y por lo tanto delega en su pareja todo lo que concierne al niño, o bien no sabe exactamente qué es lo que tiene que hacer y, hasta que no se lo pidan, no hace nada.
  Puede que eso desespere mucho a su pareja. Ella pensará que no quiere colaborar cuando usted sabe que no es eso, sino que simplemente desconoce qué debe hacer y cuándo.
  Si es así, tome la iniciativa y explíquele a su pareja lo que le pasa. Ella estará más tranquila porque ya sabrá que usted quiere colaborar, en lugar de pensar que usted intentaba escabullir el bulto, y le dará sugerencias sobre qué puede hacer en cada momento. De

[4] M. À. Claramunt, *Pequeñas delicias,* Milenio, Lérida, 2005, p. 54.

este modo ya sabrá cómo colaborar y no se sentirá tan mal.

Tan sólo dos advertencias para que el diálogo funcione: intente exponer este problema lo antes posible a su pareja (no vale hacerlo cuando el niño ya va a la escuela) y procuren hablarlo con calma, sin recriminar cosas del pasado.

### *El sexo durante la crianza*

*La pareja no se apoya en la permanencia de la sexualidad,*
*sino sobre la permanencia de la ternura.*
K. AXELOS[5]

Salvo excepciones, a las madres después del parto parece que nos baja mucho el deseo sexual.

Esto está provocado por el mismo parto en sí (cansancio, episiotomía[6] en muchos casos, el sangrado posparto [loquios]...), junto con la caída brusca de estrógenos y progesterona hasta niveles anteriores al parto, y la subida de la prolactina para favorecer la lactancia materna, que hacen que la madre esté más decaída anímicamente. Ante todo ello la madre se siente cansada, dolorida, preocupada... Ninguno de estos factores propicia las relaciones sexuales.

[5] Sociólogo griego contemporáneo.

[6] La episiotomía (corte en la zona del periné) en nuestro país es aún rutinaria en muchas maternidades, si bien en muchos casos no sería necesaria. Provoca malestar en la mujer, que no puede sentarse cómodamente durante varios días, ni ir al baño con facilidad, y menos tener relaciones sexuales completas y placenteras.

Durante el primer mes y medio no hay problema, ya que en nuestro país se recomienda a las madres esperar a tener relaciones durante ese tiempo. Se trata de la famosa cuarentena, como siempre se había llamado. Y la pareja está dispuesta a esperar este tiempo que se ha institucionalizado como normal.

Así llega el día en que van a revisión ginecológica[7] y el doctor les dice que todo está bien, que si quieren ya pueden tener relaciones sexuales. El padre se pone contento, pues lleva un mes esperando a mantener relaciones completas con su esposa. Pero ella, a pesar de que le han levantado la veda, sigue estando cansada, dolorida y preocupada y, aunque su cuerpo esté bien, su ánimo no lo está. Sin embargo, la madre necesita, en cambio, más mimos, abrazos y contacto que nunca, pues es uno de los efectos de tener la prolactina alta (entre otros).

Y llega un día en que el bebé está más tranquilo y la pareja se dispone a pasar un ratito juntos. Él la abraza y ella, que necesita tanto de esos abrazos, se deja abrazar y abraza también. Pero ese momento es interpretado por ambos de diferente forma: para él es un semáforo en verde para tener una relación sexual («El médico ha dicho que ya podemos y ella está cariñosa. Voy a continuar») y, en cambio, ella, que tan sólo deseaba ser acariciada y relajarse, intuye los deseos de su pareja y se da cuenta de que aún no está preparada. La respuesta es no. El semáforo se pondrá en rojo y, aunque el padre no dirá nada (o incluso: «Tranquila, no importa»), la decepción se notará en su mirada. Las mujeres, que estamos

---

[7] En nuestro país suele haber una revisión hacia el mes o mes y medio para ver si ya han remitido los loquios, si el útero va volviendo a su lugar, etcétera.

más sensibles en ese periodo (las hormonas contribuyen a ello), lo notaremos.

Y llega otro día y el padre vuelve a acariciar a su pareja, o es ella quien comienza: hace tanto que no tienen tiempo para abrazarse largamente... Y se repite la misma escena que en el párrafo anterior: él ve un semáforo en verde donde ella, que no está preparada, pone un semáforo en rojo. La decepción en la cara del padre ya es algo más evidente. La madre empezará a sentirse culpable.

A partir de ahí, la madre suele volverse más fría y distante: «Si yo no provoco a mi pareja no tendré que decirle que no». Incluso cuando su pareja la abrace, intentará escabullirse («Ahora no», «Déjame, que tengo que hacer no sé qué», «Espera, más tarde»).

Ella le evitará y él empezará a dejarla por imposible. Si se distancian los encuentros seguramente no se den relaciones sexuales con frecuencia.

A partir de aquí, el padre suele culpabilizar a los otros miembros de la familia de esta situación. En lugar de pensar que a lo mejor él ha ido demasiado deprisa para las circunstancias que se están dando, pronuncia frases como: «Es que el bebé te tiene muy absorbida», «Te has vuelto muy fría»... y eso le duele a una madre, lo que agravará el proceso. Cuando te sientes criticada, tu mente no está para confraternizar con la persona que lo hace.

¿Qué hacer?

1. Ante todo estar enterado de lo que ha pasado, de cómo nuestras hormonas juegan un papel muy importante en el deseo sexual. Éste se transforma en un deseo más sensual, que es el que propicia que

amemos a nuestros hijos a pesar de ser unos recién llegados a los que no conocíamos. Hay una parte del vínculo materno-infantil que se establece en la química cerebral posparto.

2. El tiempo de recuperación de cada mujer es diferente: no lo puede dictar el médico, sino ella. En cuanto al deseo sexual, todo el mundo ya sabe que cada uno es cada cual.
3. Abrazarse mucho. Y no sentirse defraudado si no pasamos de ahí. Si favorecemos los contactos físicos tenemos más probabilidades de que alguna vez acaben en sexo más explícito que si nos volvemos fríos y distantes. Déjese abrazar y abrace, sin más, que no es poco.
4. Hay que acostumbrarse a un sexo más sensual. Las madres, debido a ciertas hormonas, enlentecen su ritmo y se tornan menos tigresas. No espere una furia desatada en una mujer que está criando, por mucho que antes fuera así. Es un sexo muy diferente, más lento y sensual, el que se puede esperar de esos encuentros.
5. Hay que poder hablar de las necesidades de cada uno en esos momentos. Si ella necesita un extra de caricias, ¿por qué no dárselo? Y si él desea cubrir unas necesidades sexuales que no han sido modificadas ni por el parto ni por las hormonas, ¿por qué no buscar soluciones imaginativas? La masturbación (de uno mismo o de la pareja) y el sexo oral suelen ser las más utilizadas.
6. Nunca culpe a su pareja de lo que está pasando. Es cosa de los dos. Hay dos ritmos y necesidades diferentes pero no hay un culpable.

7. Nunca culpe al niño de lo que está pasando. Aparte de que él no es culpable, sólo hará que se agrave el problema, puesto que se buscarán soluciones para apartar a la madre (o al padre) de su hijo. Ante esto su pareja le verá como un ser insensible, y el deseo por usted caerá aún más. Si ya había pocas ocasiones de relaciones sexuales, ahora todavía menos. También suele pasar que al apartar al bebé de sus cuidadores, el niño se vuelva más demandante, más irritable y se tenga así menos tiempo para establecer contactos entre los padres.
8. A veces el problema es anterior al nacimiento del hijo, sólo que ahora se hace más evidente. Sean sinceros el uno con el otro y hablen de los problemas que tienen. Quizás un hijo sea el detonante, pero también brinda una oportunidad de solucionar un conflicto.

Dicen que los niños aprenden del matrimonio de sus padres, por lo que es importante que nosotros, los padres, analicemos qué les transmitimos en este apartado.

Como hemos explicado en la primera parte de este libro, no hay nada más incomprensible para un niño que obligarle a hacer lo que él evidencia que sus padres no hacen, o también observar su resentimiento cuando se hablan. Los menores tienen un radar especial para captar las intenciones de las personas y la comunicación no verbal, y saben si hay armonía o no entre sus padres.

En resumen, si nosotros tenemos una buena relación de pareja y ofrecemos a nuestros hijos un modelo a seguir basado en nuestro propio ejemplo, las relaciones con ellos serán mejores en todos los sentidos.

# LAS RELACIONES *CON* LOS PADRES

*Un comportamiento tiránico para con los niños crea tiranos. La indiferencia hacia el llanto del niño creará adultos indiferentes no sólo al dolor, sino a la simple existencia del otro.*

F. GRAU CODINA

Educar viene del latín ex ducere, que significa encaminar, guiar... Así pues, nos podemos plantear la educación como un camino que debemos recorrer conjuntamente padres e hijos. Y digo recorrer conjuntamente porque tan importante es que los hijos puedan ser educados por sus padres como que los padres aprendan de sus hijos.

Por ello debe establecerse una relación basada en el respeto mutuo y la empatía, así como en el ejercicio de la autoridad horizontal. Sólo así se consigue una convivencia tolerante y respetuosa, y no sólo con los hijos, pues estas normas rigen para cualquier miembro de la familia.

Es importante basar las relaciones que tenemos con los hijos en los siguientes principios:

- Respeto mutuo.
- Empatía.
- Autoridad horizontal.
- Amor incondicional.

*Respeto mutuo*

> *La misma cantidad de respeto y atención se debe a todo ser humano, porque el respeto no tiene grados.*
>
> S. Weil

Un niño de 7 meses no puede respetarle. Para eso necesita un raciocinio que aún no posee; por lo tanto, puede que haga pis encima de usted, le escupa sin previo aviso y le pegue un manotazo en la cara. Puede que un niño de 3 años empiece a comprender el término «respeto» y se contenga de hacer las cosas antes mencionadas, aunque no todas ni siempre, puesto que aún está aprendiendo y hay actos que todavía no controla. Y, seguramente, un niño de 7 años sabe lo que es el respeto aunque a veces no lo ejerza, sobre todo cuando se enfada o está ofuscado.

Pero un adulto no puede faltarle nunca el respeto a un niño. Si toleramos que un adulto no respete, también tendríamos que tolerar que un niño pueda hacerlo; sin embargo nadie tiene derecho a faltar el respeto a otro. Pase lo que pase somos padres, educamos con los mejores valores. Si queremos transmitir respeto no podemos perderlo nosotros cuando nos convenga, porque será lo que ellos hagan.

A partir de aquí, puede que ellos nos imiten siempre o que a veces no sea así. Entonces hay que educar y no perder el respeto. Hay que explicarles qué se espera de ellos en ese momento y ponernos a nosotros como ejemplo («yo también estoy enfadado, pero nunca actuaría como tú»).

Veamos. Pedrito se ha enfadado con su madre y la ha llamado tonta y burra. No importa por qué se ha enfadado, ni si él tiene razón y su madre no; no debe llamar a su madre de esa forma. En ese momento debemos decirle:

- «Yo también estoy enfadada y no te insulto. Podemos hablar del problema sin insultar».

- «Entiendo que te hayas enfadado, pero eso no te da derecho a llamarme así. Dime que te disgusta lo que te he dicho, pero de esa forma no es aceptable».

La idea general es que le podamos educar siguiendo nuestro modelo (claro, si nosotros ya fallamos, no podremos utilizar este argumento y tendremos que ser más tolerantes con él: si nosotros nos saltamos las normas, ellos también pueden tener un mal día); a partir de aquí debemos explicarles la conducta a seguir. Para ello pueden encontrar ejemplos en el capítulo dedicado a las rabietas y al comportamiento, más adelante.

### *Empatía*

> *El amor perfecto tiene esta fuerza: que olvidamos nuestro contento para contentar a quienes amamos.*
>
> SANTA TERESA DE JESÚS

La empatía se puede definir como la capacidad de ponernos en el lugar del otro; intuir lo que puede pensar o sentir y actuar con la comprensión y sensibilidad que eso requiere.

No podemos juzgar las actuaciones de un niño sin saber sus razones o, al menos, sin intentar averiguarlas.

> En diciembre de 1992 el hijo de unos amigos, Pedro, pidió a los Reyes un arco y unas flechas. Sus padres al principio se negaron: no eran partidarios de los juguetes bélicos. Pero

intentaron ponerse en el lugar del niño y concluyeron que si su hijo lo había pedido, a pesar de la educación recibida, sería por algún motivo. Se sentaron a hablar con él y así fue cómo se enteraron de que en la tele habían puesto un programa con las mejores escenas del año y salió el momento en que el tirador olímpico Rebollo encendía el pebetero de las Olimpiadas de Barcelona 92. El niño sólo quería hacer lo mismo. Tuvo su arco y sus flechas.

Las actuaciones de los niños casi siempre tienen una causa (que puede no ser razonable). Intente descubrir cuál es y así sabrá si debe aceptarla o corregirla, pero no intente ignorarla o suprimirla porque sí.

H. G. Ginott[8] dice: «La simpatía de un padre sirve de primeros auxilios emocionales para los sentimientos heridos».

Susana, de 5 años, quiere ir al parque y está lloviendo:

—Quiero ir.

—Que no ves que no se puede, que llueve.

—¡Pero quiero ir! —empieza a patalear y lloriquear.

—Pues no se puede, así que si quieres enfadarte no conseguirás nada.

—¡¡¡¡Déjame en paz!!!! ¡¡¡¡Quiero ir!!!!

El problema radica en que no nos hemos puesto en lugar de la niña, ni hemos entendido sus razones para estar así. Nuestra simpatía hacia lo que siente ayudará a canalizar sus sentimientos heridos. Veamos la escena con otros ojos:

—Quiero ir.

—Que no ves que no se puede, que llueve.

—¡Pero quiero ir! —empieza a patalear y lloriquear.

---

[8] H. G. Ginott, *Entre padres e hijos,* Medici, Barcelona, 2005, p. 8.

—Te gusta mucho ir al parque ¿verdad?

—Sí.

—Claro, porque ves a tus amigas y aquí es más aburrido ¿no?

—Sí.

—A mí también me fastidia que llueva y que no puedas ir al parque. Ven, vamos a pasar este momento lo mejor que podamos hasta mañana, que iremos al parque.

H. G. Ginott[9] dice: «Hay que ocuparse de los sentimientos antes que intentar mejorar la conducta».

Si Clara pega a su hermana porque le ha roto un dibujo, antes que intentar explicarle lo malo de su conducta, empecemos entendiendo los motivos que la han podido llevar hasta ahí:

—¿Por qué has pegado a tu hermana?

—Me ha roto el dibujo.

—¡Pero eso es una tontería! ¡No le puedes pegar por eso!

—¡No es una tontería! ¡Tú eres la tonta!

En cambio la cosa podría haber ido mejor si en lugar de censurar la conducta empezamos con las emociones:

—¿Por qué has pegado a tu hermana?

—Me ha roto el dibujo.

—¡No me extraña que estés tan enfadada con lo que te gustan los dibujos y el esfuerzo que pones! Es importante dejarle claro a tu hermana que eso no se hace, ¿no te parece?

—Sí.

—Bueno, pero ya sabes que, pase lo que pase, no se pega. ¿Lo tendrás en cuenta la próxima vez?

—Sí, mamá.

---

[9] *Ibídem,* p. 17.

El saber ponerse en el lugar del niño y sentir lo que él siente o lo que ha podido llevarle a tales acciones es prioritario.

## *Autoridad horizontal*

*No sabrás todo lo que valgo hasta que no pueda ser junto a ti todo lo que soy.*
G. MARAÑÓN

Hay dos clases de autoridad:

- Una se ejerce desde la fuerza y se impone desde arriba a los que están abajo. Por eso la llamo autoridad vertical. Se basa en el convencimiento del adulto de que «yo no me equivoco y el niño sí». Por eso es una autoridad que ante un hecho negligente lo va a censurar totalmente y lo anulará mediante una conducta impuesta o el castigo.

- La otra se gana y se trabaja con el niño codo a codo. Por eso la llamo «autoridad horizontal». Se basa en la idea de que ante una conducta negligente, hay que aprovechar lo bueno que ha realizado el niño (siempre hay algo positivo, búsquelo) y orientarle en cómo mejorar su actuación. Cuando decimos que un médico es una autoridad en la materia, no nos referimos a autoridad en el sentido de que nos manda o puede ejercer alguna presión sobre nosotros, sino que SABE de un tema y se gana ese nombre.

Si nuestro hijo aprende que ante cualquier eventualidad SABEMOS orientarle, valorando lo que de bueno hay en su conducta y proponiéndole mejoras, seremos una autoridad educativa, alguien que SABE cómo educar.

Veamos un ejemplo: Sara, de 5 años, se pega con su hermana de 3 porque ésta le ha roto un dibujo. Si ejercemos una autoridad en vertical le diremos que es una niña mala, que eso no se hace y la castigaremos por ello (o la pondremos en una sillita de pensar, que ahora está de moda, pero que es lo mismo, como después veremos). La próxima vez que su hermana le rompa un dibujo hará igual, pero intentará esconderse para que no la descubran o buscará otra forma de vengarse.

Si ejercemos la autoridad en horizontal le diremos: «Entiendo tu enfado, apreciabas ese dibujo y te lo ha roto (hemos buscado la parte positiva de la niña y empatizamos), pero cuando pasa una cosa así no pegamos, sino que vienes a buscarme y yo misma le diré a tu hermana lo mal que se ha portado». Acto seguido se va a buscar a la hermana y se le explica que debe respetar los dibujos de su hermana, etcétera. La próxima vez que pase una cosa similar, Sara irá a buscar a su madre para que haga de árbitro en la contienda. Las hermanas no se pegarán y cada una aprenderá lo que debe hacer en esos momentos, puesto que mamá se lo volverá a explicar. Lo más importante es que las niñas aprenden que mamá SABE qué hay que hacer en cada ocasión y se fiarán de ella y de sus decisiones.

A veces pregunto a los adolescentes que sienten pocas ganas de ir a la escuela si faltan a clase con asiduidad. La mayoría me dice que no. Cuando les pregunto el motivo, la respuesta es doble, dependiendo del tipo de autoridad en que han sido educados: «Es que si se entera mi padre me mata». Es la típica respuesta de autoridad ejercida en vertical. Sólo lo hace por el miedo al castigo y a la reprimenda, pero en el momento en que su padre no esté, posiblemente falte a clase.

«Aunque no me guste, tengo que ir. Mi padre me ha explicado que aunque no me guste debo acabar la ESO[10] porque es importante para mí». Ésta sería una de las respuestas de un niño educado bajo una autoridad en horizontal, de tú a tú; su padre no le ha censurado ni impuesto nada, tan sólo le ha explicado el mejor camino para él y las ventajas que obtendría actuando de esa forma.

### *Amor incondicional*

*El amor no tiene nada que ver con lo que esperas conseguir, sólo con lo que esperas dar; es decir, todo.*

K. Hepburn

En casos de extrema gravedad (accidente, enfermedad...) todos los padres que conozco estarían dispuestos a hacer cualquier cosa por sus hijos, dando la vida si fuera necesario.

Pero el niño también nos necesita en otros momentos. Nos reclama. Nos quiere incondicionalmente y por encima de todo. Y a veces estamos demasiado cansados para ejercer de padres. A veces no tenemos tiempo para ejercer de padres. A veces no creemos que sea tan necesario ejercer de padres (total, por un día...).

La paternidad es algo que no entiende de horarios, que debe estar presente las veinticuatro horas. Lo mismo pasa con las parejas: el día que su pareja le diga que está demasiado

[10] Es el final de la escolarización obligatoria: ESO (Educación Secundaria Obligatoria).

cansado/a para atenderle, el día que le diga que no tiene tiempo para usted, el día que le diga que no es tan necesaria la vida de pareja... ¿cómo se sentirá? Puede que la primera vez lo tolere si se explican bien los motivos, pero de alguien que nos quiere se espera amor en todo momento.

Atender a un bebé siempre es difícil, pero afortunadamente tenemos a nuestra pareja para relevarnos algún ratito. Los abuelos y amigos pueden también ayudarnos en ocasiones.

Si usted quiere que su familia funcione, debe dejarles claro a todos los miembros que, como padres, siempre estaremos ahí, pase lo que pase. Que pueden confiar en nosotros, pues siempre les vamos a atender, no importa la hora. Que siempre les vamos a querer, aunque a veces no nos guste lo que hacen, porque les amamos por lo que son (nuestros hijos, nuestra pareja, personas maravillosas e importantes en nuestras vidas), y no sólo por lo que hacen, pues, como todo el mundo, pueden equivocarse.

> En otoño de 2007 fui a dar una charla a Talavera de la Reina. Esperábamos para cenar en la cafetería del hotel, tomando algo. Mis hijos se fueron al baño, muy cerca de la mesa en la que estábamos. En aquel momento me atraganté con la bebida. A mi marido aún no le había dado tiempo a darme golpecitos en la espalda, cuando ya habían venido los niños corriendo y me daban palmaditas, uno a cada lado.
>
> El camarero, que observó la escena, les dijo a los niños:
>
> —¡Anda, qué buenos! ¡Cómo se nota que queréis a vuestra madre! ¡Habéis venido corriendo a más no poder!
>
> Y mi hijo mayor le contestó:
>
> —Es que mi madre siempre ha venido cuando la hemos necesitado.
>
> ¡Ojalá pueda usted sentir lo mismo que yo sentí ese día!

## SUPERNANNYS *VS* SUPERPAPIS. EL CONDUCTISMO *FASHION*

*No corresponde a los jóvenes entendernos,*
*sino a nosotros comprenderlos a ellos.*
*Al fin y al cabo, no podrán ponerse en nuestro lugar*
*y, en cambio, nosotros ya hemos ocupado el de ellos.*
MAUROIS

En la mayoría de canales de televisión, tanto propios como foráneos,[11] han proliferado una serie de programas para «educar» niños basados en ignorar los sentimientos del menor. Hay un exceso de adultocentrismo: el adulto es el centro de todo. Tan sólo se trata de que el adulto esté bien y que los niños se comporten como queramos los adultos, aunque para ello tengamos que adiestrar a los niños. Claro, dicho así suena mal, pero revestido con gracia queda mejor. Tan sólo hay que buscar las palabras adecuadas.

Ponga a cualquier actuación negativa contra un niño el adjetivo «educativo» o «pedagógico» y se la tolerarán. Así, se ha llamado «cachetes educativos» al hecho de pegar a un ser humano. «Medidas educativas» al hecho de castigar a una persona. «Educar en hábitos de sueño» al hecho de dejarles llorando por la noche, etcétera.

No se dejen engañar: el fin nunca justifica los medios. Puede conseguirse lo mismo sin pegar, sin castigar y sin llorar, y seguramente de forma más educativa y permanente.

Estos programas, a los que yo denomino de «conductismo *fashion*», intentan vendernos como un buen con-

[11] En España es conocida la *Supernanny* del canal Cuatro y la versión inglesa de *Jo Frost*, pero hay algunos más.

ductismo el adiestramiento más simple. Para ello, lo revisten de moda («es lo que ahora se lleva») y de modernidad («es lo último»), cuando es de lo más retrógrado que hay en educación.

Actualmente mucha gente asocia el conductismo solamente con lo que sale por la tele y, por lo tanto, lo ven como algo peyorativo. Es frecuente en mis conferencias que la gente me pregunte mi opinión sobre los métodos conductistas para educar a los niños. Yo les contesto que no son malos (de hecho, para algunas cosas, como por ejemplo dejarse de morder las uñas, son rápidos y eficaces) que no estamos hablando de lo mismo. Lo que ellos llaman «métodos conductuales» para educar niños nada tienen que ver con el conductismo infantil. ¡Cuánto daño han hecho al conductismo estas barbaridades!

Veamos algunos de los fallos más evidentes del conductismo *fashion* tipo *Supernanny*:

1. *El nulo análisis del niño.*
   Supernanny entra en una casa en la que hay uno o varios niños que parecen parientes cercanos de la niña de *El exorcista*. Se supone que la *nanny* en cuestión es psicóloga (al menos la española lo era). Pues bien, nunca se valora al niño por si tuviera algún tipo de hiperactividad, no se tiene en cuenta si hay una problemática detrás de su conducta (a lo mejor sus padres le maltratan fuera de las cámaras). ¿Que el niño pega a su hermana? No importa saber si tiene celos o no. Lo único que queremos es que se comporte bien. Si la sigue odiando o no, nos da igual, con tal de que en casa estemos tranquilos. Nunca hace un examen de las cuestiones psicológicas que allí se dan.

2. *El nulo análisis de la situación.*
Hay estudios que demuestran que cuanto menos tiempo pasa un niño con su madre, es más agresivo. Uno de los mayores trabajos realizados sobre el cuidado y desarrollo infantil elaborado en Estados Unidos a partir de una muestra de 1.364 niños así lo determina.[12]
Hay otros que demuestran que los celos conllevan agresividad ante el hermano; otros que los niños que han establecido una mala vinculación con sus padres son más movidos o más inestables. Pero ante unos problemas así no se paran a analizar que quizás la situación que allí se da provoca esa respuesta en el niño. Al fin y al cabo, si riñeran a los padres el programa no tendría tanta audiencia, puesto que el espectador es el padre que quiere una solución sin tener que modificar su propia conducta.
Fíjese en esas casas cuando llega Supernanny: 1. No se respira cariño en el aire. Y ya dijimos que aunque los niños hagan algo que nos disguste nunca hemos de dejar de quererles. Censuramos siempre la conducta, pero no a ellos como personas. 2. La mayor parte de las madres y padres están estresados por el trabajo. Ese estrés se transmite al niño, que responderá con estrés. Pero se enseña al niño a limitarse en lugar de explicarles a los padres que deberían trabajar menos o de otra forma que concilie mejor la vida laboral y familiar. 3. El rato que están con sus hijos es para

---

[12] Es un estudio del Instituto Nacional de Salud Infantil y Desarrollo Humano de Estados Unidos, que se puede descargar entero en *http://www.nichd.nih.gov/ publications/upload/seccyd 051206.pdf*

hacer labores domésticas; no pueden atender al niño porque han de hacer otras cosas. ¡Y lo curioso del caso es que se considera bueno que así sea! En un programa decían: «Fulanita demanda mucha atención de su madre y no le deja hacer la cena». Acto seguido había que educar a fulanita a que se entretuviera sola en lugar de que la madre pudiera estar más con su hija puesto que en todo el día casi no se habían visto.

3. *Lenguaje peyorativo contra el niño.*
   Durante la grabación de los niños, y para ganarse las simpatías de la audiencia, se van poniendo calificativos degradantes a los menores: «la pequeña manipuladora», «el pequeño terremoto»... En ningún capítulo se habla así de los padres. Y fíjense que en más de un episodio se podría decir «la intolerante de la madre», «el caradura del padre»[13] con razón, pero eso no es del agrado de los padres telespectadores. Y no lo dicen.
   En un programa que vi[14] incluso se justificaba que un padre pegase a su hijo (cosa que está prohibida por la ley). Alejandro tenía desesperados a sus padres porque «se pasa el día insultando y tirando cosas» (que está mal, pero que no es para desesperarse tanto). Los pobres padres «lo paran como pueden, a veces con gritos y con algún bofetón». Pues no señor.

---

[13] En el mismo programa el padre no hace nada en casa y cuando *Supernanny* le dice que quizás debería colaborar, él sólo pregunta: «¿Cuándo voy a tener tiempo libre?».

[14] Es un programa de un niño que se llama Alejandro, de 4 años. Se puede ver fácilmente en YouTube poniendo «Supernanny Alejandro». Como el programa está dividido en partes, ésta es la segunda parte.

Además, el lenguaje usado es pervertido porque la misma situación se puede dar la vuelta: «Alejandro solamente tira cosas e insulta» y «Sus padres le corresponden con gritos y bofetones». Es lo mismo, pero el niño no sale tan mal parado.

4. *La falsa raíz del problema.*
   En todos los capítulos que he visto y que me han contado, la raíz del problema es la misma: «Los padres no son lo suficientemente enérgicos con el control de sus hijos». Es curioso cómo todos los problemas (y en todos los países en que se graban) se reducen siempre al mismo diagnóstico. No importa si los estudios demuestran que las conductas del niño son debidas a otra cosa.
   Tampoco se cuestiona si ayuda a esta idea el lenguaje y las imágenes manipuladoras. Porque, si bien es cierto que las imágenes son reales, el montaje, el orden de las mismas y la forma en la que se obtuvieron no son las que nos enseñan en pantalla.

5. *Supernanny propone unas normas escritas.*
   Estas normas se escriben en una hoja que se engancha en una pared o en la cocina.
   ¿Se han dado cuenta de que hay veces que esos niños no saben leer? Pues Supernanny nunca. No sabe que la mayoría de los niños de menos de 5 años no leen fluidamente y las sigue escribiendo, tengan la edad que tengan. Me acuerdo de un caso[15] que trataba de un niño de 4 años al que le ponen unas normas escritas que es incapaz de leer. La cara del niño intentando quedar bien ante

[15] Es la tercera parte del programa anterior.

las cámaras mientras le leían las normas lo decía todo, es decir, «no me entero». ¿Por qué lo hacen así? Porque lo que importa es que lo puedan leer los telespectadores, no los niños. Hoy en día existen sistemas alternativos a la escritura convencional, a base de símbolos[16] que los niños aprenden fácilmente, pero, ¡claro!, el telespectador que se enganche tarde al programa ya no lo entenderá. Por cierto, a los padres también se les da unas normas en cuanto a su comportamiento, para que mejoren, y resulta que ésas no se ponen escritas en la pared (y eso que... ¡ellos sí saben leer!), no sea que tuvieran que dar cuenta cada día de las veces que se han equivocado durante el programa y salieran mal parados. Fíjense como siempre se hace todo para el sistema dominante, es decir, los adultos. No hay nada que tenga en cuenta los derechos del niño.

6. *Uso de técnicas pseudocientíficas.*
Habrán observado que en este tipo de programas, si el niño no hace lo que se le dice, se le aplican varios castigos para que cambie su actitud. ¡Ah, perdón! ¡No son castigos, son medidas pedagógicas a partir de técnicas científicas! Es que en ocasiones sólo pienso en la idea y me olvido del lenguaje que se debe utilizar en esos casos para maquillar la escena.
Bien, en la mayoría de las situaciones se trata de apartar al niño dejándolo solo. Son las técnicas del *time-out* o técnicas fuera de reforzamiento, que, bien aplicadas, en otras edades y para otro tipo de situaciones pueden ir bien. Pero no para estos casos.

[16] Como, por ejemplo, el SPC (Sistema Pictográfico).

Se trata de que cuando el niño no hace lo que pone en las normas (¡y cómo va a hacerlo si no las puede leer!), se le deja un minuto por año de edad en otra habitación para que reflexione. En los programas anglosajones normalmente son el hueco de la escalera (la mayoría de aquellas casas suelen ser de dos pisos) y en el nuestro ha proliferado mucho «el rincón o la sillita de pensar», es decir, una sillita en la que el niño se sienta un ratito (como ya hemos señalado, un minuto por año de edad) para que reflexione sobre lo que ha hecho.

A los adultos, como nos lo creemos todo sin reflexionar, normalmente nos cuelan estas ideas. Pero a los niños, no. Veamos unos ejemplos:

Cristian, de 15 años, me explicaba que había visto un programa de éstos en el que se especificaba que el rato que los niños deben estar en el rincón de pensar era de quince minutos.

—¡Eso es mentira! —me dice—. ¡Un niño de un año no tiene ni para empezar con un minuto, y a mí me sobrarían catorce!

Y es cierto. Lo que pasa es que la idea no es que el niño reflexione, sino mostrarle nuestro enfado, y eso con poco rato ya lo conseguimos en los pequeños.

Sin embargo, si decimos que esta técnica es para mostrarle nuestro enfado no queda tan bien y hemos de revestirla de un halo «científico». Así, lo de poner «un minuto por año de edad» nos da la idea de que debe de ser algo que se ha probado y que funciona exactamente mejor así. La verdad es que es igual un minuto que treinta segundos por año de edad. Nunca se probó tal cosa.

La inutilidad de la silla también nos la demuestra Oriol, de 4 años, que cuando su profesora le mandó a la sillita de pensar, él le respondió: «No hace falta, ¡ya sé pensar de pie!».

Y es cierto. Si lo que queremos es que reflexionen, ¡qué más da que sea en un lugar fijo! Lo normal sería que nos pusiéramos a reflexionar con él allí donde nos encontráramos; porque si la cosa sucede en la calle, ¿dónde van a reflexionar? ¿Vamos a esperar hasta llegar a casa? Lo importante es la educación que les damos en ese momento.

Erik, de 4 años, había estado jugando con unos niños de 5 a saltar charcos en la hora del patio. Cuando sonó el timbre para entrar a clase estaban sucios y decidieron ir al baño para limpiarse, con lo que no sólo no se limpiaron sino que ensuciaron el baño. La señorita, al ver cómo estaba y lo que habían hecho, lo sentó en la sillita de pensar. De regreso a casa su madre le pregunta:

—Cariño, me ha dicho la señorita que te ha puesto en la sillita de pensar.

—Sí, mamá —contestó el niño.

—Bien, ¿y qué pensaste? —le preguntó su madre.

—¡Que no tengo que jugar con niños mayores!

Para Eric no podía estar mal saltar charcos (lo hacía a veces en el parque con su madre) ni lavarse si estaba sucio (es lo que le habían enseñado); por lo tanto, lo único que podía estar mal en todo aquello era jugar con niños mayores que él.

En estas situaciones, no podemos dejar a los niños reflexionando solos porque no sabemos a qué conclusiones erróneas pueden llegar:

Un día Marc se estaba portando fatal [...]; cuando su madre lo iba a reñir él intentó darle una patada. Ella lo castigó y le dijo: «Piensa en todo lo que ha pasado». Al cabo de un rato Marc volvió y les dijo a su madre y a su hermano: «Ya he pensado: os perdono».[17]

Ante cualquier cosa que hagan nuestros hijos deberíamos reflexionar con ellos y hacerles ver lo bueno y malo de su conducta. Así estamos seguros de que aprenden lo que verdaderamente deben aprender. Nada de sillitas solitarias. ¿No creen?

Pero la reflexión definitiva sobre las sillitas o los rincones de pensar nos la da Julián, de 4 años, que un día le hizo la siguiente reflexión a su profesora: «¡Qué despistada eres, seño! ¡Has puesto la sillita de pensar y te has olvidado de poner la de felicitar!». Porque Julián, con ese radar que hemos explicado que tienen los niños, había captado la esencia de la sillita. Era un castigo y, por lo tanto, faltaba la otra parte, la de la recompensa. La verdad es que deberíamos poner en la vida de los niños muchas más sillitas de felicitar, que a veces nos olvidamos; en cambio, las reflexiones tendríamos que hacerlas siempre ¡en compañía!

7. *Diferentes normas para cada uno.*

En estos programas la estructura es siempre la misma: Supernanny llega, observa y da un diagnóstico y unas instrucciones. Se va de la casa, se queda una cámara

[17] Ejemplo extraído de P. Motos (coord.), *op. cit.*, p. 29.

grabando y cuando vuelve comentan los principales fallos de la actuación de los padres (que nunca entienden todo bien a la primera).

Nos encontramos en este momento: Supernanny ve un vídeo con los padres y les dice lo que han hecho mal. ¡Y no se les castiga! A los niños, sí. A ellos, siempre que se han olvidado de hacer algo, siempre que se han equivocado, siempre que se portan mal, Supernanny no se cansa de repetir que se les debe ignorar, castigar o lo que sea pertinente en cada caso. Pero los padres pueden hacerlo mal y no se les pone en ninguna sillita de pensar (¡que falta le haría a más de uno!), ni se les dice a los niños que mientras sus padres no les pidan las cosas bien que los ignoren. Nada de eso. Muchos televidentes se podrían sentir identificados y bajaría la audiencia. Los niños no votan ni apagan el televisor a sus padres y, por lo tanto, no importan.

En definitiva, el conductismo *fashion* es una forma más de vender programas y libros. Nada tiene que ver con educar niños, sino con adiestramientos. Puede que el niño al final se comporte bien, pero no porque haya aprendido algo o se haya dado cuenta de sus actos, sino porque hay unas normas que cumplir. Me gustaría enseñar a mis hijos que las normas se cumplen pero no porque sí, sino porque cada una tiene una utilidad y ellos deben valorarlas; si alguna les parece injusta deben luchar por cambiarla y no aceptarla sumisamente. A los niños de estos programas no se les explican las normas, tan sólo se espera que las acepten sin cuestionar. Tan sólo se ve la aplicación de una técnica, no hay enseñanza ni reflexión.

En cuanto al «milagroso» cambio que se produce, no es tanto. Los cortes y recortes que se hace de lo grabado, los montajes de esos recortes (al principio sólo los malos comportamientos y al final sólo los buenos) ayudan a fomentar esa idea de que todo ha ido bien. ¿Por qué no dejan durante un par de días unas cámaras fijas por toda la casa para que veamos si es cierto ese cambio, en lugar de montar las imágenes? Se supone que es lo que hacen cuando se va Supernanny de la casa y después vuelve para ver qué hay de nuevo. No les costaría nada mostrarnos la realidad sin cortes.

Pero la audiencia es la audiencia. A ella van dedicados estos programas. Por un lado, los padres que los ven se sienten reconfortados y piensan: «¡Mira cómo están éstos! Yo no lo debo hacer tan mal, porque mi hijo no está así». Y en las cosas que ven que su hijo hace de igual manera intentan copiar las ideas, porque «si a esos que están tan mal les ha funcionado, al mío que no lo está tanto, también».

Repase por un momento las ideas que dábamos en el apartado de «Las relaciones *con* los padres» y verá cómo ninguna de esas premisas se da en este tipo de *shows*. En estos programas no hay un respeto mutuo (sino un lenguaje peyorativo hacia el niño), no hay empatía (ni siquiera nos ponemos en su lugar para ver que no saben leer), no hay autoridad horizontal (las normas se dictan desde arriba, sin que padres e hijos expongan sus necesidades y consensuen las actuaciones) y el amor seguramente también es incondicional en esos padres (no vamos a ponerlo en duda), pero ¡qué poco se ve en las imágenes! Se podría dar algún consejo tanto a padres y a hijos sobre cómo demostrarse ese amor.

## PARA SABER MÁS

GINOTT, H. G., *Entre padres e hijos,* Medici, Barcelona, 2005.
GONZÁLEZ, C., *Bésame mucho,* Temas de Hoy, Madrid, 2003.
MILLER, A., *Por tu propio bien,* Tusquets, Barcelona, 2001.

## RESUMEN

- Hay que mirar primero las relaciones *entre* los padres antes de iniciar una actuación con los niños. Sobre todo ver qué modelo les estamos transmitiendo a nuestros hijos con nuestra actuación.

- Una buena organización del tiempo en familia nos ayudará a rebajar el estrés y a que el resto de la familia no tenga que pagar el nerviosismo de alguno de sus miembros.

- El papel del padre en las tareas domésticas es importante para dar un buen ejemplo a sus hijos y es un puntal básico en la conciliación de la vida laboral y familiar de la pareja.

- Al principio, la actividad sexual de los padres puede verse reducida por la crianza y el estado anímico y físico de los padres. Hablar de ello a partir de las ideas expuestas en el capítulo puede ayudar a entender qué pasa en esos momentos sin que se ponga en tela de juicio el deseo o el amor de alguno de los cónyuges.

➡

- Las relaciones de los padres *con* los hijos deben basarse en cuatro pilares básicos: el respeto mutuo, la empatía, la autoridad horizontal y el amor incondicional. Toda actuación educativa debería basarse en esos pilares. Lea esa parte tantas veces como pueda y póngala en práctica siempre que le sea posible.

- Los programas de conductismo *fashion*, como *Supernanny,* tan sólo adiestran a nuestros hijos pero no los educan. Hay una constante falta de empatía hacia el niño y se manipula al telespectador mostrando sólo las imágenes que sirven a sus intereses.

# Capítulo V

# LOS MAESTROS, EDUCADORES Y PROFESIONALES DE LA SALUD

*Nadie puede cambiar su naturaleza,*
*pero todos pueden mejorarla.*
E. VON FEUCHTERSLEBEN

Si usted es padre o madre, le interesa leer este capítulo porque puede aprender a entender ciertas actuaciones de estos profesionales, quienes le darán orientaciones sobre cómo mejorar su actuación para con su hijo. Evidentemente, si usted es profesional de la salud, maestro o educador, le interesa leer este capítulo por todo aquello que pueda aportar a la mejora de su práctica profesional.

## LOS PROFESIONALES DE LA SALUD

*Lo importante es lo que aún podemos aprender de lo que ya creemos saber.*
A. SALES

Ellos son los primeros que intervienen en nuestros hijos, antes que los educadores, por eso les priorizamos en este capítulo. En España, de momento,[1] la educación obligatoria no

[1] Digo «de momento» porque hay un debate actualmente sobre esta cuestión y es posible que cuando usted lea este libro se haya modificado la edad de escolarización obligatoria.

empieza hasta los 6 años, así que los profesionales de la salud (neonatólogos, matronas, pediatras...) tienen un papel muy importante en el correcto desarrollo del menor y en las orientaciones que a tal fin puedan hacer a sus padres.

La importancia viene derivada de dos actuaciones:

- Como responsable de la salud del menor.
- Como agente educativo de los padres en la crianza.

*Responsables de la salud del menor*

Nuestro país tiene excelentes profesionales y nuestro sistema de seguridad social universal es la envidia de muchos países. Aun con todo eso, hay profesionales que se mantienen al día y otros que siguen con los mismos conocimientos y actitudes que cuando terminaron sus estudios. Es a este grupo de profesionales a quien va dirigido este apartado. Debemos hacer serias reflexiones sobre algunos aspectos clave a la salud infantil[2] y que no se tienen en cuenta:

- *No debe separarse a la madre del bebé recién nacido.* Son numerosos los estudios que hablan de las ventajas de la no separación.[3] A pesar de ello, en muchos

[2] Muchas de las actuaciones de las que vamos a hablar a continuación también tienen incidencia en la madre y la benefician, pero no vamos a citarlas porque no es el tema que nos ocupa. También conviene decir que no es un listado exhaustivo, sino orientativo sobre algunos aspectos que, desgraciadamente, se producen con frecuencia.

[3] Ante la imposibilidad de citarlos todos, tan sólo mencionamos un par de máxima evidencia científica, pero pueden consultar más en la página *http://www.quenoossseparen.info/articulos/documentacion/basedatos.php*

hospitales se sigue separando al recién nacido de su madre con las escusas más simples (hay que mirarle, hay que pesarle), cuando muchas de esas exploraciones pueden hacerse encima de la madre o a su lado. Para garantizar este aspecto, Unicef recomienda, entre otras cosas, fomentar el alojamiento conjunto de madres e hijos durante las veinticuatro horas. Todo eso va a repercutir en el vínculo que se establezca y en los lazos afectivos, en la lactancia y va a evitar un sinfín de alteraciones en el menor. Como profesionales de la salud, deberíamos velar para que las separaciones no se dieran, y dar información veraz y contrastada a las personas que siguen aplicando estas medidas para que mejoren su ejercicio profesional.

- *La lactancia materna es a demanda.*[4] Y demanda quiere decir cada vez que lo pida el bebé y durante el tiempo que quiera. Cualquier otro consejo (a demanda pero no antes de dos horas, o sólo diez minutos de cada pecho, etcétera) va en detrimento de la lactancia. Ello conlleva una serie de desventajas para el bebé, puesto que la leche materna es el mejor alimento. No

---

E. R. Moore, G. C. Anderson y N. Bergman, «Early skin-to-skin contact for mothers and their healthy newborn infants», *Cochrane Database Syst Rev,* 18 de julio de 2007.

J. Winberg, «Mother and newborn baby: mutual regulation of physiology and behavior—a selective review», *Dev Psychobiol,* noviembre de 2005, pp. 217-229.

[4] Puede consultarse en la Asociación Española de Pediatría (AEP), cuyo comité de lactancia materna tiene un manual editado y la web *www.aeped.es.* AEP, *Lactancia materna: guía para profesionales,* Monografía nº 5, Ergón, Madrid, 2004.

puede darse ninguna otra información que contradiga o limite esta práctica, por ser contraria a la salud del menor.

❒ *Los menores pueden estar acompañados siempre de sus padres cuando estén hospitalizados.*[5] A veces, cuando se explora a un menor o mientras se hace una prueba que no implica riesgo para las personas que están delante (analítica de sangre, extracción dentaria…) se pide a los padres que salgan y que dejen a sus hijos solos. Pues bien, si el menor lo reclama, tiene derecho a estar acompañado en todo momento de sus padres. El texto del Parlamento Europeo es que el menor tiene derecho:

- «A estar acompañado de sus padres o de la persona que los sustituya el mayor tiempo posible durante su permanencia en el hospital, sin obstaculizar la aplicación de los tratamientos necesarios para el niño».
- «Derecho y medios de contactar con sus padres o con la persona que los sustituya en momentos de tensión».

Y poner «medios», como dice el último artículo, quiere decir que si el menor está solo (y no corre peligro su vida) hemos de buscar a los padres, avisarles, esperarles…, utilizando todos los recursos a nuestro alcance (telefónicos, materiales, etcétera) para informarles.

---

[5] En 1986 el Parlamento Europeo redactó la Carta Europea de los Derechos de los Niños Hospitalizados. Cada país (y en nuestro caso, cada comunidad autónoma, por estar transferidas las materias de salud) ha adaptado esos derechos en diferentes leyes.

La salud psicoemocional del menor está en juego y todos deberíamos velar por ella. Creemos erróneamente que los niños se enteran menos que los adultos, y es justamente al revés: los niños no tienen mecanismos de control del estrés y éste se les dispara con más facilidad, con lo que su sufrimiento es mayor.[6] Lo mismo pasa con el dolor, puesto que los bebés no poseen los mecanismos que ayudan a calmarnos (ya sean hormonales, de distracción, etcétera), sufren más que un adulto. No deje nunca a un niño sufriendo solo.

❐ Hay otra serie de actuaciones que también deberían tenerse en cuenta y fomentarse: *el respeto en el parto, el pinzamiento tardío del cordón, el fomento de la iniciación temprana a la lactancia materna...* Actuar de forma contraria a estos principios es iatrogénico para el bebé, y eso no se puede permitir en un profesional de la salud. En definitiva, estar al día en la profesión es importante para el óptimo desarrollo del niño.

### *Como agente educativo de los padres en la crianza*

Una de las tareas de todos los profesionales de la salud infantil es la de orientar a los padres en la mejor forma para tener hijos

---

[6] Existen cantidad de artículos que demuestran que el bebé no sabe gestionar su estrés y se impacta con más facilidad. Si quiere ver un programa ameno y divulgativo sobre este tema, le recomendamos el programa *Redes* nº 447, de Eduard Punset, que se puede encontrar en internet en el siguiente enlace: *http://tu.tv/videos/redes-447-el-cerebro-del-bebe.* En él hay una entrevista con Sue Gerhardt (psicóloga infantil y escritora, considerada una de las mayores expertas en su campo de investigación) en la que se habla de este tema.

saludables. Es lo que se llama «prevención». Por eso las indicaciones que se dan, y cómo se dan es algo tan importante.

También suele pasar que la matrona, el pediatra, la enfermera pediátrica, etcétera, son las únicas personas entendidas en la crianza que conocen los padres (o de los cuales se fían) y por eso van a preguntar.

Sea como sea, está claro que son agentes educativos en la salud del menor.

Los profesionales de la salud tenemos un poder que nos otorga nuestro estatus laboral y, por eso, según respondamos a las preguntas que se nos formulen o según formulemos nosotros las preguntas, vamos a obtener una serie de comportamientos en los padres.

Por lo tanto, deberíamos prestar especial atención a estos apartados:

a. ¿Qué responden los profesionales de la salud?
b. ¿Cómo responden?
c. ¿Qué y cómo preguntan?

a. *¿Qué responden?*
Por un lado, los profesionales de la salud están abrumados con preguntas que consideran «sin importancia» y que colapsan a veces las consultas. Son padres inseguros que, no teniendo otras fuentes de información, hacen a su pediatra preguntas del tipo: «¿Es mejor esta marca de pañal o la otra?», «¿Es mejor el pollo amarillo o el blanco para el puré del niño?», «¿Es malo si no salimos a pasear?», «¿Es malo si salimos dos veces al día?». No se ría, aunque no nos hayamos dado cuenta todos los padres primerizos hemos hecho este tipo de preguntas alguna vez; lo

que sucede es que para nosotros eran muy importantes en ese momento y entonces no pensábamos así. Lo mejor sería que los profesionales no contestaran y que dijeran frases como: «Señora, yo soy un excelente médico de niños [en caso del pediatra], pero no entiendo de pollos», «Señora, yo soy comadrona, no voy analizando las composiciones del pañal: póngale el que menos le irrite», «Papás, yo soy una buenísima enfermera pediátrica, pero no me pregunten si lo pueden sacar a pasear o no». Y problema resuelto. Cada uno que haga lo que quiera o, como mucho, lo valoramos entre todos.

Pero, en vez de eso, hay algunos que, pese a no saber (o a creer que saben, que es peor), contestan. No saben, pero contestan. «¿Por qué?», les he preguntado en más de una ocasión. Y la respuesta es que tienen miedo a que los padres piensen que no son buenos profesionales. Así, si responden a todo, parece que saben más.

En la mayor parte de los casos no importa la respuesta (si el niño está bien da igual qué pañal le pongan o si lo sacan a pasear una o dos veces al día), pero crean una inseguridad en los padres y seguirán fomentando ese tipo de preguntas.

—¿Qué es mejor, el pollo amarillo o el blanco, doctor?

—El amarillo [puede que el doctor haya tomado últimamente pollo amarillo y le haya gustado más que el blanco y por eso lo recomienda].

Luego los padres comentarán:

—Mira qué bien hemos hecho de preguntar. ¡Nosotros que pensábamos que era mejor el blanco para los niños!

Y la próxima vez seguirán preguntando cosas sin importancia.

Es esencial que los profesionales de la salud admitan hasta dónde llega su formación y experiencia, pero, sobre todo, que eduquen y alienten a los padres a tomar esas pequeñas decisiones. La seguridad de los padres al saber que son aptos para tomar este tipo de decisiones en sus hijos les ayuda en el día a día.

b. *¿Cómo responden?*
Ana P. es una asesora de lactancia de mi comunidad. Ella solía empezar sus conferencias con la siguiente frase: «Buenos días, me llamo Ana y confieso que engaño a mi pediatra». La mayor parte de los padres de la sala suelen reírse porque a ellos les pasa lo mismo.
Muchos padres, ante la bronca que reciben de los profesionales de la salud, optan por mentir o por no preguntar, y eso no beneficia a nadie. La relación de un médico (o pediatra) de cabecera debe basarse en la confianza. Si mentimos al médico, ¿qué nos queda? El problema es que el médico juzga, y eso no le compete. Si no fuese así, la mayoría de gente no mentiría. Por ejemplo, voy al pediatra y le digo: «Como mi bebé de 4 meses no hace caca con regularidad yo le doy zumo de naranja». El pediatra sabe que eso va en contra de toda evidencia científica y que si mi hijo toma pecho y es tan pequeño, es además perjudicial. Si me dice: «¡Es usted una inconsciente! ¡A dónde vamos a parar! Lo está malcriando y mal alimentando. ¡Eso es peligrosísimo!», pues seguramente no le

volveré a explicar nada más, porque ha hecho unas valoraciones muy negativas de mi actuación.

En cambio, si me responde: «Vamos a ver si las deposiciones de su bebé son normales o no y, si no lo son, ya le buscaremos un remedio mucho mejor que el zumo de naranja». En este caso no hay valoración de lo que he hecho y seguramente le haré caso en el remedio que me dé.

Lo pasado, por muy mal hecho que esté, ya no se puede solucionar. Lo que hay que intentar es que no se repita y, por eso, es mejor responder siempre sin hacer valoraciones, dando información contrastada a los padres cuando nos sea posible. Hoy en día casi todo el mundo tiene a su alcance bibliotecas públicas y acceso a internet; por eso se les puede aconsejar a los padres estudios para que los lean o enlaces con información. Unos padres bien informados son unos padres seguros, van a cuidar correctamente de su hijo con esos conocimientos y respetarán las decisiones del doctor («El pediatra que tenemos es muy bueno, está al día y me lo demuestra», pensarán). Dar información veraz a los padres es el primer paso para la prevención en salud infantil.

Si un profesional de la salud sólo emite opiniones en lugar de datos contrastados y encima critica o juzga la labor de los padres, provocará que muchos de ellos mientan en sus consultas. Así pues, el trabajo para evitar esta serie de circunstancias es doble: por un lado, el pediatra debe aprender a dar información veraz sin juzgar y, por otro lado, los padres deben pedir esa información, o dar la que tienen para contrastarla con el profesional, y ser sinceros.

c. *¿Qué y cómo preguntan?*

El estilo de crianza que cada padre elige para su hijo es algo que deberíamos respetar todos los profesionales de la salud. No tiene nada que ver con la enfermedad del niño, ni siquiera con su salud, ni tan sólo con la mejor opción (puesto que ésta viene determinada por las circunstancias en la mayoría de los casos). Y aun así hay profesionales de la salud que siguen metiéndose en esos terrenos sin que venga a cuento.

¿Qué le parecería si su pediatra le empezara a preguntar por su frecuencia o inclinación sexual? Eso no le compete, ¿verdad? Pues lo mismo pasa con otras cosas. No deje que su profesional de la salud le diga si debe llevar al niño en brazos o en mochila, utilice la fórmula que mejor le vaya al niño y a usted.

Hay muchas formas de hacerlo:

- Hay preguntas insidiosas: «¿Supongo que a esta edad ya le habréis quitado el pañal?». Los padres que no lo han hecho se sienten mal. Además, cada niño tiene un tiempo diferente. Por ejemplo, una pregunta más adecuada sería: «A estas edades los niños ya suelen ir sin pañal, ¿vuestro hijo cómo va?».
- Hay preguntas que ya contienen la respuesta correcta: se le preguntó al pediatra si era bueno llevar al bebé tan pequeño a la guardería y dijo: «¿Qué pensáis que es mejor: un niño inseguro o un niño que va tranquilamente a la guardería?». Evidentemente, la única respuesta buena posible era decir que era mejor un niño en la guardería; cualquier otra cosa hubiera significado

un niño inseguro. Además, los estudios[7] demuestran que cuanto más tiempo pasa un bebé con su madre mucho mejor. Es como si yo les hubiera dicho: «¿Qué pensáis que es mejor: un niño seguro o un niño que va a la guardería?». Aunque probablemente yo tuviera más razón que el ejemplo anterior, la pregunta sigue estando mal formulada, pues predispongo a los padres a una respuesta. Lo mejor es dar información sobre pros y contras y ayudar a decidir a los padres.

- Hay preguntas que juzgan: «¿Así que vosotros sois de los que lleváis a los niños en brazos?». Ante ello puede responder: «¿Así que usted es de los que preguntan cosas evidentes?».

Dime qué preguntas y te diré quién eres. Está claro que con las preguntas anteriores muchos profesionales quedan en evidencia y es fácil conocer sus preferencias personales (que no tienen nada que ver con las mejores opciones profesionales). Para ilustrar mejor este apartado me gustaría exponer un ejemplo:

Al finalizar una revisión pediátrica de su hija (de año y medio), el pediatra le preguntó a Julio[8] si la niña ya dormía sola y si ya tomaba lácteos.[9] Cuando el padre

[7] Es un estudio del Instituto Nacional de Salud Infantil y Desarrollo Humano de Estados Unidos, que se puede descargar completo en *http://www.nichd.nih.gov/ publications/upload/seccyd 051206.pdf.*

[8] Julio Basulto es dietista-nutricionista, profesor de la Universidad Rovira i Virgili y miembro fundador del Grupo de Revisión, Estudio y Posicionamiento de la Asociación Española de Dietistas y Nutricionistas.

[9] Esta pregunta es divertida porque la niña tomaba pecho, pero parece ser que el pediatra no tenía la leche materna en su lista como un lácteo, y cada vez que iban les preguntaba lo mismo.

le preguntó el porqué de esas preguntas, el doctor les informó de que eran aspectos muy importantes para la vida de su hija. Julio le dijo: «Si de verdad te preocuparas por mi hija, me preguntarías: "¿Le pegas? ¿La llevas sin atar en la sillita del coche? ¿Fumas delante de la niña? Y cosas por el estilo. ¡Nunca me has preguntado nada de eso con mis tres hijas!"».

Yo tengo dos hijos y jamás me han preguntado esas cosas tan vitales. En cambio, si aún dormía con ellos o si aún tomaban pecho, lo he oído varias veces por parte de muchos profesionales. ¿Es realmente más importante para la vida de un niño saber si duerme con sus padres que si le pegan? Algunos médicos dirán que si preguntan «lo otro» los padres les mentirán (¡y qué piensan que acaban haciendo los padres que duermen con sus bebés!), cuando en realidad es que muchas veces no se atreven a preguntar.

Es importante preguntar lo que verdaderamente es vital para el niño.

## LOS MAESTROS Y EDUCADORES

*No hay más que una educación y es el ejemplo.*
G. MAHLER

Aunque no sea obligatorio, más del 80 por ciento de los niños en nuestro país van a la escuela a los 3 años (y muchos de ellos, anteriormente). Por esto es importante hablar de los maestros y educadores como agentes que influyen en el cuidado de nuestros hijos.

A pesar de que en nuestro país tenemos muy buenos profesionales, los maestros, como todo el mundo, cometen errores. En este apartado reflexionamos sobre algunos[10] de ellos. Si usted es profesional y lo lee, intente mejorar en aquellos aspectos que haya visto que necesita, si es que los hay. Si usted es padre, informe adecuadamente al profesor de su hijo si comete estos errores, y no permita que actúe así con su hijo ni con otros niños.

- Falta de respeto.
- Víctima del conductismo *fashion.*
- «Haz lo que yo digo y no lo que yo hago».

*Falta de respeto*

Cuando la falta de respeto en nuestras aulas no sólo se da del alumnado al profesorado, sino de los profesores a los alumnos. No entraré en edades mayores, sino desde los parvularios.

> Juan, de 5 años, había llevado un cochecito de juguete a clase. Su madre fue a buscarlo antes porque tenían que ir al médico y el cochecito no estaba.
>
> —Espera —le dijo la maestra—. Debe de haberlo cogido Enrique.
>
> Y acto seguido, delante de toda la clase, cogió la cartera de Enrique, la abrió, la inspeccionó y tiró el contenido encima de la mesa. El cochecito no estaba.

---

[10] No pretendemos ser exhaustivos en la enumeración de problemas, sino que nos detendremos en aquellos que nos parecen más frecuentes y evidentes.

Es igual si el cochecito estaba en la cartera de Enrique o no, ésas no son formas de actuar. ¿Dónde está la presunción de inocencia del niño, derecho que ampara nuestra Constitución? Si somos unos profesores respetuosos podemos igualmente inspeccionar la cartera de Enrique en primer lugar, pero sin que nadie se dé cuenta. Etiquetamos al niño delante de toda la clase; si falta algo *siempre* es Enrique y, aunque a menudo lo sea, no sucede *siempre* así.

Veamos otro ejemplo:

> Clara, de 3 años, se ha hecho pipí en clase otra vez.[11] Su profesora, cuando la ve, le dice delante de todos: «Clara, eres una meona, ¿no te he dicho que tienes que ir al baño?». Clara llora.

Llamar meona a una niña es una falta de respeto. Aunque se mee todos los días no podemos decírselo así. Frases como «eres un pesado» o «mira que eres tonto» son frecuentes que las escuchen nuestros hijos, pero no deben pronunciarse. Puede que el niño nos canse, puede que le cueste aprender, pero ni es «pesado» ni es «tonto».

### *Víctima del conductismo* fashion

Si los padres y los profesionales de la salud son víctimas del conductismo *fashion*, los profesores no están a salvo. Las sillitas de pensar aún ocupan lugares en nuestras escuelas; a mí

---

[11] Aunque el control de esfínteres es un tema que comentaremos en capítulos posteriores, es curioso cómo todas las autoridades mundiales en esta materia (Academia Americana de Pediatría, Organización Mundial de la Salud, Asociación Española de Pediatría) no consideran problemática la enuresis hasta pasados los 5 años y la encopresis hasta pasados los 4. En nuestras escuelas consideran que como un niño a los 3 años no controle es que va tremendamente atrasado.

me ponían de cara a la pared, ahora es lo mismo pero mirando al tendido.

Por si no recuerda lo que explicábamos de ellas en el capítulo IV, les contaré unas anécdotas: Rubén, 5 años, creía que la señorita tenía la silla más grande de la clase porque era la que se portaba peor. Carlota, de 4 años, le dijo a la señorita: «Si en lugar de la sillita de pensar pusierais unos juguetes pensaríamos más contentos» (no sabía Carlota que el objetivo no era pensar, sino castigar, y por eso no se podía mejorar el lugar). Ana le preguntó a su madre si pensar era malo: «Es que en clase tenemos una sillita de pensar cosas malas» (¡claro, nunca mandaban a nadie a pensar en cosas buenas!).

Si las sillitas de pensar fueran en realidad para eso, se mandaría a los niños a pensar la solución de un problema, se les enviaría allí a reflexionar sobre algo bueno que ha pasado y también, ¿por qué no?, cuando hiciese algo malo. Pero cuando solamente se les manda por hacer algo malo, los niños lo captan y, por mucho que le llamemos sillita de pensar, sigue siendo el rincón del castigado.

> En Barcelona me vino a ver una madre de una pequeña de 9 meses. Hacía un mes que la niña había entrado en una guardería[12] y la había sacado. Al preguntarle por el motivo, me contó que la señorita le había dicho que la niña ¡no se entretenía sola!
>
> Me quedé perpleja, pues no es ningún objetivo de los niños de 9 meses entretenerse solos, más aún cuando lo que nece-

---

[12] No me gusta esta palabra por el significado de «guardar» niños, ya que muchas de ellas tienen programas educativos, etcétera, pero es el nombre más extendido y conocido, y es el que vamos a utilizar. En otros lugares de la geografía se utilizan otros nombres más bonitos; por ejemplo, en Cataluña se les llama *llar d'infants* (hogar de niños).

sitan es estimulación desde fuera y sobre todo en este caso, que hacía poco que había entrado en la guardería y reclamaba consuelo y atención.

Pero más perpleja me quedé cuando la madre me explicó que la «señorita» en cuestión le había dicho que para lograr que la niña se entretuviera sola, debía hacer lo siguiente: se colocaba a la niña en una habitación sin peligros y con juguetes que le gustaran a su alcance. Cuando empezara a protestar se esperaba medio minuto antes de ir, al día siguiente un minuto y así sucesivamente, hasta que la niña ya no reclamara a su madre. Que ella haría lo mismo en la escuela.

El conductismo está de moda en la enseñanza, pero ése no es el problema. El problema es cuando se disfraza la intolerancia y el castigo hacia el niño con técnicas conductistas.

### *«Haz lo que yo digo y no lo que yo hago»*

Al principio de este apartado citábamos a Mahler diciendo que la única educación es el ejemplo. ¿Qué pasa en nuestras escuelas? A veces se nos pide que hagamos lo que dicen, pero nos sancionarían si hiciéramos lo que hacen. Veamos unos ejemplos:

Mireia me contaba que había tenido una tutoría con la profesora de su hijo Javier, de 3 años. Cuando le contó que el niño dormía con ellos la señorita puso el grito en el cielo y le dijo cuán perjudicial era eso. La madre le respondió: «Mire, me he enterado de que usted los pone a dormir la siesta a los veinticinco juntos. Yo no cambiaré hasta que usted no los acueste en habitaciones individuales a cada uno porque... ¡cómo voy a educarle bien de noche si usted me lo malcría durante el día!».

Y es cierto. La mayoría de profesionales le dirán que está muy mal que los niños duerman acompañados, pero no tienen reparos en que lo hagan así cuando a ellos les conviene.

> Cuando mi hijo mayor tenía unos 8 años (en tercero), su profesora mandó unos cuadernitos de deberes para el verano. Como era amiga mía fui a hablar con ella y le pregunté por qué mi hijo debía hacer deberes en verano si había superado todas las materias. «Es para que no pierdan el hábito de trabajo, con una horita al día tienen bastante», me contestó. «¡Ah, claro! —le respondí—. Tienes razón. ¿Y vendrás tú a casa o te lo llevo a la tuya? Es que no me gustaría que perdieras tu hábito de trabajo en vacaciones, ya sabes que cuando los maestros volvéis en septiembre vais un poco despistados». Sonrió y me dijo: «Vale, que no haga los deberes».

No se deberían mandar deberes en vacaciones. Queremos adultos mentalmente sanos que sepan desconectar de su trabajo en momentos de ocio y vacaciones, y enseñamos a los niños lo contrario. Los mismos maestros pondrían el grito en el cielo si se les mandara trabajo para las vacaciones.

> Gonzalo ha recibido una patada de su compañero Adrián, de 5 años. Cuando la madre va a hablar con la profesora, ésta le dice que no le dé más importancia, que son cosas de niños. Días más tarde Adrián propina una patada a su maestra; es castigado ipso facto y llama a sus padres para hablar.

No haré comentarios.

El sistema escolar es un sistema injusto muchas veces. Y la idea que les queda a los niños es: «Cuando yo tenga poder también podré hacerlo». ¿Será esto lo que aprendieron algunos maestros actuales en su infancia? Sea como sea no se deben transmitir estas ideas a un niño desde los agentes educativos.

## PARA SABER MÁS

ASOCIACIÓN ESPAÑOLA DE PEDIATRÍA (AEP), *Lactancia materna: guía para profesionales,* Ergón, Madrid, 2004.

LOUIS, J. M., *Los niños precoces. Su integración social, familiar y escolar,* Narcea, Madrid, 2004.

SPITZER, M. *Aprendizaje. Neurociencia y escuela de la vida,* Omega, Barcelona, 2005.

### RESUMEN

- Los profesionales de la salud (médicos, matronas, pediatras...) son los responsables de la salud del menor. Es importante que se mantengan al día en estas cuestiones.

- Actualmente muchos de ellos aún siguen recomendando prácticas que se han demostrado muy nocivas para el niño. En este sentido es conveniente recordar que hay que fomentar que *la madre y el bebé no se separen en el momento del nacimiento, que la lactancia es a demanda, que existen unos derechos del niño hospitalizado por los que puede estar acompañado de sus padres incluso si se le practican pruebas, etcétera.* Eso revertirá en un mejor desarrollo del menor.

- Los profesionales de la salud orientan a los padres en sus actuaciones como forma de prevención de la salud infantil. Así pueden orientar sobre las mejores actuaciones a seguir. Pero no deben decidir ni imponer el modelo de crianza.

- Dar información a los padres en lugar de hacer comentarios negativos sobre sus actuaciones facilita la credibilidad del facultativo y el seguimiento de las orientaciones.

# Capítulo VI

# LA SOCIEDAD

*El grado de civilización de una sociedad se mide por los cuidados que dedica a aquellos que no tienen capacidad de defensa.*

J. PUJOL

La sociedad es también un agente educativo y debemos tenerlo en cuenta. Cada una tiene unos valores que se transmiten a los niños: hay sociedades que nos abocan más al consumismo, otras en las que se potencia más la cultura, y en algunas donde hay más libertad. ¿Qué valores sobre la mujer aprendería su hijo si viviera en Irán? Evidentemente muy diferentes de los que tenemos aquí.

A cada uno nos toca vivir en una sociedad, y vale la pena conocer sus puntos débiles para intentar mejorarla y lograr que los valores que transmite a sus pequeños ciudadanos sean de lo más positivo y educativo.

## CIUDADES AMIGAS DE LOS NIÑOS[1]

Nunca me sentí tan solidarizada con las personas que tienen movilidad reducida o van en silla de ruedas, como cuando

---

[1] Las Ciudades Amigas de los Niños es un distintivo que otorga Unicef a las que cumplen una serie de requisitos hacia ellos. En nuestro caso tomamos el nombre para referirnos a ciudades que tienen en cuenta a los menores y a sus familias en los aspectos que comentaremos más tarde.

tuve a mi hijo y llevaba un cochecito por la ciudad. A simple vista podía parecer que todo en la ciudad estaba adaptado, pero no era así: pasos de peatones demasiado inclinados o con pequeños desniveles que te obligan a remontarlos como si fueran pequeños escalones, aparcamientos estrechos que no permiten abrir bien las puertas para colocar a un niño en su sillita, etcétera.

Como ciudadanos que somos, deberíamos tener ciudades que resolvieran nuestras necesidades. No hacerlo así genera problemas en los padres y en los hijos.

Si la movilidad es reducida (barreras arquitectónicas, etcétera), los padres ven mermada su capacidad de desplazarse con el bebé. Ello repercute en la vida social de los padres y en la idea que se tiene de que el bebé es un ser que *impide* el normal desarrollo de sus actividades.

¿Cuántos baños conoce en los que pueda entrar una madre con el cochecito del bebé? (Los padres, si sólo van a hacer pis, lo tienen mejor, puesto que los urinarios están en la pared y suele haber algo más de sitio). Me dirán que puede utilizar el de minusválidos. Bueno, eso es lo que acabamos haciendo.

¿Ha intentado aparcar en batería entre dos coches y abrir bien las puertas para meter al niño?

Las familias y, por ende, los niños no pueden hacer vida normal y la idea que nos queda, como ya decíamos antes, es que los menores son excluidos de nuestra sociedad. O, como mínimo, a veces no se les tiene en cuenta a la hora de disponer de algunas medidas tanto arquitectónicas como sociales.

¿Sabía que en nuestro país se han expulsado a madres de algunos museos por dar de mamar allí? Es de difícil comprensión que en un lugar en donde hay cuadros con desnudos integrales femeninos se vea mal que una madre enseñe su pecho. ¡Qué idea se van a llevar los niños de los pechos femeninos! Se pensarán que son cosas monstruosas.

Si las ciudades facilitan la vida familiar, la crianza de un hijo se vuelve más sencilla: los padres no ven restringidos sus movimientos, se les facilita ir a los restaurantes, museos, cines... Y los niños, cuando sean más mayores, verán que son parte importante de la ciudad, crecerán con mayor autoestima y adoptarán mejores valores.

Merece una mención especial la admisión de los niños en los actos públicos y culturales. Intente llevar a su hijo a una conferencia sin recibir una mirada de reprobación.[2] O los actos familiares a los que se invitan a los padres pero no a los hijos; ¡hay bodas en que los niños no están invitados! Eso es una desconsideración hacia los niños (miembros de su propia familia) y hacia sus padres.

No dejemos que nuestra sociedad tenga a nuestros niños como ciudadanos de segunda. Puede que no voten, pero tienen unos derechos que deben otorgárseles. Los padres, como garantes de esos derechos, deberían reclamarlos en su nombre.

## LA CONCILIACIÓN DE LA VIDA LABORAL Y FAMILIAR

Aunque en nuestro país las medidas políticas para mejorar la vida laboral y familiar disten mucho de alcanzar niveles como los de los países nórdicos (que tienen un año de baja maternal, entre otras cosas), se está luchando por ello.

---

[2] Cabe destacar la gran labor de grupos en pro de la lactancia materna que animan a las madres a asistir con sus bebés a cualquier evento que organizan, incluso conferencias.

No entraremos en disquisiciones sobre cuál sería el mejor modelo para nuestro país, pero sí haremos una reflexión sobre cómo muchas veces las políticas que ya existen y que benefician a las mujeres en este sentido son mal vistas todavía por la sociedad. Es el caso de los empresarios que tienen reticencia a contratar mujeres en periodo fértil y ponen trabas a la conciliación de horarios y a las medias jornadas.

Ya se sabe que eso afecta a los padres. Pero si me preguntan qué tiene eso que ver con la crianza de un hijo, les diré que mucho; la mayoría de los padres que acuden a consulta porque su hijo no les deja dormir lo suficiente alegan que es porque deben ir a trabajar (si pudieran hacer otro horario, o no ir a trabajar tan pronto, el sueño de su hijo no sería un problema). Los problemas de comportamiento de los niños se duplican cuando los padres están estresados, y una parte de la insatisfacción de la vida familiar surge por no poder conciliarla con el trabajo.

Unas medidas sociales que fomenten la mejora de la conciliación de la vida laboral y familiar, junto con una tolerancia y comprensión hacia esas pautas, conseguirán que los padres se sientan mejor y los hijos, también. La crianza se verá facilitada y el beneficiario directo será el niño.

## TOLERANCIA DE LA VIOLENCIA

Nuestra sociedad es tolerante con la violencia hacia los niños.

Esta afirmación puede que se vea con exageración y que alguien me conteste: «No es cierto, ¡si hasta hace un par de años se modificó el artículo 154 del Código Civil y ahora ya no se puede pegar a los niños!».

Bien, en el plano teórico es cierto, pero ¡cuántas veces ha visto a un padre dar un cachete a su hijo y nadie ha salido en defensa del niño! Ni siquiera le han recriminado o le han recordado la ley. Simplemente lo han tolerado.

En cambio, nuestra sociedad es muy intolerante con la violencia de los niños.

No, no estamos hablando de niños mayores violentos, sino de pequeños con rabietas que patalean en el suelo. Tenga usted un bebé con una rabieta y todo el mundo le recriminará la actitud del niño. Péguele un bofetón en ese momento y no le dirán nada.

## ¿SIEMPRE HEMOS SIDO ASÍ?

Como ya vimos en el capítulo II, el bebé nace antes de tiempo debido a que nos pusimos en pie y la cabeza era demasiado grande para el canal del parto. Esto obligó a las madres a transportar y a cuidar más tiempo a ese pequeño ser indefenso. La inversión en tiempo y esfuerzo era grande; tanto que sólo se pudo llevar a término porque había relaciones de solidaridad entre los otros miembros de la comunidad:

> Si las hembras humanas pudieron garantizar la gestación, el parto y la atención al bebé es porque debió de existir ya una relación solidaria, para con ellas, de los otros individuos de la comunidad primitiva, que les procuraban ayuda y alimentos tanto para la madre como para el bebé. Sin esta ayuda no habrían sobrevivido y hoy no les estaría explicando estas cosas.[3]

Es por eso que la crianza es un acto social y los padres necesitan, todavía, el apoyo de la sociedad para que ellos pue-

---

[3] N. Acarín, *op. cit.*, p. 188.

dan cuidar a ese niño que es el futuro de la humanidad. Sin ellos la raza se extingue. La inversión vale la pena.

Pero actualmente con unas políticas de conciliación de la vida laboral y familiar tan pobres, con las ideas sociales de que los padres no deben tener muchos hijos (está mal visto tener familias numerosas) y que laboralmente se intenta evitar dar contratos a personas en periodo de reproducción, no es de extrañar el descenso de la natalidad en los países «ricos» y la gran carga que les supone a los padres atender a la crianza.

No, no siempre hemos sido así y podemos recuperar ese espíritu solidario que hizo avanzar a la humanidad, ponernos de pie y seguir pensando con un cerebro grande.

RESUMEN

- Cada sociedad transmite unos valores a los hijos. Por eso es importante tenerla en cuenta como agente educativo.
- Hemos de saber qué valores transmite nuestra sociedad e intentar minimizar los negativos.
- Las ciudades y pueblos que no garanticen unas mínimas condiciones para que se desarrolle la vida familiar están transmitiendo un valor negativo a nuestros hijos y una dificultad para el desarrollo de la vida cotidiana de los padres.
- No hay ciudadanos de segunda, pero muchos lugares están vedados para nuestros hijos.

- La sociedad debe mentalizarse de que para poder criar ciudadanos saludables es importante que impulse y tolere las medidas de conciliación familiar y laboral.
- Nuestra sociedad tolera la violencia contra los niños, la misma que utilizada por los niños sería penalizada.
- La tolerancia con la violencia siempre debería ser nula, no sólo por el daño físico y emocional que se puede hacer a un niño, sino por la clase de valores que se le están transmitiendo en ese acto.

TERCERA PARTE

# SOLUCIONES PRÁCTICAS

# Capítulo VII
# PREVENCIÓN

*Una infancia venturosa es uno de los mejores regalos que los padres pueden hacer a sus hijos.*

M. CHOLMONDELEY

¡No siga! Si usted ha leído el libro hasta aquí puede dar por finalizada su lectura.

Si usted no tiene ningún problema actualmente con su hijo, con todas las explicaciones que le hemos dado hasta ahora, seguramente va a continuar así, sin problemas. Y si tiene un conflicto seguramente sabrá cómo resolverlo.

La mejor crianza se basa en la prevención: vamos a hacer las cosas bien para que nuestro hijo no tenga ningún problema a posteriori. Y de ahí que lo más importante sea lo que ya hemos explicado.

Un niño al que hemos recibido en un parto respetado, una lactancia instaurada correctamente, una crianza con apego… conformará una infancia feliz, llena de experiencias positivas, sin traumas y con una incidencia más baja de las enfermedades tanto médicas como psíquicas:

> El que el niño/a se sienta atendido, satisfecho y estimulado influye decisivamente en la construcción de su tejido nervioso, enriqueciendo sus arborizaciones dendríticas y creando mayor contingente de sinapsis o, contrariamente, frustrando su desa-

> rrollo neuronalsináptico si son deficientemente atendidos. La estimulación en esta primera etapa de la vida influye notablemente en la personalidad futura del individuo. [...]
>
> Cuando los progenitores son egoístas y no cumplen con dedicación y afecto esta función, se pueden frustrar algunas expectativas del desarrollo generando dificultades en la maduración y en la interrelación del niño con el entorno natural y social.[1]

De ahí que sea tan importante lo que hagamos desde el primer momento con nuestros hijos y que lo hagamos con amor y con atención hacia ellos.

A partir de aquí, cada familia actuará de una forma distinta porque cada niño es diferente y los problemas que planteará serán diferentes: los hay que no tienen problema con el sueño pero que no comen nada; los hay que sí comen pero no duermen; los hay que dejan muy pronto el pañal pero muy tarde el chupete, y los hay que llevan pañal y chupete hasta la escuela.

Lo que sucede es que el modelo dominante hoy en día es un modelo reduccionista. Se ataca el problema sin intentar solucionar aquello que lo provoca.

Esto lo explica muy bien Robert Sapolsky,[2] que dice: «Por ejemplo, para solucionar las diarreas de la población infantil, se inventan nuevos antibióticos, en lugar de depurar mejor el agua».

Estas cosas pasan cada día en nuestro entorno. Para que los padres puedan conciliar la vida laboral y familiar se

---

[1] N. Acarín, *op. cit.*, pp. 204-298.

[2] Entrevista concedida a Eduard Punset y publicada en su libro *El viaje a la felicidad*, op. cit., p. 176.

incrementa el número de guarderías sin tener en cuenta que muchos padres no llevarían a sus hijos allí si el Estado les diera el dinero equivalente a lo que cuesta la plaza de su hijo. O si la mejora de las leyes facilitara un retraso de la incorporación de los padres al mundo laboral cuando el niño aún es pequeño. No intentamos prevenir el problema, sino que cuando el problema estalla, intentamos solucionarlo con medidas puntuales.

Los Kung San no tienen problemas para quitar el pañal de sus hijos, pues nunca se lo ponen. Mientras son pequeños van en cabestrillo colgados de sus madres, que colocan hierbas secas para que empapen sus deposiciones. Una vez el niño anda, ya no lleva nada. Aquí, por nuestra comodidad, obligamos[3] a llevar pañales a los niños y luego hemos de buscar estrategias para que los dejen. Los pañales no son malos, póngaselos tranquilamente a su hijo porque van a facilitar la vida en familia y el trabajo de los padres, pero sea respetuoso con el menor cuando usted decida quitárselo. El niño no se mal acostumbra al pañal, somos nosotros quien le mal acostumbramos a llevarlo.

Por todo ello no soy partidaria de «recetas» para educar a los niños, porque muchos problemas no se darían si se actuase desde el principio de otra forma. Hemos de cambiar la mentalidad y dejarnos de visiones reduccionistas.

Pero de la misma forma que pienso que las recetas mágicas para criar niños no existen, y por eso no me gusta darlas, también soy realista y sé que hay personas que con unas pautas detalladas se organizarían mejor. Por esta razón, a partir de este momento vamos a dar una serie de orientacio-

[3] Sí, obligamos. ¿No le ha pasado nunca con su bebé, entre 8 meses y 2 años, que un día se resistía a ponerse el pañal y usted se lo ha puesto?

nes a unos determinados problemas para ayudar a los lectores en su vida familiar. En ningún momento deben aplicarse las orientaciones tal cual sin haber leído los capítulos anteriores a éste, puesto que el espíritu que debe enmarcar nuestras actuaciones se encuentra expuesto allí.

## PARA SABER MÁS

GONZÁLEZ, C., *Bésame mucho,* Temas de Hoy, Madrid, 2003.
JUUL, J., *Su hijo, una persona competente,* Herder, Barcelona, 2004.
ODENT, M., *El bebé es un mamífero,* Ob Stare, Santa Cruz de Tenerife, 2007.
STADLEN, M., *Lo que hacen las madres,* Urano, Barcelona, 2005.

## RESUMEN

- Lo mejor ante los problemas es una buena prevención de los mismos.
- Un parto respetado, una lactancia instaurada correctamente, una crianza con apego… conformarán una infancia feliz, llena de experiencias positivas, sin traumas y con una incidencia más baja de enfermedades tanto médicas como psíquicas.

➡

- Hay una visión reduccionista de los problemas que deberíamos evitar, esto es, no hacer nada y buscar la solución cuando ya exista el problema. Intentemos prevenir y adelantarnos a las situaciones en la medida de lo posible.
- Otro factor a tener en cuenta es que muchos problemas y malos hábitos que tienen los niños (uso de pañales, por ejemplo) los causamos los adultos para facilitar nuestra vida. Sea, pues, respetuoso con el niño cuando quiera que deje ese hábito.

- Las recetas mágicas para criar niños no existen, pero también soy realista y sé que hay personas que con unas pautas más detalladas se organizan mejor. De ahí las orientaciones que damos a continuación.

- Todas ellas se enmarcan en los principales valores democráticos: el respeto, la tolerancia y el pluralismo.

- No deberían aplicarse las orientaciones que se dan en los capítulos siguientes sin haber leído los anteriores, puesto que el espíritu que debe enmarcar nuestras actuaciones se encuentra allí expuesto.

# Capítulo VIII
## LA ALIMENTACIÓN

*Los placeres son como los alimentos:*
*los más simples son los que menos cansan.*
J. SANIAL-DUBAY

Alimentarse es una necesidad vital para el ser humano: si no comemos nos morimos. No es de extrañar que muchas madres y padres se encuentren preocupados por este hecho, pues de él dependen la salud y el desarrollo de su hijo.

He visto quejas de niños que no comen y de niños que comen mucho. Niños que comen bien pero sus padres no lo consideran así, y niños que comen mal y nadie se da cuenta. No siempre las quejas suelen reflejar un problema real, pero eso no le quita importancia, ya que los padres se angustian mucho.

Los principales problemas que vamos a ver, por orden de aparición en la vida del bebé, son:

- La lactancia materna.
- La introducción de alimentación complementaria.
- La alimentación del niño de 2 a 5 años.
- Los niños que toman biberón.

# LA LACTANCIA MATERNA

*Saber que se puede, querer que se pueda.*
D. TORRES

El bebé es un mamífero y, por tanto, la leche de su madre es el mejor alimento que puede tomar y el único que está preparado específicamente y de forma natural para nuestra especie. El resto son sucedáneos. Cada especie de mamíferos (vacas, focas, monas...) tiene un tipo de leche diferente y especialmente diseñada para su cría. La leche de vaca es la mejor para los terneros, pero no para los bebés humanos.

En este sentido, la Organización Mundial de la Salud[1] dice:

> La leche materna promueve el desarrollo sensorial y cognitivo, y protege al bebé contra enfermedades infecciosas y crónicas. La lactancia materna exclusiva reduce la mortalidad infantil causada por enfermedades comunes de la infancia tales como diarrea o neumonía, y ayuda a que se recuperen más pronto durante las enfermedades. Estos efectos pueden ser medidos tanto en sociedades sin recursos como en sociedades desarrolladas o afluentes.

Por lo tanto, es importante que el bebé sea alimentado por su madre y, por eso, todos deberíamos contribuir en este proceso.

Y por todos me refiero al apoyo que puede recibir de la familia, pero también por parte de los profesionales de la

---

[1] Puede consultarse el texto en inglés en *http://www.who.int/child-adolescent-health/NUTRITION/infantexclusive.htm*

salud y de las medidas legales y sociales que se instauren para ello. Todo el mundo sabe que la lactancia es lo mejor para los bebés, pero se sigue expulsando a las madres de los museos y de los restaurantes por dar de mamar. Todo el mundo sabe que la lactancia materna es lo mejor para los bebés, pero se impide que inicien la lactancia nada más nacer, en contra de las principales directrices de los organismos competentes en alimentación infantil. Todo el mundo sabe que la lactancia es lo mejor para los bebés, pero las políticas sociales para que la madre pueda conciliar vida laboral y familiar la separan de su hijo (fomentando las guarderías, iniciando la escolarización obligatoria antes de tiempo, etcétera).

No vamos a hacer de este capítulo un manual de lactancia,[2] ni vamos a enumerar las ventajas de la lactancia materna (las podrá encontrar en cualquier página web). Tan sólo queremos dar orientaciones sobre cómo resolver los principales problemas y dudas sobre el tema. Si alguno no lo consigue solucionar con nuestros consejos, debe pedir ayuda profesional. En la página web de la Asociación Española de Pediatría (AEP) aparece el listado de los grupos de apoyo a la lactancia[3] que hay repartidos por todo el territorio nacional. Son entidades sin ánimo de lucro y gratuitas, especializadas en prestar ayuda en estas situaciones.

---

[2] Si quieren alguno, les recomendamos los siguientes en lengua española: Asociación Española de Pediatría (AEP), *Lactancia materna: guía para profesionales,* Monografía, nº 5, *op. cit.;* C. González, *Manual práctico de lactancia materna,* ACPAM, Barcelona, 2004; C. González, *Un regalo para toda la vida,* Temas de Hoy, Madrid, 2006; R. A. Lawrence, *La lactancia materna,* Mosby, Madrid, 1996; Liga Internacional de la Leche, *El arte femenino de amamantar,* Diana, México, 1993.

[3] *www.aeped.es/lactanciamaterna/grupos.htm*

### *¿Cuándo empezar?*

Según la OMS, cuanto antes mejor, y por eso fomenta que no se separe al niño de su madre después del parto; por lo tanto, intente reclamar ese derecho que tanto va a beneficiar a su hijo y a usted. Asimismo, Unicef señala en los «Diez pasos para una lactancia exitosa»: «Ayudar a las madres a iniciar la lactancia en la media hora siguiente al parto» (punto 4).

Muchas madres explican que no notan «leche» los primeros días, pero eso es falso. La leche que hay al principio, que se llama calostro, es importantísima para el correcto desarrollo del bebé. De hecho, ningún mamífero crece adecuadamente si no toma calostro y, por eso, se ha inventado un sustituto del calostro para animales nacidos en cautividad o cuyas madres han fallecido.

Conforme pasan los días ese calostro cambia a leche madura, que es la que alimentará al bebé a partir de entonces.

A veces, el momento de enganchar el niño al pecho no depende de nosotros (grandes prematuros, graves enfermedades y alteraciones del bebé, políticas hospitalarias anticuadas, etcétera). Sea como sea, cuanto antes pueda, mejor.

### *¿Cada cuándo se da de mamar?*

La lactancia materna es a demanda, ni cada diez minutos ni cada hora, siempre que quiera el niño. Es importante hacerlo así. Cada vez que el niño toma del pecho provoca en la madre una subida hormonal (prolactina y oxitocina) que van a favorecer que la madre continúe teniendo leche, exactamente la cantidad que el bebé necesita.

La prolactina, que como su nombre indica es para producir leche (pro-leche = prolactina), depende, entre otras cosas, de la cantidad de tiempo que el bebé está en el pecho. Por eso cuanto más dé de mamar más leche tendrá; si tuviera gemelos tendría leche para dos, puesto que mamarían el doble de tiempo que un solo niño.

Hay profesionales que aún recomiendan dar cada tres horas. Bien, si un pecho no se vacía con frecuencia (o al menos al ritmo que necesita el bebé), por medio del FIL la madre se va a quedar sin leche. ¿Qué es el FIL? Es el factor de inhibición de la lactancia. La leche materna contiene un inhibidor de la propia producción de leche. Por eso un pecho que no se vacía con frecuencia va a producir menos leche. Y por eso debe dejarse que el niño establezca la cantidad que necesita sin interrumpir su frecuencia de succión.

Los bebés pueden hacer hipoglucemias si se retrasa su toma de alimento. Por ello, también es importante darle de mamar siempre que el niño quiera.

### *¿Cómo se da de mamar?*

Cada madre y cada hijo deben decidir qué les es más cómodo, pero a modo de orientación diremos que es importante:

- *Una buena posición para mamar.* La madre bien sentada con la espalda recta y los brazos apoyados, y el bebé completamente girado hacia la madre (que su parte frontal, desde la cara hasta los pies, esté girada hacia la madre). Coloquialmente se llama «barriga contra barriga».

- *Una buena prensión de la boca del bebé.* El bebé debe abrir bien la boca y tomar la mayor porción de pecho que pueda (la areola de la madre es un buen indicador para saber hasta dónde se prende el niño).

- *Una adecuada técnica.* Si estamos en buena posición y con un buen agarre del niño, se deja que el bebé tome lo que quiera de ese pecho hasta que se suelte por sí solo o pierda interés en el mismo (se suelta, se coge, se vuelve a soltar...); en ese momento, se le ofrece siempre el otro pecho. El niño tomará de este segundo lo que quiera (o nada), y la próxima vez empezaremos por este último pecho.

*Principales problemas que pueden surgir*

- *Las grietas.* Suelen aparecer por un mal posicionamiento tanto de la madre como del bebé. Intente mejorar su postura. Si usted no sabe cómo hacerlo, en los libros que recomendábamos sobre lactancia en la página 170 encontrará la forma. También puede consultar en internet, en la página de la Asociación Española de Pediatría, el listado de grupos de apoyo a la lactancia materna que hay repartidos por todo el territorio, tal y como le recomendábamos anteriormente.
  Existe un tipo de grieta que no se debe a una mala posición, sino a que el bebé tiene el frenillo lingual corto y por eso no se prende bien. Hay que evaluar la necesidad de recortar el frenillo.
  En cualquier caso, no se resigne a tener grietas. Pida ayuda.

- *La falta de leche (hipogalactia).* Normalmente, si se da el pecho a demanda, es una cosa que no existe.[4] Lo que sucede es que, a veces, debido a una mala técnica en la lactancia (se ha dado el pecho cada tres horas, se ha introducido algún biberón, etcétera), puede ser que la madre esté fabricando menos leche. Pero eso es pasajero. Recomendamos a la madre que incremente el número de tomas y la duración de las mismas, o que se estimule con un extractor, y en poco tiempo el bebé tendrá la leche necesaria.

- *La leche es aguada (de poca calidad).* Es uno de los mitos más comunes y más falsos que existen. La leche siempre es leche. Si hubiera leches de diferentes calidades habría granjas de vacas semidesnatadas, de vacas desnatadas y de vacas enteras. No es así, existen las granjas de vacas y punto. Esta idea surge de la diferente composición de la leche para adaptarse al bebé. En principio, la leche que sale, si el bebé hace mucho rato que no mama, es algo menos grasienta, menos densa. Cuando un bebé hace tiempo que no toma nada necesita más beber que comer, porque si no se deshidrataría; de todos es sabido que podemos pasar más tiempo sin comer que sin beber. Al poco tiempo de empezar a mamar, la leche va incremen-

[4] Las causas de una verdadera hipogalactia son raras y debidas a enfermedades de la madre o a negligencia médica. Podemos citar: hipotiroidismo, retención de placenta posparto, agenesia del tejido mamario, cierto tipo de cirugía estética, mastectomía, síndrome de Sheehan, déficit congénito de prolactina, gran desnutrición de la madre... Si usted no sufre nada de eso no tiene por qué tener falta de leche. Y si tiene alguno de estos problemas (hipotiroidismo, por ejemplo) se puede solucionar.

tando el nivel de grasa. Pero esto sólo sucede si el bebé no toma leche desde hace mucho; si su bebé le pide pecho quince minutos después de la vez anterior, esa leche es igual de grasa que la de antes. Y, una vez que esté mamando, la leche será normal.

- *La ingurgitación mamaria.* A los pocos días de tener el bebé, el calostro pasa a ser leche madura. Muchas madres notan que sus pechos van a estallar (están duros, calientes e hinchados). Normalmente va asociado a una deficiente instauración de la lactancia los primeros días. Si se ha hecho correctamente, la llamada «subida de la leche» casi no tiene síntomas. Lo único que debe hacerse es intentar aliviar a la madre (sacarse un poco de leche para no tener tanta hinchazón, compresas frías para el dolor y calientes antes de dar de mamar para favorecer la salida de la leche) y el problema se soluciona.

  Uno de los riesgos de la ingurgitación es que puede desembocar en una mastitis; por eso debemos prevenir el problema cuanto antes. En el caso de mastitis, hay que dar de mamar con más asiduidad al bebé de ese pecho para «drenar» el mismo y solucionar el problema.

  La ingurgitación puede repetirse siempre que a la madre se le impida dar de mamar a su bebé o si el bebé retarda sus tomas (porque está enfermo, por ejemplo), pero no suele ser alarmante. Pueden servir los mismos consejos que anteriormente hemos citado.

- *Las infecciones de pecho.* Dar de mamar es indoloro, incluso placentero en la mayoría de los casos. Si usted tiene dolor, y no hay grieta evidente, lo más seguro es que tenga una infección. Las infecciones suelen ser bacterianas (estafilococo áureo, en su mayoría), normalmente secundarias a grietas que aún están presentes y que tardan en curar, pero también se dan a veces en algunas que ya han curado. O por hongos (cándida albicans).

Es importante hacer un buen diagnóstico porque, aparte del dolor de la madre, a veces no se ve nada más. Usted no puede hacer un buen diagnóstico, sino que debe buscar ayuda profesional. Pero, a modo de orientación, le indicamos algunos síntomas. Las infecciones bacterianas son mucho más frecuentes que las micóticas. Normalmente aparecen a raíz de las grietas y a veces puede haber signos externos como grietas mal curadas, enrojecimiento o supuración del pezón, aunque también es posible que no se observe nada. Lo mejor es un antibiótico oral compatible con la lactancia materna, como la cloxacilina.

Las infecciones micóticas están provocadas por hongos. Suelen ser secundarias a la toma de antibiótico por parte de la madre (hay muchas maternidades que los dan de forma generalizada para que no se infecten los puntos de la episiotomía, de una cesárea, etcétera) o que la madre tenga hongos en la vagina en el momento del parto, se los pase al bebé y después éste, con su boca, a la madre cuando lacta… En la mayoría de los casos no hay signos externos, salvo el dolor, aunque puede haber muguet en la boquita del niño o enrojecimiento del área del pañal. También puede darse candidiasis vaginal en la madre. El tratamiento suele empezarse con antimicóticos tópicos (cremas, pomadas), pues la mayoría son compatibles con la lactancia. O con remedios como la violeta de genciana. Pero a veces es necesario pasar a los antimicóticos orales, puesto que la cándida suele alojarse en los conductos mamarios y es difícil llegar allí sólo con cremas. El fluconazol es el único antimicótico que se excreta por leche materna y es el que necesitamos para limpiar los conductos. Asimismo pueden darse los dos tipos de infecciones a la vez, con lo que deben tratarse simultáneamente.

- *El bebé no gana peso.* En primer lugar, conviene saber que hay tablas de peso diferentes para niños alimentados a pecho y con biberón. Pida que el pediatra use las correspondientes a su hijo. En segundo lugar, no quiere decir que su leche no sea buena o que no haya la suficiente, sino que seguramente no está bien instaurada. Busque ayuda para informarse de si su bebé lacta bien.

- *Hay otras muchas alteraciones* que son fácilmente solucionables con apoyo adecuado, como el síndrome de Raynaud, los bebés prematuros, los que tienen labio leporino, partos múltiples, ictericia… Sea cual sea el problema, consulte con su grupo de apoyo más cercano o con su pediatra de referencia.

### *¿Hasta cuándo hay que dar de mamar?*

Los principales organismos en materia de alimentación infantil,[5] apoyados por numerosos estudios científicos sobre

[5] Organización Mundial de la Salud, Unicef, Academia Americana de Pediatría, Asociación Española de Pediatría.

este tema, dicen que el bebé debería ser alimentado con leche materna de forma exclusiva (sin nada más, ni agua) como mínimo durante los seis primeros meses de su vida. A partir de entonces, es decir, los 7 meses[6] se introducen los otros alimentos (ya hablaremos más adelante de cómo), siendo la lactancia lo predominante hasta el año (hasta esa edad debería tomar más leche que otros alimentos) y que continuara como mínimo hasta los 2 años del niño. Y a partir de aquí hay una coletilla que me gusta mucho: «A partir de los 2 años, hasta que la madre y el niño quieran».

Si usted quiere hacer lo más adecuado para su bebé, ahí tiene las indicaciones. A partir de eso, puede adaptarlo a sus circunstancias, pero mi recomendación sería que como mínimo el niño tome pecho los 6 primeros meses. Si a partir de ahí usted quiere destetarlo antes o limitar la lactancia en algunos momentos, la Constitución la ampara y puede hacer lo que quiera. Nadie puede obligarla. No es lo mejor para el bebé, pero si lo hace gradualmente, sin que suponga un trauma para el niño, y vigila la introducción de otros alimentos puede minimizar las consecuencias negativas de este acto.

Algunas madres que están dispuestas a dar el pecho mientras sus hijos quieran se preguntan si el niño se destetará alguna vez. La respuesta es sí. Como fundadora del grupo de apoyo a la lactancia de mi ciudad,[7] con más de once años dedicada a atender madres lactantes, puedo decirle que todos se han destetado.

---

[6] Es importante remarcar que es mínimo 6 meses, porque hay profesionales que piensan que es «hasta» los 6 meses y ya recomiendan otros alimentos a partir de ese momento. Hay que esperar a que el niño cumpla los 7 meses.

[7] El grupo se llama ALLETA. Pueden encontrar información en *www.alleta.cat*

Miren la siguiente anécdota:

> Si una madre me dijera: «Quiero batir un récord Guinness, me gustaría dar el pecho durante quince años. ¿Cómo puedo hacerlo?», tendría que contestarle: «Lo siento, no creo que exista ningún método para conseguirlo. Haga lo que haga, su hijo dejará el pecho mucho antes».[8]

La mayor parte de los estudios antropológicos señalan que los homínidos solían destetarse entre los 3 y los 7 años. Lo mismo pasa en los primates. Los gorilas, por ejemplo, suelen dar el pecho hasta los 7 años; otros primates, hasta los 3.

¿Por qué esas edades? Según la antropóloga Katherine Dettwyler, los seres humanos alcanzan autonomía inmunológica a los 6 años, lo que sugiere que a través de nuestro más reciente pasado evolutivo los agentes inmunes contenidos en la leche materna estaban normalmente disponibles para el niño hasta aproximadamente esta edad.

Por si quieren algunos datos más recientes les ofrezco los siguientes:[9]

- En su libro *Mothering your Nursing Toddler,* Norma Jane Bumgarner nos comenta: «En India, según la creencia de que cuanto más amamante a un niño más años de vida tendrá, las madres amamantaban a sus niños lo más que pudiesen, a veces hasta los 7 o 9 años».

---

[8] C. González, *Un regalo para toda la vida,* pp. 217-218.

[9] Datos extraídos de un artículo de la doctora Mónica Tesone, psicóloga y consultora de lactancia.

- En Tsinghai, China, en 1956, las madres aún amamantaban durante varios años, hasta los 5 no era inusual, o hasta que naciese otro niño.
- En su libro *The Politics of Breastfeeding,* Gabrielle Palmer menciona que «en el este de Lincolnshire las mujeres amamantaban a sus hijos hasta los 7 u 8 años de edad en 1820».
- Actualmente, en culturas no occidentales las madres amamantan a sus niños hasta los 3 o 4 años.
- Las últimas décadas del siglo XX son probablemente el único momento en la historia de la humanidad en que los niños han sido completamente destetados en los primeros 3 a 6 meses de vida.

Por lo tanto, cada madre y cada bebé tienen derecho a continuar con la lactancia el tiempo que quieran. Nadie debería entrometerse al respecto ni fomentar la interrupción por ningún medio.

## LA INTRODUCCIÓN DE LA ALIMENTACIÓN COMPLEMENTARIA

Nuestro bebé ya tiene 7 meses y podemos empezar con la alimentación complementaria, tanto si ha estado tomando teta como biberón.

De hecho, se sobreentiende que estamos hablando de un niño «normal», con un desarrollo psicomotor y cognitivo normal, porque si no hay que esperar un poco más. ¿Por qué? La Academia Americana de Pediatría recomienda que, antes de introducir la alimentación complementaria, el niño debería cumplir los siguientes requisitos:

- *Que sepa mantenerse sentado.* No hay nada más difícil para un bebé hipotónico, que se dobla, que intentar tragar con el cuello torcido. Los padres que tienen niños con alguna enfermedad que afecte a su tono muscular (síndrome de Down, parálisis cerebral...) saben que sus hijos suelen tener problemas de deglución hasta edades más avanzadas. Hay que superar este problema antes de retirar la lactancia de su alimentación.

- *Que haya perdido el reflejo de extrusión.* Es el reflejo por el que los recién nacidos no admiten y escupen el chupete. Hay padres que cuando nace el bebé aguantan el chupete con una mano porque dicen que el bebé lo escupe.
  El reflejo de extrusión hace que los bebés no puedan ahogarse cuando algo, que no reconoce como piel o carne, entra en su boca. Ellos lo escupen.
  No hay nada más patético que intentar dar una cucharada de comida a un bebé que no ha perdido ese reflejo, la escupe. Los padres piensan que el niño rechaza la comida. A veces incluso se la dan con biberón (que el niño ya conoce) y la acepta, con lo que concluyen que les toma el pelo y que es un vago que no quiere la cuchara.

- *Que muestre interés por la comida.* Si tiene a su hijo de 7 meses sentado en el regazo mientras usted está comiendo y ve que el niño intenta alcanzar los alimentos y llevarlos a la boca, ese niño está preparado para la alimentación complementaria. Por el contrario, si su hijo no muestra ningún interés, mejor esperar un poco más.

- *Que sepa decir* NO. Un niño de 7 meses no sabe decir «NO», al menos la mayoría. Pero saben hacer cosas como apartar la cara cuando se les da de comer o poner las manos delante de la boca. Si sabe hacer esto puede intentar darle de comer otros alimentos además de la leche. Si su hijo no hace nada de eso, deberá esperar. No hay que forzar nunca a un niño a comer y, por lo tanto, no se puede empezar la alimentación complementaria sin que el niño pueda dar señales de saciedad o de rechazo.

Aunque su niño cumpla todos los requisitos anteriores, puede que aún le toque esperar, porque actualmente la OMS[10] señala que «después de la edad de 6 meses», los lactantes deben recibir «junto a la leche materna» alimentos complementarios, que tienen que cumplir los siguientes requisitos: que sean oportunos, adecuados, inocuos y dados de forma apropiada.

Para ilustrar estos conceptos en los cursos que doy sobre lactancia suelo enseñar una foto (creo que ganadora de un Pulitzer) en la que se ve una fila de refugiados albano-kosovares que van a un campo de refugiados. En primer plano hay una madre dando el pecho mientras va caminando. Les explico que, en aquel momento, aunque el bebé tuviera 7 meses, no debe tomar otros alimentos porque lo único que puede prevenirlo de la escasez de alimentos que se va a encontrar es continuar con la lactancia.[11] Además, aunque hubiera

---

[10] OMS, «Nutrición del lactante y niño pequeño. Estrategia mundial para la alimentación del lactante y niño pequeño», A55/15, abril de 2002.

[11] La malnutrición de la madre ha de ser muy extrema para que se note en la lactancia y, si lo es, es porque no hay comida, ni para el niño ni para la madre. Así que, mejor continuar con la lactancia.

alimentos para todos en el campo de refugiados, la calidad de los mismos y su preparación no ofrecerían garantías de higiene y salud al menor (se incrementan las diarreas, etcétera). Por lo tanto, no es oportuno ni adecuado ni inocuo empezar con alimentación complementaria. En esta situación también debemos esperar.

En el caso de que su hijo tome biberón también sirven las mismas instrucciones. Al fin y al cabo son niños igual. Por lo tanto, deberá introducir los otros alimentos de forma oportuna, adecuada, inocua... es decir, que si a los 7 meses su hijo se va con ustedes de vacaciones al Caribe, no es el mejor momento para introducir otros alimentos (¡cuántos de nosotros hemos tenido gastroenteritis en nuestros viajes!), puesto que no sabemos cómo van a ser preparados ni si están contaminados.

Lo único que hay que tener en cuenta es que si no se introduce algún alimento antes de los 10 meses, puede que haya más problemas para hacerlo, pero no quiere decir que sea perjudicial para el niño.[12]

¿Cómo se introduce la alimentación complementaria?[13]

1. *Primero el pecho (o biberón), luego el alimento.* En principio al niño se le da su toma de pecho (o de biberón) y luego se introduce algún alimento de forma que el bebé lo pueda tomar (aplastado, triturado, en trocitos...) para que se familiarice con él.

---

[12] J. Basulto, «Ya está listo para los sólidos», *Tu Bebé,* 181, 2008, pp. 40-42.

[13] Puede encontrar recomendaciones similares en OMS, «Nutrición del lactante y niño pequeño. Estrategia mundial para la alimentación del lactante y niño pequeño», *op. cit.*, AEP, «Lactancia materna: una guía para profesionales», *op. cit.*

Esto facilita que el niño siga tomando leche mayoritariamente hasta el año, tal y como indica la OMS, y que el niño no rechace la comida. Cuando un niño tiene hambre, quiere comer. Si en ese momento le damos cosas nuevas no las va a reconocer como alimento y querrá las de siempre; si le forzamos, quizás consigamos que coja aversión al alimento en cuestión. Si le saciamos, probará lo que sea como un juego, con curiosidad; si le gusta pondrá cara de alegría y si no, ya iremos probando más veces.

2. *Los alimentos de uno en uno y luego, si se quiere, juntos en papillas.* Si ha leído el párrafo anterior verá que cuando el bebé ya esté familiarizado con un alimento puede introducirse otro, y así sucesivamente. El hecho de ofrecérselos de uno en uno garantiza que no haya intolerancias ni alergias, y si las hay enseguida sabremos de qué alimento se trata. En nuestro país era muy típico dar papillas de varios alimentos a la vez, como la papilla de frutas, la de verduras, etcétera. Esto dificultaba saber qué alimento producía la reacción si el niño se ponía malo. Lo mejor es introducir los alimentos de uno en uno y, cuando ya estén todos probados y aceptados, los podemos mezclar en papilla, si quiere, o darlos de uno en uno, que es como hacemos los adultos. «La incorporación de los alimentos debe ser secuencial y progresiva, con intervalo de varios días entre dos nuevos alimentos, a fin de detectar posibles intolerancias y dar tiempo al niño a acostumbrarse a varios sabores» (Asociación Española de Pediatría).[14]

---

[14] AEP, «Lactancia materna: una guía para profesionales», *op. cit.*, p. 290.

3. *Con el alimento ya consolidado, podemos dar primero aquél y luego el pecho.* Si hemos seguido las instrucciones anteriores, tardaremos un tiempo, pues introducir los diversos alimentos espaciados no es cosa rápida. Así pues, con el niño rondando el año, si ya acepta los alimentos y ya los ha probado podemos darle primero el alimento y luego el pecho. Hacerlo así garantiza que el aporte de leche sea mayoritario hasta el año (tal y como indica la OMS) y que el niño rechace los mínimos alimentos.
4. *El orden y número de alimentos no es trascendente.* ¿Usted cree que los esquimales empiezan por la papilla de frutas? La OMS recomienda dar aquellos alimentos que sean más normales en nuestra comunidad. Cada país es un mundo. Hace poco una amiga sudamericana me pasó la receta de la papilla de verduras que les daban a los niños en Paraguay. La mitad de las verduras no las conocía y otras que sí, no se daban aquí. Por ejemplo, en lugar de nuestra famosa patata, allí ponían mandioca (yuca) en la papilla. En lo que sí se hace hincapié es en retardar algunos de los alimentos (gluten, pescado, huevos, etcétera), cosa que ya le indicará su pediatra.

Cualquier otra forma de hacerlo no puede garantizar los beneficios de realizar este proceso de esta manera; por lo tanto, rechace consejos en contra de estas indicaciones basadas en evidencias científicas.

Durante la introducción de la alimentación complementaria muchos niños bajan de peso. ¿Qué esperaba? La leche es más grasa que las verduras y las frutas. Si es así, no culpe a su hijo pensando que come poco; lo que pasa es que toma alimentos más bajos en calorías que la leche. Por ello, es importante seguir con un aporte de leche mayoritario hasta el año.

## LA ALIMENTACIÓN DEL NIÑO DE 2 A 5 AÑOS

Si hemos seguido las instrucciones, llegaremos al año con un aporte importante de leche y una alimentación complementaria bien instaurada, objetivo que intentaremos conseguir hasta los dos años con un incremento de alimentos, texturas, sabores y presentación de los alimentos de forma diferente.

Las directrices generales nos dicen que, a partir de los dos años, la dieta de los niños puede asemejarse a la de los adultos, en cuanto a los alimentos que pueden tomar, pero en una cantidad mucho menor. Hay que evitar los alimentos con riesgo de atragantamiento (frutos secos, caramelitos, etcétera) hasta los 3 años.

A estas edades deberíamos intentar que vayan conociendo el nombre de lo que comen; así, podrán pedirlo con facilidad y lo identificarán en la mesa. Es importante no sólo que coman carne, sino educarlos en el conocimiento de los diferentes tipos de carne que existen. Hay niños cuyo conocimiento de la alimentación se reduce a sopa, papilla, carne, arroz y pasta, porque no saben las clases de pasta que hay, de qué es la papilla o qué carne comen.

> Cada vez que su madre preguntaba a Pedro (3 años) qué quería comer, él decía: «Pollo». Y cuando se lo ponía, decía el niño: «Esto no es lo que yo quiero». Un día en un restaurante le pusieron cordero y Pedro le dijo a su madre: «Mamá, ¡éste es el pollo que a mí me gusta!».[15]

---

[15] Ejemplo extraído de P. Motos (coord.), *op. cit.*, p. 40.

¿Cómo podemos conseguir que los niños coman bien?

- No fuerce a su hijo a comer. El comité de nutrición de la Academia Americana de Pediatría, en el año 2005, explica que hay dos impulsos naturales en los padres que dificultan que los niños coman bien. Por un lado, el hecho de forzar a los niños a comer y, por otro, prohibirles algunos alimentos. Esto conduce a una sobrealimentación del niño, a que desarrolle aversiones ante alguna comida y que presente interés por los alimentos prohibidos.

- Proponga un modelo a seguir. Si usted come sano y todos los alimentos que ofrece a su hijo lo son, tiene más posibilidades de que su hijo coma sano. Ayude a su hijo en aquellos alimentos esenciales, facilitando su ingesta mediante presentaciones tanto en textura como en el sabor que más le gusten.

- El niño come lo que quiere y la cantidad que quiere. Las últimas recomendaciones de la Asociación Americana de Dietética[16] para que los niños coman bien, se centran en que los padres ofrezcan un modelo correcto a seguir, comiendo y presentando a sus hijos alimentos sanos, y a partir de aquí el niño decide *qué y cuánto* come de lo que los adultos le ofrecen.

Así pues, si usted cree que tiene un problema con las comidas de su hijo, revise si cumple los puntos anteriores.

---

[16] T. A. Nicklas y D. Hayes, «American Dietetic Association. Position of the American Dietetic Association: nutrition guidance for healthy children ages 2 to 11 years», *J Am Diet Assoc,* 108(6), 2008, pp. 1.038-1.044, 1.046-1.047.

Si no es así, puede empezar. En cambio, si usted sigue esas indicaciones y su hijo se encuentra dentro de las gráficas de peso (aunque sea por debajo) y va creciendo (si bien a un paso más lento), no piense que su hijo tiene un problema con la comida; seguramente será un niño sano. Puede que más delgado de la media, pero sano. De todas formas, ante la duda consulte con su pediatra.

## LOS NIÑOS QUE TOMAN BIBERÓN

Los niños que toman biberón tienen las mismas necesidades que los niños que toman pecho. Así pues, en este capítulo sobre la alimentación, en donde vea «lactancia materna» puede poner la expresión «leche de fórmula» y seguir las mismas instrucciones.

A modo de resumen, debemos decir que la alimentación con biberón también es a demanda. Que puede durar en exclusiva hasta los 7 meses, y a partir de aquí seguir las mismas pautas que los bebés amamantados.

Aunque supongo que la información es de conocimiento general, hay que remarcar que no puede prepararse el biberón con más leche de la que se indica por cantidad de agua. Podríamos estar deshidratando al bebé y provocar más daño que otra cosa.

Igual que los bebés al pecho suelen tomar sus cereales preparados con caldo, agua o leche materna, los niños alimentados con leche artificial pueden hacerlo con la leche de fórmula directamente.

En este capítulo hemos intentado dar ideas sobre cómo se pueden hacer bien las cosas desde un principio, o cómo resolver algunos problemas o dudas que puedan surgir en su alimentación. Para problemas mayores (por ejemplo, niños que vomitan[17] con frecuencia), es preciso consultar con un profesional.

## PARA SABER MÁS

*Lactancia*

ASOCIACIÓN ESPAÑOLA DE PEDIATRÍA (AEP), *Lactancia materna: guía para profesionales,* Monografía, nº 5, Ergón, Madrid, 2004.

GONZÁLEZ, C., *Manual práctico de lactancia materna,* ACPAM, Barcelona, 2004.

—, *Un regalo para toda la vida,* Temas de Hoy, Madrid, 2006.

LAWRENCE, R. A., *La lactancia materna,* Mosby, Madrid, 1996.

LIGA INTERNACIONAL DE LA LECHE, *El arte femenino de amamantar,* Diana, México, 1993.

*Alimentación complementaria y del niño hasta los 5 años*

BASULTO, J., «Ya está listo para los sólidos», *Tu Bebé,* 181, 2008, pp. 40-42.

GONZÁLEZ, C., *Mi niño no me come,* Temas de Hoy, Madrid, 1999.

---

[17] Los vómitos frecuentes están asociados más a problemas psicológicos que médicos. Si su pediatra descarta alteraciones médicas, replantéese cómo da de comer a su hijo.

NICKLAS, T. A. y HAYES, D., «American Dietetic Association. Position of the American Dietetic Association: nutrition guidance for healthy children ages 2 to 11 years», *J Am Diet Assoc,* 2008, 108, pp. 1.038-1.044, 1.046-1.047.

OMS, «Nutrición del lactante y niño pequeño. Estrategia mundial para la alimentación del lactante y niño pequeño», A55/15, abril de 2002.

RESUMEN

- El mejor alimento del mundo es la lactancia materna y es el que debería fomentarse desde todos los ámbitos de nuestra sociedad.

- La lactancia materna es a demanda, es decir, cada vez que lo pide el niño.

- La lactancia materna ha de darse en exclusiva durante los primeros 6 meses de vida del niño, siendo mayoritaria hasta el año (junto con otros alimentos) y muy recomendable hasta mínimo los 2 años.

- Los niños de biberón no tienen necesidades diferentes de los alimentados a pecho; por lo tanto, su alimen tación también es a demanda. Las indicaciones sobre alimentación infantil son las mismas para elllos.

- Si usted tiene algún problema en iniciar y mantener la lactancia materna, puede recurrir a los grupos de apoyo que hay repartidos por toda la geografía. Son gratuitos, sin ánimo de lucro y reconocidos por la OMS y Unicef por la labor que realizan. Puede consultar el listado en *www.aeped.es/lactanciamaterna/grupos.htm*

- La falta de leche y la mala calidad de la misma son cosas que no existen. Busque el problema verdadero que le afecta. Normalmente, el hecho de no seguir la lactancia a demanda es el principal.

- Para la introducción de la alimentación complementaria debería tener en cuenta que los alimentos deben ser oportunos, adecuados, inocuos e introducidos de forma apropiada.

- Asimismo, hay que esperar a que el niño se mantenga sentado, haya perdido el reflejo de extrusión, muestre interés por la comida y sepa manifestar su desagrado con gestos.

- A partir de aquí, la mejor forma es primero ofrecer el pecho, o biberón, y luego, el alimento que se desee. Segundo, introducir los alimentos de uno en uno. Tercero, con el alimento consolidado y el niño más

➡

mayor, podemos dar primero el alimento (o papilla) y luego el pecho (o lácteo) de postre. Y cuarto, el orden de introducción de los alimentos adaptados no es trascendente, mientras sean los adecuados a cada edad.

- Para que los niños mayores coman bien, la Asociación Americana de Dietética propone que los padres coman sano y que ofrezcan a sus hijos alimentos sanos. A partir de ahí, el niño decide qué y cuánto come de lo que los adultos le ofrecen.

- Sobre todo se debe evitar que los padres obliguen a sus hijos a comer o que les prohíban determinados alimentos.

# Capítulo IX

## EL SUEÑO[1]

*¿Es que acaso se nos dará la vida dos veces? Pues, ¿cómo es que me duermo sin ceñirte entre mis brazos?*

O. YAKAMOCHI

Dormir o no dormir, ¿es ése el problema?[2]

Cuando una familia acude a consulta suelo hacerme una pregunta muy similar a la anterior, para acabar descubriendo que, en la mayoría de los casos, el origen del problema de esas noches sin descanso no está en los bebés, ni siquiera en los padres (aunque algunos profesionales se afanen en difundir esta idea), sino en la forma errónea que tiene la sociedad actual de interpretar las señales de los niños y, sobre todo, de dar respuesta a sus necesidades.

La mayoría de los problemas de sueño no son tales y mejoran cuando la familia aprende a aceptarse y a reorganizarse conforme las necesidades de cada uno.

Empecemos desde el origen. Un bebé acaba de nacer, pero no empieza una nueva vida. Hace ya meses que se hace notar con su presencia y que, al igual que una estrella de

---

[1] Este capítulo es un resumen muy pequeño del libro de la misma autora *Dormir sin lágrimas,* publicado en esta misma editorial. Si quieren saber más, consulte la fuente principal.

[2] Pido perdón a Shakespeare por parafrasear una de sus más conocidas máximas.

Hollywood, ha lucido delante de las cámaras (ecográficas, eso sí) la más bonita de las sonrisas o el chupeteo de dedo más encantador.

Un bebé que nace se diferencia muy poco del pequeño feto que era unos segundos antes (quizás, la mayor novedad sea la respiración); por eso, en el fondo requiere los mismos cuidados. Necesita que se le ofrezca comida cuando tiene hambre, ya que en el vientre materno la alimentación era automática, y precisa mucho contacto físico, ya que en el útero materno estaba permanentemente abrazado. Pero casi nada más; la vestimenta, los pañales, el cochecito, etcétera, son artilugios de la industria que el bebé no va a reclamar nunca si se encuentra arropado por los brazos maternales.[3]

¿Y dormir? ¿Cómo hemos de enseñar a dormir a los recién nacidos? Pues de ninguna manera. Los fetos ya saben dormir y un bebé no es nada más que un feto un poquito más viejo.

Se ha comprobado que a partir de los 6 meses de gestación los fetos ya tienen una fase de sueño activo y, a partir de los 7, una de sueño más tranquilo; además, en esas dos fases ocupan la mayor parte del tiempo. Cuando ese mismo niño nace, su sueño es casi igual que el que tenía dentro del vientre. Por lo tanto, si reproducimos las condiciones del bebé en el seno materno, el bebé dormirá lo que necesite (recordemos

---

[3] No queremos dar la idea de que no valoramos los brazos paternales, que también son muy apreciados por los bebés. A lo largo de estas líneas nos referiremos tanto a las madres como a los padres para agilizar el texto y no ser tan repetitivos. Quiero huir, aunque no siempre se puede, de utilizar sólo el género masculino cuando las cosas son tanto femeninas como masculinas. No pretendo minusvalorar el papel del padre en la crianza, psicológicamente importantísimo para el correcto desarrollo del bebé.

que las horas que necesita cada bebé son diferentes y pueden variar entre catorce a dieciséis los primeros días).

En las culturas en las que las madres portan a sus bebés con ellas todo el día (abrazo continuo) y le dan de comer cuando piden (alimento a demanda), los problemas de sueño en recién nacidos son prácticamente desconocidos.

Pero vivimos en una cultura en la que no dejamos que cada uno ocupe su rol:

- *La madre no puede hacer de madre* tranquilamente porque a la vez es ama de casa, esposa, trabajadora eficiente y cientos de cosas más. El día tan sólo tiene veinticuatro horas y la *superwoman* puede trabajar más deprisa, pero no puede tener días de veinticinco horas. Todo ello ya implica cansancio y sueño aunque el bebé sea un bendito dormilón. En países en los que se permite que la madre haga de madre durante el periodo que sea conveniente, las tasas de lactancia aumentan y los problemas de sueño disminuyen.[4]
  Los padres suelen ser los cuidadores primarios, pero ¿quién cuida al cuidador? En las comunidades, tanto actuales como pasadas, en las que la madre era cui-

---

[4] Ahora no sólo nos referimos a países del Tercer Mundo, en los que la madre puede ejercer de madre. En los países nórdicos, por ejemplo, Noruega, en donde las bajas por maternidad son más elevadas que la media europea, las tasas de lactancia han aumentado y los problemas de sueño, aunque aún presentes, no son tan frecuentes en las consultas pediátricas.

Para los países menos desarrollados, podemos leer los libros *El concepto de continuum,* de Jean Liedloff, y *Nuestros hijos y nosotros,* de Meredith F. Small, en los que se exponen numerosos casos de madres a las que se les deja ejercer su rol y darle a su hijo esos cuidados que necesita, por lo que desconocen los trastornos del sueño.

dada después del parto por otras mujeres que la ayudaban en las tareas del hogar, con sus otros hijos, etcétera, la prevalencia de depresiones posparto era francamente inferior.

- *El bebé no puede hacer de bebé.* Siempre intentamos ver en el niño el hombre que será, pero ahora es niño y debemos valorarle como tal.
  Intentamos dar explicaciones de adulto a sus reclamos de niño, sin pensar que estamos tergiversando sus peticiones. Un bebé que llora pidiendo ser cogido en brazos está diciendo «Te necesito». Pero, como nuestra sociedad individualista no permite tales súplicas, traducimos esa llamada de cariño por un: «Lo hago para tomarte el pelo, para que tengas dolor de espalda y no puedas hacer nada más».
  Diferente manera de actuar tendrán los padres ante un niño que llora si entienden que su bebé les necesita o si piensan que éste les toma el pelo.

Tenemos una sociedad que intenta avanzar dando la espalda a los niños, a sus necesidades. Ése sería el primer punto para vencer los problemas del sueño. La mayoría de estudios etnopediátricos[5] nos lo confirman.

No obstante, y mientras esto no cambie, veamos qué podemos hacer con el sueño y los niños.

[5] Aparte de los estudios citados, en los libros mencionados al final de la nota anterior, se puede leer la bibliografía de Michel Odent y James McKenna citada al final.

## EL DESARROLLO NATURAL DEL SUEÑO

El sueño es algo especial, es una necesidad básica para vivir como lo es el comer, el beber o el respirar. Por ello, la naturaleza ya se encarga desde antes de nacer de que sepamos hacer estas cosas en el mismo instante en que vemos la luz.

Apenas nace, un bebé empieza a respirar por sí solo; ese primer aliento nos avisa de sus recién estrenados pulmones. También sabe tomar su alimento (si se le ofrece). De hecho, numerosos estudios indican que si se le deja libre acceso al pecho de su madre, durante las dos horas posteriores al parto, la mayoría de bebés se prenden solos y correctamente.[6] Y también nacen sabiendo dormir.

Dormir es una necesidad vital y, por lo tanto, va evolucionando a medida que las necesidades de la persona así lo reclaman. El sueño se sincroniza con nuestras exigencias, en cada momento de nuestra vida, y alterar eso puede producir efectos nocivos en el individuo. Veamos:

### *El sueño de 0 a 3 meses*

El sueño es un proceso evolutivo que empieza a desarrollarse en el feto y que el recién nacido ya posee desde hace más de tres meses. Y no sólo sabe, sino que según las estadísticas es algo que practica la mayor parte del día: entre doce horas los más despiertos y dieciséis horas los más dormilones.

---

[6] Quizás los estudios más conocidos sean los publicados por la OMS en «Pruebas científicas de los diez pasos hacia una feliz lactancia natural».

¿Y qué necesita un bebé? Pues, según la mayoría, un bebé necesita:[7]

- Comida frecuente: los recién nacidos pueden tener hipoglucemias.
- Desarrollar su mente: aprender, estimularse, integrar, etcétera.
- Madurar: físicamente venimos mal preparados al mundo, somos seres muy inmaduros y necesitamos de los cuidados de otros.
- Mantener la alerta: en poco se diferencian nuestros bebés de aquellos que nacieron hace millones de años. En aquel entonces los bebés que, separados de sus madres, sabían mantener más la alerta de ésta (es decir, los más protestones), vivían más. Nosotros somos sus descendientes y seguimos haciendo lo mismo para sobrevivir, intentar que nos vigilen mientras somos inmaduros.
- Mamar-succionar: un bebé necesita succionar varias horas al día, no sólo para comer, sino porque es —junto con el llanto— uno de los pocos medios que tiene para expresarse y consolarse. Un bebé necesita mamar para calmarse del ajetreo, para relajarse, para... Por ello se han inventado los chupetes (una burda imitación en silicona de un pezón).

Por lo tanto, el sueño va a favorecer todo aquello que necesita un bebé, porque va sincronizado con sus necesidades. Veámoslo.

---

[7] No se pretende hacer un manual de pediatría infantil, tan sólo nombrar aquellos aspectos más importantes que necesita un recién nacido. No es una enumeración exhaustiva, sino orientativa.

¿Cómo es el sueño en estas edades?

- Es bifásico. Tan sólo tiene dos fases (sueño activo o REM y sueño lento), de una duración de unos cincuenta minutos. Por eso, difícilmente va a hacer siestas de mayor duración sin despertarse. Puede que poco a poco vaya juntando una fase con otra, lo que le permitirá dormir algo más, pero en principio se va a despertar a menudo.

  El bebé se despierta frecuentemente para poder comer, cosa que, como ya hemos visto, le evita hipoglucemias. El hecho de alimentarse frecuentemente también le ayuda a mantener la producción de leche en su madre en este primer periodo de su vida; por lo tanto, se está asegurando su alimento.

  Asimismo, se despierta para poder estimularse y conocer poco a poco su entorno. Esto desarrolla su mente, pero, como se cansa pronto, suele dormirse otra vez para volverse a despertar cuando esté descansado y poder aprender mejor.

  Estar despierto le ayuda a mamar mejor, aunque muchos también pueden hacerlo casi dormidos, y a relacionarse con su madre.

  Propicia la atención (mantener la alerta) de la persona que le cuida, ya que al saber que puede despertarse frecuentemente nadie deja solo a un bebé por mucho tiempo.
- Es ultradiano. No diferencia entre el día y la noche. Por lo tanto, el bebé se está asegurando que esa toma de alimento y esos cuidados también se los den por la noche.
- Inicio del sueño directamente en fase REM y mayor porcentaje de sueño REM que en el adulto. El bebé,

a diferencia del adulto, puede entrar en fase REM directamente sin pasar por las otras fases de sueño lento. ¿El motivo? Se supone que el sueño profundo ayuda al individuo a descansar el cuerpo y el sueño REM contribuye a reorganizar el cerebro, la memoria y los procesos de aprendizaje. Un bebé no suele cansarse mucho físicamente durante el día (además, el 70 por ciento del tiempo lo pasa durmiendo); en cambio, sí que necesita madurar a nivel mental. Al tener ciclos de sueño muy cortos prioriza el sueño REM, que le ayudará a conseguir sus objetivos.

¿Lo ven? El sueño de un recién nacido está perfectamente adaptado a sus necesidades.

Sé que es cansado atender a un niño por la noche (soy madre de dos), pero seguro que, sabiendo lo importante que es para un niño ese tipo de sueño, a muchos padres les será más fácil hacerlo. Cualquier intento de alterar esa perfecta sincronía entre sueño y necesidades del bebé no puede comportar nada bueno.

Hay profesionales que intentan (muchas veces en vano, puesto que nuestro bagaje genético es fuerte) que los niños duerman más a base de ofrecerles comidas más pesadas o pautando unos horarios para las ingestas. Pues bien, estas conductas sólo conllevan el final de la lactancia en casi todos los casos y desarreglos intestinales en otros, ninguno deseable para un recién nacido. Y, en el improbable caso de que durmiera un poco más, tampoco supone un beneficio para un recién nacido, como ya hemos visto.

Lo único que favorece el desarrollo natural del sueño es la lactancia materna (recordemos que la leche materna lleva l-triptofano, que favorece el sueño) y el hecho de succionar del pecho (y no de un biberón). R. Debré y A. Doumic[8] comprobaron que los niños que mamaban más vigorosamente dormían mejor, porque se cansaban más. Y D. Levy[9] demostró que los perritos amamantados dormían mejor que los alimentados con biberón. Parece ser que la succión del pecho cansa y relaja más.

El colecho (dormir con el bebé) también es una buena opción para ayudar en la evolución natural del sueño. En este sentido, J. McKenna[10] ha demostrado que la respiración de las madres y de los bebés se acoplan cuando duermen juntos, favoreciendo que el niño alterne las diferentes fases que va adquiriendo de la mano de la respiración de su madre. Asimismo, la duración y calidad del sueño son mejores.

### *El sueño de 4 a 7 meses*

Continuando con la idea de que el sueño es un proceso evolutivo que se adapta a las necesidades biológicas, cognitivas y emocionales del bebé, veamos el siguiente periodo.

¿Qué necesita el bebé en esta etapa que no hayamos explicado en la anterior?[11]

---

[8] R. Debré y A. Doumic, *Le sommeil de l'enfant avant trois ans,* PUF, París, 1959, citado en J. de Ajuriaguerra, *Manual de psiquiatría infantil,* Masson, Barcelona, 2002, p. 160.

[9] Citado en J. de Ajuriaguerra, *op. cit.*, p. 160.

[10] J. J. McKenna y S. S. Mosko, «Sleep and arousal, syncrony and independence, among mothers and infants sleeping apart and together (same bed) An experiment in evolutionary medicine», *Acta Pediátrica,* Supl. 397, 1994, pp. 94-102.

[11] Como ya hemos remarcado en notas anteriores, son muchas las cosas que necesita y que va a conseguir nuestro bebé de 4 a 7 meses, pero priorizamos aquellos aspectos más conocidos para poder dar una visión general.

- Adquirir el ritmo circadiano. A partir de los 4 meses todo niño ya tiene menos riesgo de padecer hipoglucemias, su lactancia está establecida (si ha mamado durante ese tiempo); por lo tanto, ya puede empezar a diferenciar los días y las noches sin peligro. La adquisición de esta diferenciación le será de vital importancia para su posterior desarrollo.
- Adquirir las fases del sueño del adulto. Cuando un bebé nace, apenas tiene dos de las fases de sueño (véase sueño bifásico en el bebé de 0 a 3 meses), porque eso le ayuda en su supervivencia. Poco a poco va adquiriendo las otras fases y se supone que alrededor de los 6-7 meses ya pueden estar completadas.
- Disfrutar de un entorno conocido. Cuando era pequeño necesitaba mantener constantemente a un cuidador cerca, ya que era vital para su supervivencia. Ahora necesita que le rodeen personas conocidas, por eso es más fácil dejar a un bebé con un extraño a los dos meses que a estas edades.
- Introducción de la comida semisólida. Una vez cumplidos los 6 meses se puede empezar con las primeras papillas, aunque la leche, tanto materna como artificial para los que no maman, aún sigue siendo el alimento principal.[12]

Veamos cómo los cambios en el sueño ayudan a todo lo que acabamos de explicar:

¿Cómo es el sueño en estas edades?

- Circadiano. Es decir, diferencia el día y la noche.

[12] Según las recomendaciones de la Organización Mundial de la Salud.

Aunque cada bebé va a su ritmo, la mayoría de los niños de 7 meses suelen hacer un par de siestas durante el día y un periodo, más o menos largo, por la noche. El número de horas se reduce.

- Secuencial. A partir de ahora empezará a dormir más de noche que de día, normalmente dos o tres secuencias o veces al día (por la noche más una o dos siestas).
- Inestable. Cuando el bebé nace apenas tiene dos de las cinco fases de sueño que tendrá de adulto. El sueño entre los 4 y 7 meses es muy inestable porque van surgiendo las fases que faltan y el bebé necesita adaptarse a ellas. Es un periodo de transición en el que los despertares son muy frecuentes, a veces más que en el primer periodo. ¿Por qué? Pues ¡porque están ensayando! Ahora hay más fases y más cambios, y los niños deben probar para aprender.

  Pensemos que el bebé hasta hace poco sólo tenía fase REM y sueño profundo, y que en tres o cuatro meses aparecen como por arte de magia ¡cuatro fases más! Si ya era difícil dominar un par de fases, ¡imaginaos ahora! Por un lado, se supone que podemos despertarnos entre fase y fase; por lo tanto, cuantas más fases, más opciones de despertarse. Y, por otro lado, dos de estas fases son además de sueño ligero (un pequeño ruidito nos puede despertar). ¿Se extrañan ahora de que el bebé se despierte más por la noche?

Nuestra experiencia está llena de consultas que empiezan así:

Mi niño de 6 meses, desde que nació, más o menos dormía como todos y se despertaba para hacer sus tomas por la noche. Pero ahora parece que vayamos a peor. Se despierta mucho más y, tras la toma, no se vuelve a dormir tan fácilmente como antes.

Puede que los padres no duerman bien, de acuerdo, pero al niño no le pasa nada malo. Simplemente está ensayando y llegará un día en que dominará la técnica de pasar de una fase a otra.

Si unimos a esta inestabilidad nocturna el hecho de que se dan otros cambios importantes en la vida de un niño, como la incorporación de muchas madres al trabajo (4 meses) o el inicio de la alimentación complementaria (6 meses), todo indica que será una etapa muy crítica para nuestro hijo. Quizás sea de las épocas en las que necesiten más nuestra comprensión.

¿Qué hacer mientras tanto? Ante la duda, nada, porque podríamos alterar la evolución natural del sueño. Pero como hay padres que son muy dormilones (que pueden juntarse con niños que se despierten más de lo normal), podemos seguir intentando los mismos consejos que ya dimos para el periodo de 0 a 3 meses: lactancia materna y colecho. Las madres que siguen estas instrucciones suelen comentar que no notan gran diferencia en cuanto al número de despertares, pero sí en el tiempo que el bebé tarda en dormirse, la mayoría, apenas unos segundos, y la mamá, también.

*El sueño de 8 meses a 2 años*

¿Cuáles son las grandes metas evolutivas de los niños a estas edades?

- Introducción de la comida sólida. Aunque ya ha empezado en el periodo anterior, no es hasta estas edades cuando empieza a consolidarse en serio. Los niños, poco a poco, dejan las papillas para ir tomando pequeños trozos de alimentos.

- Superar el periodo de angustia de separación. Hacia el octavo mes, el niño ya sabe que es una persona diferente de su cuidador, normalmente sus padres. Por ello, si éstos se van, o simplemente desaparecen de su vista, lloran como posesos. Los niños no tienen noción del tiempo y, cuando desaparecemos de su vista, no saben si es para siempre o para dentro de un ratito, así que lloran por si acaso fuera lo primero.
  Para superar este periodo se han inventado juegos como esconderse detrás de las manos y aparecer (casi todas las culturas tienen algo similar). En ellos, los niños soportan, alegres, breves segundos sin la visión materna o paterna. Esos breves segundos darán paso, poco a poco, a un periodo más largo (juego del escondite). Pero este proceso difícilmente termina antes de los 2 años.
- Relacionarse con el entorno: la deambulación. En esta etapa el niño afianza el gateo y alrededor del año empezará a andar.
- La regulación esfinteriana. Entre los 2 y 3 años a la mayoría de niños se les empieza a exigir el control de esfínteres y el abandono del pañal, aunque no todos lo consiguen a esta edad.

Y, por lo tanto, ¿cómo será el sueño?

Básicamente el sueño suele presentar dos características en estas edades:

- Temido. La angustia de separación se manifiesta también en el sueño. El niño empieza a darse cuenta de que hay un periodo (cundo se va a dormir) en que se separa de su madre y, por lo tanto, intenta retrasarlo al máximo. Es típico de estas edades el quedarse dormido delante de la tele, jugando, etcétera; es decir, realizando actividades que le «despisten» de la idea de que va a separarse de su mamá. Por lo tanto, debemos calmarles antes de ir a dormir, para que aprendan a regular esa ansiedad.

- Inquieto. El hecho de empezar a andar y reconocer un entorno desconocido hasta el momento le produce mucha ansiedad. También el inicio de la alimentación complementaria y, más tarde, la retirada del pañal. Mientras dormimos, sobre todo en fase REM, se ha comprobado que aquello que nos preocupa puede asimilarse, pero también provocar pesadillas y otros trastornos que, curiosamente, suelen aparecer a estas edades. Los despertares siguen siendo la tónica habitual.

### *El sueño de 3 a 5 años*

Siguiendo con esta tónica podríamos hablar del sueño entre los 3 y 5 años, en donde veríamos cómo el hecho de necesitar más horas de actividad diurna, por ejemplo, debido al ingreso en la escuela, hace que el sueño se reduzca (se suelen eliminar espontáneamente las siestas) y tan sólo hay una tirada nocturna, de unas diez o doce horas.

¿Se han fijado? En cada periodo de nuestra vida el sueño se adapta a nuestras necesidades. Esto hace que el sueño del adulto sea diferente del de un recién nacido y también del de un anciano (que casi no tiene sueño profundo y, en cambio, suele tener más periodos de sueño ligero y de necesidad de dormir pequeñas siestas durante el día).

El sueño es un proceso evolutivo: nacemos sabiendo dormir y vamos desarrollando y adaptando esa actividad según la edad. Queremos que los niños duerman como los mayores, pero olvidamos que para dormir como un mayor ¡hace falta ser mayor!

## INTERFERENCIAS EN EL PROCESO NATURAL: LOS MÉTODOS DE ADIESTRAMIENTO

Siempre que el niño tiene miedo, los sistemas de alarma se activan, y aunque nosotros pensemos que son tonterías, ellos no lo saben. Cuando dejamos al bebé llorando solo en su habitación, pasa miedo. Los estudios realizados midiendo el cortisol en estos niños así lo demuestran.

A partir de ese momento se ponen en marcha los sistemas más antiguos de respuesta a la alarma: el sistema HHA (hipotálamo-hipofisario-adrenal), el sistema adrenérgico y las catecolaminas. Esto se denomina «estar activado».

Todo este flujo químico y hormonal inunda violentamente el cerebro, apuntando directamente a la amígdala, que queda colapsada. Los niños que lloran y no son atendidos prontamente pueden llorar desesperadamente hasta que la amígdala se colapsa. Como la naturaleza es sabia y sabe que el cuerpo no resistiría mucho tiempo en una situación como ésta, suele compensarlo con la secreción de opiáceos, endorfinas y serotonina, que provocan una bajada de todo este sistema de alarma en el sujeto. Los psicólogos que nos dedicamos a las catástrofes sabemos por experiencia que, cuando un sujeto presenta una activación importante tras un impacto, es cuestión de tiempo que descienda esta activación primera.

Por lo tanto, si tenemos en cuenta que para su hijo ya era la hora de dormir, que encima se ha pasado un tiempo llorando (con el consiguiente cansancio) y que acaba de recibir una inyección brutal de opiáceos, endorfinas, serotonina, etcétera, lo normal es que caiga rendido y se duerma. Eso es la esencia de los métodos para dormir. Pero no se engañe, no ha aprendido a dormir; tan sólo está «autodrogado».

Por ello, estos sistemas funcionan mejor con niños pequeños: a menor edad más se asusta. ¿Usted cree que si le aplica a un adolescente este método le va a funcionar? Pues no, porque es difícil que se asuste tanto como para provocar este shock. Seguramente, se quedará tan tranquilo leyendo. Por eso, no se cansarán de repetirle que si no lo soluciona antes de los 5 años, luego va a ser imposible.

Con sucesivas «experiencias» como ésta el niño va a aprender, por un lado, que nadie va a hacerle caso, que sus necesidades no son merecedoras de atención (ello provoca una baja autoestima), y por eso muchos de ellos dejan de protestar. Por otra parte, se cree que el hecho de repetir oleadas de estas sustancias químicas en el cerebro es la causa de la reducción de la producción normal de serotonina y de la insensibilización de la amígdala. Sepan que las alteraciones de los niveles de serotonina se relacionan con las depresiones y que la amígdala es el centro del cerebro emocional por excelencia, que de esta forma puede quedar alterado, perdiendo oportunidades de desarrollar la confianza, la autoestima y la empatía. Además, un bajo nivel de serotonina es el indicador más importante de violencia en animales y humanos, y se ha relacionado con tasas altas de homicidios, suicidios, piromanías, desórdenes antisociales, automutilaciones y otros comportamientos agresivos.[13]

Todo ello «favorecerá» que a la larga el niño se acueste sin decir nada y se duerma. Pero ni por un momento piense que ha aprendido a dormir, sino tan sólo a doblegarse y autodrogarse.

En 1996, el profesor Rauch, de la Universidad de Harvard, sacó imágenes de las zonas del cerebro que se activaban en sujetos traumatizados cuando revivían la escena traumática al escuchar el relato de los peores momentos de su vivencia. Aparte de demostrar, como ya hemos explicado, que la zona que se colapsa es el sistema límbico en general y la amígdala en particular, también apreció una «anestesia» del área del lenguaje, sobre todo el expresivo. Por lo tanto, si ustedes tienen a un bebé colapsado por las hormonas (muy acelerado en una primera fase o muy atontado después), con afección de la amígdala (que altera nuestra memoria inmediata), llorando con varios decibelios de volumen y con parte del área del lenguaje alterada..., ¿piensan que ese niño va a entender: «Tranquilo, cariño, papá y mamá te están enseñando a dormir»? Pues no.

De este modo cualquier método milagroso que proponga un cambio sustancial en esos patrones de sueño, puede resultar muy peligroso para el correcto desarrollo del sueño. Puede[14] que, debido a esos métodos, algunos niños duerman

---

[13] L. Mause, *Historia de la infancia,* Alianza, Madrid, 1991; A. Aluja, *Personalidad desinhibida, agresividad y conducta antisocial,* PPU, Barcelona, 1991; A. M. Daderman y L. Lidberg, «Relapse in violent crime...», *Acta Psychiatrica Scandinavica,* 106 (supl. 412), 2002, pp. 71-74, entre otros.

[14] La mayoría de estos métodos prometen una eficacia del 95 por ciento, cuando, en realidad, apenas es del 70 por ciento la primera vez. Decimos la primera vez porque a la mayoría de niños a los que les funciona, a la larga, tienen recaídas. Normalmente, los niños a los que les ha funcionado la primera vez y

más horas o se despierten menos. Pero... ¿es natural que lo hagan? ¿Qué problemas les puede acarrear de mayores un patrón de sueño artificial?

En principio, se empiezan a diagnosticar en las consultas los primeros casos de Síndrome de Estrés Postraumático (SEPT) en niños a los cuales les han aplicado métodos de adiestramiento. Le Doux[15] ha demostrado que el miedo (¿creen que un bebé, al que se le aplica un método de éstos, no pasa miedo como mínimo?), mejor dicho, la huella del miedo en nuestro cerebro emocional, no desaparece jamás. Podemos llegar a comportarnos «como si» no tuviéramos miedo, pero esas cicatrices emocionales del sistema límbico estarán siempre dispuestas a aparecer en nuestras vidas cuando flaquee nuestro cerebro cognitivo y su capacidad de control.

También se relaciona, entre otros, con un incremento de *la ansiedad infantil*, *la depresión* y con *la indefensión aprendida.* Shelley E. Taylor[16] demuestra en su libro *Lazos vitales* alteraciones parecidas. En la página 83 afirma: «Los niños que crecen en familias duras pueden sufrir alteraciones en las pautas de actividad de la serotonina, lo que puede provocar depresión irritable y otros problemas de carácter».

Para finalizar, como Eduard Punset dice en su libro *El viaje al amor*:[17]

---

no ha hecho falta repetirlo nunca suelen llegar entre el 50 y 60 por ciento. Véase F. Milberg e I. Gerold, «Dificultad para conciliar el sueño y despertares nocturnos como motivo de consulta pediátrica», *Arch. Argent. Pediatr.*, 99 (6), 2001, pp. 503-509.

[15] J. E. Le Doux, «Brain mechanisms of emotions and emotional learning», *Current Opinion in Neurobiology*, vol. 2, 1992, pp. 191-197.

[16] S. E. Taylor, *Lazos vitales. De cómo el cuidado y el afecto son esenciales para nuestras vidas*, Taurus, Madrid, 2002.

[17] E. Punset, *El viaje al amor*, Destino, Barcelona, 2007, p. 169.

¿Es mejor dejar llorar a un niño por la noche un buen rato [...] o, por el contrario, lo correcto es precipitarse para acunarlo con vistas a interrumpir el estrés del miedo de la separación? [...]

La mayoría de las respuestas a esas preguntas pueden rastrearse en dos descubrimientos básicos de la neurociencia moderna. En primer lugar, el cerebro de un niño no está dotado todavía para afrontar por sí solo la consecución del equilibrio y el bienestar. En segundo lugar, las resonancias magnéticas de cerebros infantiles sometidos a periodos prolongados de estrés revelan una disminución del volumen del hipocampo, que aumenta su vulnerabilidad a la depresión, la ansiedad y el consumo de droga o alcohol en su etapa adulta.

Recuerden: los métodos milagrosos no funcionan en todos los niños, pero seguro que, de una manera u otra, a todos les afectan.

Muchas veces me han pedido que demuestre con argumentos científicos por qué no se debe dejar llorar a un niño, y así lo he hecho hasta ahora (al igual que la mayor parte de la comunidad científica). Pero creo que el mejor argumento es el ético: ¿se puede dejar llorar a un niño?, ¿se puede dejar sufrir a un niño sólo para que aprenda algo que por sí solo aprenderá? La repulsa a estas formas de trato infantil no viene únicamente determinada por las consecuencias que provocan en los niños, sino por cuanto atentan a la dignidad del menor como persona que es. El fin no justifica los medios.

## EL COLECHO

El 87 por ciento de niños en el mundo ha dormido esta noche en compañía. Incluso hay países como Japón, Noruega, Suecia... en los que las tasas pasan del 90 por ciento. Quizás el sur de Europa, junto con Estados Unidos y parte de Canadá sean las zonas en las que esta práctica está menos extendida. Pero, aun así, se supone que el 54 por ciento de americanos y europeos duerme con sus bebés; lo que pasa es que, como es un tema tabú, nadie lo dice y creemos que nadie lo hace.

Varios organismos oficiales[18] recomiendan la cohabitación cuando nace un bebé y el colecho cuando se cumplen unas simples garantías:[19]

- El colchón debe ser lo suficientemente duro como para que el niño no quede atrapado. Tampoco se deben usar colchones de agua ni sofás, ni inventos en los que el bebé pueda quedar entre el colchón y la pared.
- Las sábanas no deben tener lazos o cintas que puedan rodear al bebé, ni cojines mullidos.
- No taparle mucho, pues los padres ya lo calientan con su cuerpo.
- Los padres no deben ser fumadores habituales. Ni se puede fumar en la habitación del niño.
- Los padres no han de estar bajo el efecto de ninguna droga, alcohol ni nada que pueda impedirles atender al niño con prontitud.

---

[18] OMS, «Puebas científicas de los 10 pasos para una feliz lactancia natural», UNICEF, la Asociación Española de Pediatría (AEP) y la Asociación contra la Muerte Súbita del Reino Unido (*www.sids.org.uk/fsid*).

[19] Al igual que pedimos garantías a las cunas o a cualquier cosa relacionada con los bebés, el colecho también precisa unas medidas de seguridad. En el caso del colecho son las normales para todo bebé (no dormir boca abajo, medidas de seguridad e higiene de la habitación, no poner excesivos ambientadores, colonias, repelentes de insectos, etcétera, que puedan aturdirle o irritarle), más las que exponemos.

- Los padres no pueden padecer obesidad mórbida (aquella que incapacita para darse la vuelta o moverse con soltura en la cama).

«En una atmósfera saludable, en la que los padres no estén intoxicados ni drogados y no sean obesos, la posibilidad de matar a un niño por sofocación es igual a cero».[20]

Según el doctor Haslam (1985), el colecho es una manera eficaz para solucionar los trastornos del sueño: «De todas las cartas que recibí, la de los padres que contaban el éxito obtenido al utilizar esta práctica superaban en cantidad a las de aquellos que solucionaron los trastornos del sueño de sus hijos a través de otras tácticas».

¿Por qué funciona tan bien dormir con los niños? Somos mamíferos, y los mamíferos duermen en compañía de sus crías.

Existen muchos estudios al respecto, pero el de Hofer[21] es muy explícito:

> [El Dr. Hofer] estudiaba la fisiología de los bebés ratas, cuando una mañana se dio cuenta de que una de las mamás ratas había abandonado su jaula *durante la noche.* Las ratitas abandonadas a su suerte presentaban un ritmo cardíaco dos veces inferior a lo normal. Hofer primero pensó que se debía a la falta de calor. Para verificar su hipótesis desarrolló un aparatito calefactor en un calcetín y lo colocó en medio de los ratoncitos sin pelo. Con gran sorpresa por su parte, eso no

[20] M. F. Small, *Nuestros hijos y nosotros,* Vergara-Vitae, Buenos Aires, 1999, p. 155.

[21] H. A. Hofer, «Early social relationship...», *Child development,* vol. 58, 1987, pp.185-187.

> cambió nada. De experimento en experimento, Hofer pudo demostrar que el ritmo cardíaco no sólo estaba vinculado a la presencia reguladora de la madre [...], sino también más de quince funciones fisiológicas, entre ellas los periodos de sueño y despertar nocturno, la tensión arterial, la temperatura del cuerpo e, incluso, la actividad de células inmunitarias como los linfocitos B y T, defensores del organismo de toda infección.

Por eso, al igual que los ratoncitos del estudio, nuestros hijos se encuentran tan bien si no nos separamos de ellos por la noche.

Si usted se está planteando dormir con su bebé, no lo dude.

Hay madres que me preguntan hasta cuándo van a dormir sus bebés con ellas y la respuesta es que todos abandonan la cama familiar. Antes de los 3 años es difícil que por propia voluntad lo hagan (¡les gusta tanto dormir con los padres!), pero a partir de los 4 años podemos irles cambiando de lugar poquito a poco, explicándoselo y dándoles el tiempo y la compañía que necesiten en cada momento. Aunque no intente cambiar a su hijo de cama, a la larga lo hará él solo. Es casi imposible retener a un niño permanentemente con sus padres. Entre los 4 y 6 años ningún niño[22] necesita dormir con sus padres, aunque como mamíferos que somos nos gusta dormir en compañía durante toda nuestra vida.

---

[22] Los hay que, como los japoneses, duermen siempre juntos, tengan la edad que tengan, pero no porque el niño no sea capaz de dormir solo.

## CONCLUSIONES

Normalmente, si no hacemos nada en contra de ese proceso, todo niño sano dormirá de un tirón antes de los 5 años. Y no tendrá ninguna secuela por haberse despertado más o menos hasta esa edad.

Sé que a muchos de los que me están leyendo cinco años les parecerá una eternidad, pero no se trata de aguantar sin dormir y sin hacer nada, cual víctimas heroicas, sino de ser respetuosos con el niño, entendiendo sus necesidades y actuando en consecuencia. Actuaciones como el colecho, la lactancia, el balanceo, las nanas, el contar cuentos, etcétera, ayudan (según la edad) a la conciliación y mantenimiento del sueño del niño, y, por tanto, a mejorar el de los padres.

Si ninguno de estos consejos le funcionan, en el libro *Dormir sin lágrimas* puede encontrar una guía para que su hijo duerma aún mejor o para que usted pueda descansar más.

### PARA SABER MÁS

GÓNZALEZ, C., *Bésame mucho. Cómo criar a tus hijos con amor,* Temas de Hoy, Madrid, 2003.

JOVÉ, R., *Dormir sin lágrimas,* La Esfera de los Libros, Madrid, 2006.

MCKENNA, J. J. y MOSKO, S. S., «Sleep and arousal, syncrony and independence, among mothers and infants sleeping apart and together (same bed). An experiment in evolutionary medicine», *Acta Pediátrica,* Supl. 397, 1994, pp. 94-102.

PANTLEY, E., *Felices sueños,* McGraw-Hill, Barcelona, 2002.

SMALL, M. F., *Nuestros hijos y nosotros,* Vergara-Vitae, Buenos Aires, 1999.

## RESUMEN

- El sueño es un proceso evolutivo: va cambiando desde que nacemos hasta que nos morimos, según la edad que tengamos y según el tipo de vida que llevemos.
- Los niños ya nacen sabiendo dormir; lo que pasa es que a veces no duermen cuando los padres quieren.
- Es importante hacer un buen diagnóstico del problema que tiene el bebé, antes de pensar que sólo lo hace para fastidiarnos. Un niño nunca haría eso.
- Los métodos de adiestramiento no enseñan a dormir, tan sólo provocan un *shock* emocional que altera en el menor los niveles de las principales hormonas que regulan nuestras emociones y, además, le demuestran que no vale la pena quejarse porque nadie le responderá. Por eso funcionan mejor en niños pequeños, ya que son los que tienen más posibilidades de shock.
- Las secuelas más importantes de estos métodos a corto, medio y largo plazo son: trastornos de ansiedad, depresiones, indefensión aprendida, trastornos del apego, trauma por estrés agudo y síndrome de estrés postraumático.
- Estas alteraciones son reparables, pero son irreversibles. Puede que no se note, pero nunca será igual.
- Las alteraciones pueden quedar enmascaradas y no manifestarse hasta la vida adulta.

# Capítulo X
# EL CONTROL DE ESFÍNTERES

*El problema de hacer algo bien a la primera es que nadie se da cuenta de lo difícil que fue.*
S. P. ROBBINS

El pañal es de esos artilugios que los niños nunca piden y que los padres ponemos para facilitarnos la vida. Y está bien, porque así podemos tener más tiempo para los niños y la vida se nos hace más agradable.

El único problema es que a veces no recordamos que somos nosotros quienes le creamos esta dependencia y luego esperamos que, en el momento que nosotros decidamos, el niño lo abandone sin más.

## ADIÓS AL PAÑAL. CÓMO EMPEZAR

- *Lo mejor sería no ponérselo, pero, ya que lo lleva, habrá que quitárselo.*
- *Hay que elegir el momento más adecuado.* A muchos niños hacia el año y medio no les gusta llevar pañal. Pruebe. Seguramente no lo conseguirán tan rápido como si fueran más mayores, pero, como es lo que ellos quieren, no se van a sentir mal por ello.
  Si no aprovechamos ese momento, entre los 2 y 3 años suele ser una etapa en que muchos niños lo

dejan. No quiere decir que todos estén preparados, pero se puede intentar.

- *En principio, un pañal se quita y ya está.* A partir de ese momento debemos estar provistos de una buena lavadora y una fregona para los escapes que se vayan produciendo en el proceso. Cada niño tiene su tiempo.
- *Unos días antes de quitar el pañal se debería preparar con el niño el momento.* Se puede elegir un cuento con dibujos o fotos (tipo cómic, incluso), en los que se le explique qué vamos a hacer con él y qué se espera de él.
- *Yo soy partidaria de quitar el pañal tanto de día como de noche.* Puede que a los padres les resulte más cómodo conservarlo por la noche para no tener que cambiar tantas camas, pero se puede poner un empapador en la cama y retirarlo cuando esté mojado. Normalmente, por mi experiencia, lo acaban aprendiendo antes. Pero cada uno puede hacer lo que quiera.

## ¿HAY QUE ACOSTUMBRAR AL NIÑO AL ORINALITO?

Muchas madres me preguntan si deben sentar a sus hijos a unas horas fijas y, si es así, cada cuánto.

Yo creo que lo de sentar al niño en un orinal responde a dos razones: la primera, porque lavamos menos ropa. Intentamos que el niño haga sus deposiciones a una hora, tanto si lo pide como si no, y si suena la campana ¡perfecto! Una prenda menos que lavar. El otro motivo es que así tenemos «entretenidos» a los niños un ratito.

Ninguna de las dos cosas beneficia al niño. Primero, es mejor estar entretenido en otras cosas que sentado en un orinalito y, además, es mucho más educativo. Segundo, ¡menos mal que desaprendemos lo que nos han enseñado de pequeños! Imagínese que usted aún tuviera que ir al baño a las mismas horas a las que le acostumbraron de pequeña. En mi caso, debería interrumpir mi trabajo varias veces; en cambio, me adapto a mi horario y voy al baño en momentos en los que no interrumpo nada importante. He aprendido a esperar y a controlar verdaderamente los esfínteres: yo decido (con un límite, ¡claro!) cuándo voy al baño. En tercer lugar, los niños deben aprender a controlarse ellos y no a que usted adivine a qué hora hacen normalmente sus deposiciones y los siente en un orinal.

Si usted deja que el niño «note» qué sucede cuando «siente» que quiere hacer pis, él irá intuyendo que cuando tiene esa sensación se avecina lo que no quiere, porque no es agradable estar sucio ni mojado. En un principio, dirá «pipí» mientras se lo hace. Luego, dirá «pipí» un poquito antes de hacérselo, pero sin que le dé tiempo de llegar al baño. Y, finalmente, acabará diciendo «pipí» con antelación suficiente.

Si usted lo sienta en el baño a unas horas que sabe que son las mejores para el bebé, puede que haga sus deposiciones allí, pero usted no sabe si anticipa lo que está haciendo.

## ¿Y SI ALGO FALLA?

*Una planificación cuidadosa no puede sustituir a la mala suerte.*

LEY DE MURPHY N.º 17

Hay niños que empiezan a esconderse para hacer sus deposiciones, otros hacen retenciones de orina de más de seis horas, los hay que se asustan y sólo quieren hacer sus cositas con el pañal... Éstos son indicadores de que el niño no está preparado. Nos demuestran que nos hemos equivocado y que hemos de retrasar ese momento.

¿Qué hacer? Se le dice al niño si quiere una temporadita más el pañal (seguramente contestará que sí), se lo ponemos, y a esperar. Al cabo de unos cuatro meses podemos volver a probar y hacer lo mismo. Esto se puede repetir tantas veces como se quiera.

Durante el tiempo en que vuelve a llevar el pañal hay que preguntarle qué le molestaba, cómo podemos mejorar, a ver si averiguamos algo. Si no, siempre podemos explicarle de nuevo el cuento, a ver si va asimilando lo que se espera de él.

Muchos se preguntarán por qué hay niños que lo pasan mal o que se asustan de no llevar pañal. Pues porque hasta entonces casi no se habían dado cuenta de lo que pasaba. Los pañales modernos[1] son muy absorbentes y el niño casi no nota las consecuencias de hacerse pis o caca (a veces el pañal va tan apretado que no sabe si ha hecho caca o no). Por eso cuando quitamos el pañal, al ver cómo «sale» todo aquello de ahí dentro, se asustan, porque no saben bien lo que pasa. Es similar a lo que les sucedía a muchas chicas de mi generación, que no sabían «exactamente» lo que era la menstruación y se asustaban las primeras veces.

Hay una ocurrencia muy buena de Luis Piedrahita[2] para ilustrar este hecho en la que Adán, el primer día que va al

---

[1] Aprovechamos estas líneas para recomendar a los padres el uso de pañales reciclables y ecológicos. Puede que cuesten un poco más, pero el planeta lo agradece. ¿Sabe usted que un pañal seguirá sin desintegrarse totalmente hasta que pasen varios siglos? Imagine la cantidad de pañales que gasta su hijo y multiplique por los niños que hay.

[2] L. Piedrahita, *¿Cada cuánto hay que echar a lavar el pijama?*, Aguilar, Madrid, 2006, p. 15.

baño, le comenta asustado a Eva que cree que se le está saliendo el barro de dentro.

Algo así pueden sentir nuestros hijos. Seamos respetuosos con ellos y, cuando estén más calmados y hayan asimilado lo que les pasa, podemos volver a empezar.

Si se fuerza a un niño a continuar sin pañal cuando aún no está preparado o se le castiga cuando hay escapes involuntarios, ese niño —que aún no controla los esfínteres— contraerá la musculatura de su zona genital para que no salga nada y evitar así ser castigado (como los adultos cuando tenemos mucho pis y no podemos entrar en el baño, que apretamos esa zona). Esa forma incorrecta de control del esfínter está relacionada en la vida adulta, sobre todo, en mujeres, con dificultades para tener relaciones sexuales satisfactorias y/o con problemas de penetración, puesto que la musculatura guarda memoria y sigue estando contraída.

## ¿HASTA CUÁNDO ES NORMAL QUE SE HAGAN PIPÍ?

La Academia Americana de Psiquiatría, en su manual internacional DSM-IV-TR, no encuentra problemática la enuresis[3] hasta una edad de 5 años (o desarrollo equivalente; esto quiere decir que si tuvo un niño prematuro con problemas, puede ser normal que se retrase más) y la encopresis[4] hasta los 4 años (o desarrollo equivalente).

Pues bien, en nuestro país, si un niño llega al colegio (con unos 3 años) y todavía lleva pañal, se van a comer viva

---

[3] Enuresis es hacerse pipí.

[4] Encopresis es hacerse caca.

a su madre. Y ése es uno de los problemas que exponíamos en la primera parte de este libro, que queremos que todos los niños sigan idéntico ritmo y pasen a la vez por el mismo aro. Estas situaciones crean ansiedad en los niños.

De todas formas, el hecho de que aún se haga pipí pasada esta edad no quiere decir que tenga un problema muy grave. En principio, todo niño sano, sin alteración neurológica o demás, va a controlar los esfínteres algún día. Así que no empiece una carrera contrarreloj que puede provocar ansiedad y rechazo en el menor, y hágalo pausada y agradablemente.

## ¿HAY MÉTODOS PARA QUE DEJEN DE HACERSE PIPÍ?

Sí, los hay. Y muchos de ellos funcionan, pero depende del niño.

La mayoría están enfocados a niños mayores de 6 años (puesto que a los 5 aún se considera normal) con los que no se nota mejoría de otras formas. No son métodos para utilizar desde el primer día, sino sólo con niños que ya tienen un problema.

El más conocido es el de «la anticipación». Los padres levantan de la cama al niño por la noche y le llevan al baño. Lo primero que deben hacer es averiguar a qué hora quiere hacer pipí su hijo o hija.

Se trata de lo siguiente: usted levanta al niño, supongamos, a las tres de la madrugada; si el niño no se ha hecho pis, en la noche siguiente puede levantarlo media hora más tarde; si tampoco se ha hecho, lo puede seguir retrasando hasta que un día ya sí se habrá hecho pipí. Entonces, levántele media hora antes de esa hora.

Cuando ya sepa a qué hora más o menos tiene ganas, le levanta cada día a esa hora o le pone un reloj para que lo haga él (esto se puede pactar). Con el tiempo anticipará ese momento y hará pis en el váter sin mojar la cama, que es lo que hacemos los adultos cuando tenemos ganas de hacer pis por la noche.

Pero, como hemos dicho, todo depende del niño. Hay niños a los que no les gusta hacerse pis y, por lo tanto, si usted le explica a su hijo que va a ayudarle, se lo agradecerá y, cuando por la noche le despierte, pensará entre sueños: «Qué buenos son mis padres que se preocupan por mí».

Pero si su hijo es de los que les da igual mearse o no, no lo intente, porque cuando le levante por la noche pensará que tan sólo lo hacen para fastidiarle. Incluso puede que aumente su ansiedad (uno de los factores que hace que los niños se meen más tiempo) y el rechazo hacia ustedes.

Otro método es el del pipí *stop*. Es como un circuito eléctrico (no, no tiene peligro) que se cierra cuando el niño se hace pis. En ese momento suena la alarma y el niño debe levantarse y hacerse la cama y cambiarse. Se supone que así va notando cada día a qué hora le entran ganas de hacer pis (como en la anticipación), y el hecho de tener que trabajar a media noche (cambio de cama, etcétera) hará que se levante cuando note esa sensación.

Este método no sirve con niños muy pequeños, y los mayores acaban pasando de todo. En cualquier caso, la mejor prueba de que un método funciona suele ser la propia motivación e implicación del niño.

Otros métodos, como la restricción de líquidos por la noche o evitar ciertos alimentos, son de dudosa eficacia.

## RESUMEN

- Lo mejor sería no ponerle pañales al niño, pero, ya que los lleva, habrá que quitárselos.
- Hay que elegir el momento más adecuado. Alrededor de los 2 o 3 años suele ser una buena edad, aunque cada niño tiene un tiempo diferente.
- En principio, un pañal se quita y ya está. A partir de ese momento debemos estar provistos de una buena lavadora y una fregona para los escapes que se vayan produciendo en el proceso. Cada niño tiene su tiempo.
- Unos días antes de quitar el pañal se debería preparar con el niño el momento. Se puede utilizar un cuento con dibujos o fotos (tipo cómic, incluso), en el que se le explique qué vamos a hacer con él y qué se espera de él.
- Yo soy partidaria de quitar el pañal tanto de día como de noche.
- No es necesario, ni siquiera beneficioso para el niño, acostumbrarlo al orinalito a unas horas determinadas, sino cuando él lo pida.
- Si algo va mal, hay que volver a poner el pañal y esperar unos cuatro meses más y volver a intentarlo.

- La Academia Americana de Psiquiatría considera normal hacerse pipí hasta los 5 años y caca hasta los 4. No corra.

- Los principales métodos para que un niño mayorcito deje el pañal sólo funcionan si el niño está motivado para ello.

# Capítulo XI

# EL SEXO Y LOS NIÑOS

*Estaba el niño una mañana en el sofá viendo la tele y tocándose sus partes. Su madre lo vio y le dijo: «¡¡¡Valen!!! ¿Qué haces?». Y él respondió: «¡Disfrutando!».*

P. MOTOS[1]

No vamos a hablar del sexo en pareja cuando hay niños por casa. Para eso pueden ver las indicaciones que dimos en el capítulo IV.

Se trata del sexo de los niños entre ellos y con ellos. ¿Existe? ¿Se debe tolerar?

## EVOLUCIÓN

Hay autores que opinan que cuando el niño nace su placer se centra en la boca. Bueno, sin querer llevarle la contraria a nadie, yo diría que, más que el placer, en la boca se centra todo. La boca es el órgano más desarrollado sensitivamente y el que permite la supervivencia del niño. También permite su conocimiento del mundo; de todos es sabido que los niños pequeños *cogen* con las manos pero *tocan* con la boca.

A partir de los 7 meses el niño tiene capacidad autónoma en sus manos (sabe moverlas con intención, cosa que a

---

[1] P. Motos (coord.), *op. cit.*, p. 16.

los 2 meses no podía) y, a veces, como le dejan sin pañal (en el momento del baño, etcétera), explora su cuerpo. Muchos niños cercanos al año se «estiran» el pene hasta límites insospechados y muchas niñas buscan como si les hubieran escondido algo. No hay nada sexual en esos actos: son comportamientos exploratorios y no deberían censurarse. Estíbaliz Vegas[2] explica por qué:

> Eso les puede hacer daño. Veo al trabajar con adultos cómo en ellos han calado esas frases y qué limitación supone luego en su vida de adultos. Vemos cómo la masturbación está mucho peor vista en las niñas y luego ves en consulta muchas mujeres que no se han atrevido a mirarse o tocarse nunca, y son las que tienen más dificultades para luego tener placer en las relaciones sexuales. Y seguro que no es casualidad. Pero muy a menudo, cuando la niña o el niño se tocan sus genitales, reaccionamos con desaprobación, y ellos pueden empezar a considerarlo como algo sucio o malo. Incluso para su salud, no es nada bueno renunciar a esas necesidades.

Alrededor de los 2 años, coincidiendo con el adiós al pañal, el niño tiene acceso libre a sus genitales, pero también a sus excrementos y, por eso, a veces, acaba jugando con las dos cosas.

Hay una anécdota sobre este tema que cuenta que los niños no tienen la culpa de que pase eso, sino que la culpa es del Creador: ¡a quién se le ocurre poner un área recreativa al lado de un desagüe tóxico!

---

[2] Psicóloga y sexóloga. Los fragmentos están sacados de una entrevista publicada en la página web de *Criar y amar*, *www.criaryamar.com*

Al finalizar este periodo y empezar los 3 años comienzan las conductas más sexuales en los niños:

> A partir de los 3 años, más o menos, esa zona más cargada energéticamente pasa de ser la boca a ser los genitales. Hasta entonces no les era diferente tocarse los genitales que la pierna o la oreja. Aparece la curiosidad sexual y la fase de exhibición sexual natural. Les encanta bajarse la ropa interior y enseñar todo, y es importante cuál es la actitud del adulto, porque el niño o niña se está reafirmando corporal y sexualmente en algo que necesita hacer. Es también a partir de entonces cuando empiezan a hacernos muchas preguntas, cuando van detrás de los padres para ver cómo mean, es cuando empiezan a observar las diferencias genitales, es como si nunca se hubiesen fijado en ello hasta entonces. Para ellos adquiere mucha importancia.[3]

Si se fijan estas conductas continúan teniendo un fuerte componente de investigación, de saber, pero pueden manifestar su parte de placer. Si sorprendemos a nuestros hijos en esos momentos a la edad de 3 años, mejor no censuremos ese comportamiento; no hay nada que censurar, puesto que el sexo no es malo.

Una cosa diferente es cuando lo hacen en momentos en que hay gente, en público o en lugares no «correctos». En esas ocasiones sí debemos explicarles en qué circunstancias pueden hacerlo y por qué.

Las preguntas de los niños deben ser respondidas con celeridad y franqueza. Si dilatamos la respuesta, les damos a entender que estamos reticentes y dudosos, ¡y ya no digo si nos pillan en una mentira! Lo que pasa es que a veces a los

---

[3] *Ibídem.*

padres no se lo explicaron bien y ahora no saben explicarlo bien a sus hijos. Aunque a veces decimos la verdad y ellos piensan que no:

> Un día, la madre de Luca, de 3 años, vio que estaba tocándose la «colita» con mucho afán y le preguntó: «Luca, ¿qué haces?». Y Luca le dijo: «Estoy buscándome el hueso». «Pero hijo, si en la colita no hay hueso», le comentó su madre. Y Luca contestó: «¡Que sí, mamá! ¡A veces sí!».[4]

Existe un comportamiento que se suele dar mucho en los niños mayores de 5 años, con más incidencia entre los 6 y los 8, y que muchas madres describen como una obsesión por ver o acariciar las tetas de su mamá. Incluso a veces esta conducta se superpone a un tipo de regresión del menor que no sólo quiere ver las tetas de su madre, sino que le pide volver a tomar pecho, volver a dormir con ella —si ya no lo hacía— o sentarse en su regazo como cuando era un niño.

La mayoría de los adultos suelen interpretar estas conductas de forma muy negativa, ya que las ven como una vuelta a la niñez o como un falso estímulo erótico. Nada más lejos de la realidad. Son conductas que indican que nuestro hijo se está haciendo mayor.

¿Han visto ustedes alguna vez una despedida de soltero? Se trata de una persona que va a dar un salto muy importante en su vida (el matrimonio) y antes de eso quiere asegurarse de que no le queda nada pendiente por hacer o de lo que pueda arrepentirse. Por eso sale con sus amigos de juerga y se supone que intenta hacer en una noche aquello que nunca más podrá volver a hacer con facilidad: ligar, beber con sus conocidos...

---

4 P. Motos (coord.), *op. cit.*, p. 9.

Pues bien, estas conductas de nuestros hijos son su despedida de solteros, su despedida de la niñez. Quieren asegurarse de que está bien hacerse mayores y para ello intentan repetir lo que hacían cuando eran pequeños, en un intento de demostrarse que no les queda nada pendiente y de que no vale la pena seguir siéndolo. Sólo así pueden crecer.

No debe preocuparse por este tipo de conductas y, cuanto menos las censure, antes van a pasar. Es verdad que hay niños que suelen presentar estos comportamientos bastante tiempo y otros, que lo hacen en dos tiempos: alrededor de los 6 años y, algo más tarde, hacia los 8-9. En cualquier caso, no piense mal de su hijo y, si algo le preocupa, hábleló abiertamente con él.

RESUMEN

- Cuando un niño nace todo lo que le provoca placer está en su boca.
- Con el tiempo, y con el uso consciente de sus manos, empieza a manipular sus genitales (si el pañal les deja). Estas manipulaciones tienen más carácter exploratorio que sexual.
- A partir de los 2-3 años, mientras se exploran pueden experimentar algún tipo de placer, pero no hay que censurarlo. Tan sólo en el caso de que su frecuencia sea muy alarmante, o que los momentos y lugares resulten poco apropiados, podemos pedir la ayuda de un profesional.

➡

- Cuando nos haga preguntas hay que responderlas siempre con la mayor celeridad y veracidad posible, adaptando, eso sí, el lenguaje al nivel del niño.

- En algún momento entre los 5 y los 8 años es posible que un hijo/a muestre un interés desmesurado por los pechos de su madre o que actúe como si fuera «más pequeño». No censure esta actitud; es la prueba de que su hijo se está haciendo mayor, que quiere asegurarse de que todo lo que él considera propio de un niño pequeño lo ha hecho y que no se deja nada importante por hacer.

# Capítulo XII
# EL LLANTO

*Nadie pide lo que no necesita.*
L. GUTMAN

## LA DECLARACIÓN SOBRE EL LLANTO DEL BEBÉ

Hace unos años, un grupo de expertos (psicólogos, pediatras, matronas, profesores, etcétera), alarmados ante la falta de sensibilidad al llanto infantil que provocaba tanto sufrimiento a los niños y deterioraba la capacidad de comunicación del bebé, redactaron y firmaron la declaración del llanto de los bebés. Esta declaración, que ha sido distribuida desde numerosos centros sanitarios y educativos, explica de una forma clara por qué no debe dejarse llorar al bebé. El texto íntegro dice así:

> Hombres y mujeres, científicas y profesionales que trabajamos en distintos campos de la vida y del conocimiento, madres y padres preocupados por el mundo en el que nuestros hijos e hijas van a crecer, hemos creído necesario hacer la siguiente declaración:
>
> Es cierto que es frecuente que los bebés de nuestra sociedad occidental lloren, pero no es cierto que *sea normal*. Los bebés lloran siempre por algo que les produce malestar: sueño, miedo, hambre o, lo más frecuente y que suele ser causa de

los anteriores, la falta de contacto físico con su madre u otras personas del entorno afectivo.

El llanto es el *único* mecanismo que los bebés tienen para hacernos llegar su sensación de malestar, sea cual sea la razón del mismo; en sus expectativas, en su *continuum filogenético* no está previsto que ese llanto no sea atendido, pues no tienen otro medio de avisar sobre el malestar que sienten ni pueden por sí mismos tomar las medidas para solventarlo.

El cuerpo del bebé recién nacido está diseñado para tener en el regazo materno todo cuanto necesita, para sobrevivir y para sentirse bien: alimento, calor, apego. Por esta razón, no tiene noción de la espera, ya que, estando en el lugar que le corresponde, tiene a su alcance todo cuanto necesita. El bebé criado en el cuerpo a cuerpo con la madre desconoce la sensación de necesidad, de hambre, de frío, de soledad, y no llora nunca. Como dice la norteamericana Jean Liedloff en su obra *El concepto del continuum*, el lugar del bebé no es la cuna ni la sillita ni el cochecito, sino el regazo humano. Esto es cierto durante el primer año de vida y los dos primeros meses de forma casi exclusiva (de ahí la antigua famosa *cuarentena* de las recién paridas). Más tarde, los regazos de otros cuerpos del entorno pueden ser sustitutivos durante algún rato. El propio desarrollo del bebé indica el fin del periodo simbiótico: cuando se termina la osificación y el bebé empieza a andar. Entonces, empieza poco a poco a hacerse autónomo y a deshacerse el estado simbiótico.

*La verdad es obvia, sencilla y evidente.*

El bebé lactante toma la leche idónea para su sistema digestivo y además puede regular su composición con la duración de las tetadas, con lo cual el bebé criado en el regazo de la madre no suele tener problemas digestivos.

Cuando la criatura llora y no se le atiende, llora con más y más desesperación porque está sufriendo. Hay psicólogos que aseguran que cuando se deja sin atender el llanto de un bebé más de tres minutos, algo profundo se quiebra en la integridad de la criatura, así como la confianza en su entorno.

Los padres, que hemos sido educados en la creencia de que *es normal que los niños lloren* y de que *hay que dejarles llorar para que se acostumbren* y que, por ello, estamos especialmente insensibilizados para que su llanto no nos afecte, a veces no somos capaces de tolerarlo. Como es natural, si estamos un poco cerca de ellos, sentimos su sufrimiento y lo sentimos como algo propio. Se nos revuelven las entrañas y no podemos consentir su dolor. No estamos del todo deshumanizados. Por eso, los métodos conductistas proponen ir poco a poco, para cada día aguantar un poquito más ese sufrimiento mutuo. Esto tiene un nombre común, que es la *administración de la tortura*, pues es una verdadera tortura la que infligimos a los bebés, y a nosotros mismos, por mucho que se disfrace de norma pedagógica o pediátrica.

Varios científicos estadounidenses y canadienses (biólogos, neurólogos, psiquiatras, etcétera), en la década de los noventa, realizaron diferentes investigaciones de gran importancia en relación con la etapa *primal* (inicial) de la vida humana. Demostraron que el roce piel con piel, cuerpo a cuerpo, del bebé con su madre y demás allegados produce unos moduladores químicos necesarios para la formación de las neuronas y del sistema inmunológico. En definitiva, que la carencia de afecto corporal trastorna el desarrollo normal de las criaturas humanas. Por eso los bebés, cuando se les deja dormir solos en sus cunas, lloran reclamando lo que su naturaleza sabe que les pertenece.

En Occidente se han creado en los últimos cincuenta años una cultura y unos hábitos, impulsados por las multinacionales del sector, que elimina este cuerpo a cuerpo de la madre con la criatura y deshumaniza la crianza. Al sustituir la piel por el plástico y la leche humana por la leche artificial, se separa más y más a la criatura de su madre. Incluso se han fabricado intercomunicadores para escuchar al bebé desde habitaciones alejadas de la suya. El desarrollo industrial y tecnológico no se ha puesto al servicio de las pequeñas criaturas humanas, llegando la robotización de las funciones maternas a extremos insospechados.

Simultáneamente a esta cultura de la crianza de los bebés, la maternidad de las mujeres se medicaliza cada vez más; lo que tendría que ser una etapa gozosa de nuestra vida sexual se convierte en una penosa enfermedad. Entregadas a los protocolos médicos, las mujeres adormecemos la sensibilidad y el contacto con nuestros cuerpos, y nos perdemos una parte de nuestra sexualidad: el placer de la gestación, del parto y de la exterogestación, lactancia incluida. Paralelamente las mujeres hemos accedido a un mundo laboral y profesional masculino, hecho por los hombres y para los hombres, y que, por tanto, excluye la maternidad; por eso la maternidad en la sociedad industrializada ha quedado encerrada en el ámbito privado y doméstico. Sin embargo, durante milenios la mujer ha realizado sus tareas y sus actividades con sus criaturas colgadas de sus cuerpos, como todavía sucede en las sociedades no occidentalizadas. La imagen de la mujer con su criatura tiene que volver a los escenarios públicos, laborales y profesionales, so pena de destruir el futuro del desarrollo humano.

A corto plazo parece que el modelo de crianza robotizado no es dañino, que no pasa nada, que las criaturas sobreviven; pero científicos como Michel Odent (1999 y *www. primal-health.org)*, apoyándose en diversos estudios epidemiológicos, han demostrado una relación directa entre diferentes aspectos de esta robotización y las enfermedades que sobrevienen en la edad adulta. Por otro lado, la violencia creciente en todos los ámbitos tanto públicos como privados, como han demostrado los estudios de la psicóloga suizo-alemana Alice Miller (1980) y del neurofisiólogo estadounidense James W. Prescott (1975), por citar sólo dos nombres, también procede del maltrato y de la falta de placer corporal en la primera etapa de la vida humana. Asimismo hay estudios que demuestran la correlación entre la adicción a las drogas y los trastornos mentales, con agresiones y abandonos sufridos en la etapa primal. Por eso, los bebés lloran cuando les falta lo que se les quita; ellos saben lo que necesitan, lo que les correspondería en ese momento de sus vidas.

Deberíamos sentir un profundo respeto y reconocimiento hacia el llanto de los bebés, y pensar humildemente que no lloran porque sí, o mucho menos, porque son malos. Ellas y ellos nos enseñan lo que estamos haciendo mal.

También deberíamos reconocer lo que sentimos en nuestras entrañas cuando un bebé llora; porque pueden confundir la mente, pero es más difícil confundir la percepción visceral. El sitio del bebé es nuestro regazo; en esta cuestión, el bebé y nuestras entrañas están de acuerdo, y ambos tienen sus razones.

No es cierto que el colecho (la práctica de que los bebés duerman con sus padres) sea un factor de riesgo para el fenómeno conocido como *muerte súbita.* Según The Foundation for the Study of Infant Deaths, la mayoría de los fallecimientos por muerte súbita se producen en la cuna. Estadísticamente, por lo tanto, es más seguro para el bebé dormir en la cama con sus padres que dormir solo (Ángel Álvarez, *www.primal.es).*

Por todo lo que hemos expuesto, queremos expresar nuestra gran preocupación ante la difusión del método propuesto por el neurólogo E. Estivill en su libro *Duérmete niño* (basado a su vez en el método Ferber divulgado en Estados Unidos) para fomentar y ejercitar la tolerancia de los padres al llanto de sus bebés. Se trata de un conductismo especialmente radical y nocivo teniendo en cuenta que el bebé está aún en una etapa de formación. No es un método para tratar los trastornos del sueño, como a veces se presenta, sino para someter la vida humana en su más temprana edad. Las gravísimas consecuencias de este método han empezado ya a ponerse de manifiesto.

Necesitamos una cultura y una ciencia para una crianza acorde con nuestra naturaleza humana, porque no somos robots, sino seres humanos que sentimos y nos estremecemos cuando nos falta el cuerpo a cuerpo con nuestros mayores. Para contribuir a ello, para que tu hijo o tu hija deje de sufrir YA, y si te sientes mal cuando escuchas llorar a tu bebé, hazte caso; cógele en brazos para sentirle y sentir lo que está pidiendo. Posiblemente sólo sea eso lo que quiere y necesita, el contacto con tu cuerpo. No se lo niegues.

Como afirma Michel Odent, «cuando un recién nacido aprende en una sala de nido que es inútil gritar... está sufriendo su primera experiencia de sumisión».

Aquí termina el texto íntegro de la declaración sobre el llanto del bebé. Creo que vale la pena mostrar este documento porque es un reconocimiento a la labor de las personas que lo redactaron y porque cuando una cosa está bien hecha es muy difícil hacerla mejor.

## EL CÓLICO DEL LACTANTE

### *¿Qué es el cólico del lactante?*

Muchas son las definiciones, pero en general se trata de un llanto incontrolable que sucede los tres primeros meses de vida del bebé y que suele darse al anochecer o en la primera parte de la noche.

Tras la lectura del texto anterior, se dará cuenta de que mucho de lo que atribuimos al cólico del lactante no es ningún cólico, sino un bebé que no tiene sus necesidades satisfechas. Así que ése es el primer punto que debería revisar. Repase un momento, en la primera parte de este libro, las necesidades del bebé durante el primer trimestre.

No obstante, hay bebés que, pese a tener sus necesidades satisfechas, también tienen espasmos del llanto. El hombre, por el hecho de andar de pie y tener el perímetro craneal que tiene, se supone que nace «antes» de lo que en realidad estaríamos preparados. Se impone, pues, una exterogestación, como los canguros. Y por eso los bebés están tan a gusto en un medio o circunstancia que le recuerde el útero materno. ¿Han visto alguna vez una unidad de prematuros? Los pequeños que allí se encuentran, precisamente por ser tan pequeños, se estresan con mucha facilidad, puesto que no están preparados para todos los ruidos y luces que sufren. Y aunque en muchos hospitales ya se miman estos aspectos, el bebé aún se estresa. Lo mismo les sucede a nuestros bebés nacidos «a término», pero que aún necesitan esa exterogestación. Aunque mimemos todos los aspectos hay variables que no controlamos y el bebé se va estresando cada vez más durante el día. Al llegar la noche ya no pueden más y estallan de dolor.

¿Dolor? ¿No hemos quedado que era estrés? El estrés da como resultado alteraciones del aparato digestivo (¡cuántos de nosotros, por estrés, tenemos acidez de estómago, úlcera, gases, flato, colon irritable!). Y eso es lo que les pasa a nuestros bebés, se estresan y lloran; cuanto más lloran más incrementan su estrés, lo que provoca dolor gástrico. A más dolor, más llanto, y a más llanto, más estrés y más dolor tienen y más lloran. Y así empieza un círculo vicioso difícil de solucionar, puesto que si no calmamos el dolor no cesa el llanto, pero si no cesa el llanto no cesará el dolor.

El cólico no es más que un lactante estresado que, como consecuencia, tiene dolor. Por lo tanto, el cólico no es la *causa* de que el niño llore, sino la *consecuencia* de que lo haga. Se da entonces una visión reduccionista de las cosas: vemos el cólico como la causa del llanto y buscamos remedios para los síntomas.

Los más frecuentes para el dolor suelen ser calmantes tipo paracetamol o los que reducen los gases, tipo simeticona. Para el llanto, mecer, dar el pecho, dar una succión no nutritiva (chupete), cantar, pasear…

Normalmente funcionan y el bebé acaba en calma.

Pero si en lugar de una visión reduccionista ampliamos nuestras miras y vemos cuál es la causa del problema, seguramente nos evitaremos muchas noches de llanto. Por ello, hemos de criar de una forma en la que el bebé no se estrese, siendo alimentado a demanda, atendido prontamente y calmado a la primera señal de molestia evitará muchos cólicos.

Los bebés no controlan su estrés[5] y el llanto no les descarga del mismo, como a los niños más mayores o a los adultos. A los bebés es mejor frenarlos, porque se sobrepasan con facilidad y no pueden rebajar por sí solos el estrés, dependiendo del nivel al que lleguen.

## PARA SABER MÁS

GONZÁLEZ, C., *Bésame mucho,* Temas de Hoy, Madrid, 2003.

LIEDLOFF, J., *El concepto del continuum. En busca del bienestar perdido,* Ob Stare, Tegueste, 2003.

[1] Véase nota 6 del capítulo V.

ODENT, M., *El bebé es un mamífero,* Mandala Ediciones, Madrid, 1990.

SMALL, M. F., *Nuestros hijos y nosotros,* Vergara-Vitae, Buenos Aires, 1999.

## RESUMEN

- Nadie pide lo que no necesita. Si su hijo llora, atiéndale siempre.
- En la declaración del llanto, muchos profesionales manifiestan su malestar ante la idea de dejar llorar al bebé y muestran lo perjudicial de tales actos.
- El llanto, además de ser el modo en que el bebé manifiesta su malestar, es su única forma de comunicarse. Si la acallamos, ¿cómo nos dirá las cosas?
- El cólico se trata de un llanto incontrolable que sucede los tres primeros meses de vida del bebé y que suele darse al anochecer o en la primera parte de la noche.
- Nadie pide lo que no necesita. Si su hijo llora, atiéndale siempre.
- En la declaración del llanto, muchos profesionales manifiestan su malestar ante la idea de dejar llorar al bebé y muestran lo perjudicial de tales actos.

- El llanto, además de ser el modo en que el bebé manifiesta su malestar, es su única forma de comunicarse. Si la acallamos, ¿cómo nos dirá las cosas?

- El cólico se trata de un llanto incontrolable que sucede los tres primeros meses de vida del bebé y que suele darse al anochecer o en la primera parte de la noche.

- Se debe a una falta de las necesidades básicas del bebé o por un exceso de estrés.

- El estrés provoca alteraciones gastrointestinales, como en los adultos, y eso hace que el niño manifieste ese malestar.

- Mediante las visiones reduccionistas, basadas en apagar los síntomas, no evitaremos que el bebé tenga más episodios. Así que lo mejor es criar de una forma en la que el bebé no se estrese, siendo alimentado a demanda, atendido prontamente y calmado a la primera señal de molestia.

- Si su bebé, a pesar de todo, tiene cólico, puede probar con las soluciones más frecuentes, como son: calmantes para el dolor, como paracetamol, o los que reducen los gases, tipo simeticona. Para el llanto, mecer, dar el pecho, ofrecer una succión no nutritiva (chupete), cantar, pasear…

# Capítulo XIII
# LAS RABIETAS Y LOS PROBLEMAS DE COMPORTAMIENTO

*Quiéreme cuando menos me lo merezca,*
*porque será cuando más lo necesite.*
DR. JEKYLL[1]

## ¿QUÉ ES UNA RABIETA?

Cuando nacemos, el principal plan que tiene la naturaleza con nosotros es que podamos sobrevivir. Para ello nos «apega» con las personas que nos cuidan, ya que está comprobado que, teniendo a un cuidador cerca vivimos más (recordad que somos una especie bastante incompleta cuando nacemos).

Por eso es tan importante que los bebés nos reclamen cuando no estamos cerca y que nosotros intentemos satisfacer sus necesidades más importantes (alimento, sueño, higiene, contacto...); sólo así se crea un apego seguro entre el niño y sus padres. El niño se da cuenta de que tiene personas que le quieren y que le van a cuidar pase lo que pase, y por eso será un niño feliz.

Es importante durante los primeros años de la vida de un niño dejarle bien clarito que «siempre» estaremos con él, que «siempre» le querremos y le cuidaremos, aunque a veces no nos guste «exactamente» lo que hace. Eso es la base de

[1] Extraído de la película *Dr. Jekyll and Mr. Hyde,* 1931.

una personalidad segura, independiente y con una autoestima capaz de soportar altibajos y adversidades.

Alrededor de los 2 años dc edad (si bien puede variar según el niño), la supervivencia del niño está ya más garantizada (se desplaza solo, puede comer casi de todo y con sus propias manos, es autónomo en sus actos más vitales...) y la naturaleza, ¡qué sabia es!, tiene otro plan para nosotros: si al principio era «apegarnos» para sobrevivir, ahora nos prepara para la independencia. Pensad que sin independencia no crearíamos una familia propia, y eso es básico para el plan reproductor de la naturaleza. La independencia y autonomía supone un largo camino que se va adquiriendo con la edad y a estas edades empezamos de una forma muy rudimentaria.

¿Cómo hace el niño para manifestar su independencia? Pues, dada su edad, es una estrategia muy simple: consiste solamente en negar al otro. Su palabra más utilizada es «no», y resulta fácil de entender, porque negando al otro empieza a expresar lo que él «no es», puesto que aún no sabe realmente lo que «es».

Intento explicarme mejor. ¿Cómo sé yo (niño) que soy otro y puedo hacer cosas diferentes a mis padres? ¡Pues llevándoles la contraria! Puede que aún no tenga claro lo que voy a ser, pero así sé lo que no soy: yo no soy mis padres; por lo tanto, ¡soy otro!

El único problema es que esto implica un conflicto emocional importante para los niños porque, como los padres no entienden lo que pasa y normalmente se enfadan con ellos, notan que se están enfrentando a los seres que más quieren y ello les provoca una ambivalencia de sentimientos. Eso, nada más y nada menos, son las famosas rabietas: una lucha interior entre lo que debo hacer por naturaleza y la incomprensión de mis padres hacia tales actos, que me provoca unos sentimientos ambivalentes («Quiero a mis padres pero ahora los odio»).

En ese momento se dan dos deseos enfrentados y contradictorios: el deseo del niño y el de los padres. Y el niño no entiende por qué («¿Por qué hoy no me dan galletas si ayer me las dieron?»).

Esa ofuscación entre querer una cosa, no entender lo que pasa y el rechazo paterno es la fuente de la mayoría de las rabietas.

Por eso, lo mejor es dejarle claro que haga lo que haga siempre le querremos y le comprenderemos, aunque a veces no estemos de acuerdo.

Muchos padres viven esta etapa con mucha ansiedad porque piensan que es una forma que tienen sus hijos de rebeldía, de desobediencia o de tomarles el pelo. Nada más lejos de la realidad. En estas conductas del niño no hay ningún sentido de «ponernos a prueba» ni ningún juego de poder en medio (bueno, a veces los padres sí que se lo toman como tal, pero el niño nunca pretende «desafiar» al adulto, sino sólo hacer cosas diferentes a sus padres).

Si el niño lleva la contraria a sus padres es para comunicarles algo muy importante: «¿Lo ves?, me hago mayor. ¡Yo no soy tú! Puedo querer, desear y hacer cosas que tú no quieres».

## ¿CUÁNDO SE DAN LAS RABIETAS?

Las rabietas aparecen normalmente hacia los 2 años y suelen cesar antes de los 5. De hecho, en la mayoría de los libros de psicología hay un capítulo a estas edades que se titula: «La edad del no», «Los terribles 2 años»,[2] «La edad de las rabietas»…

[2] Los anglosajones lo bautizan como la edad del T. T. (*Terrible Two*), cuya traducción sería «los terribles dos».

Es algo por lo que deben pasar todos los niños en mayor o menor grado. Es bueno que así sea, aunque no deberían darse las alteraciones tan llamativas como las que conocemos. Si usted es respetuoso con su hijo, aunque pase por la época de las rabietas, ésta será siempre más suave que si usted no lo es.

¿Por qué se dan en esta época? Recuerden que a partir de los 2 años se produce el final de la mielinización de la corteza cerebral y, por lo tanto, los niños empiezan a pensar, a desarrollar su capacidad de razonar, de hablar... y las ponen en marcha. Pero, ¡claro!, están en un estado muy primerizo y razonan lo que pueden, piensan lo que pueden y hablan como pueden. No lo hacen bien, pero quieren empezar a tener «su propia vida» con sus ideas y deseos.

## ¿QUÉ HACEMOS ANTE UNA RABIETA?

Podemos resumir en seis puntos la mejor manera de superar las rabietas:

1. *Comprendiendo que el niño no pretende tomarnos el pelo.* Esta simple convicción hará que seamos más flexibles con ellos, y por lo tanto, se evitan muchos conflictos. Solamente pretende mostrarnos su identidad diferenciada.

2. *Dejando que pueda hacer aquello que quiere.* «¿Y si es peligroso o nocivo?», me preguntaréis. Evidentemente, lo primero es salvaguardar la vida humana, pero los niños raramente piden cosas nocivas. ¿Saben lo más peligroso que me pidieron mis hijos cuando

eran pequeños? ¡Ir sin atar en la sillita del coche! Evidentemente les dije que no, y no arrancamos hasta que estuvieron convencidos, pero no me han pedido nunca nada tan peligroso. Bueno, una vez mi hijo mayor cogió una pequeña rabieta porque quería un cuchillo jamonero, pero la culpa fue más mía por dejar a su vista (y alcance) un cuchillo de tales dimensiones, que de él por pedirlo, ¿no?
El hecho de que deseen llevar una ropa diferente a la que nosotros queremos puede que atente contra el buen gusto, pero raramente atentará contra la vida humana. Lo mismo pasa con alguna golosina o con otras cosas. Si usted es un padre que vigila que el entorno de su hijo sea seguro, es difícil que pueda pedir o tocar algo nocivo para él. El hecho de que el niño pueda experimentar el resultado de sus acciones sin notar el rechazo paterno hará que no se sienta mal ni ambivalente (y, de paso, evitamos la rabieta).

3. *Evitando tentaciones.* Los comerciantes saben perfectamente que los niños piden cosas que les gustan, por eso en los grandes supermercados suelen poner chucherías en las líneas de caja. ¿Acaso pensaba que el suyo es el único niño que montaba en cólera por una chuchería? Si su hijo es de los que pide juguetes cuando los ve expuestos o chucherías si las tiene delante, ¿a qué espera? Intente evitar esos momentos, no se lo lleve de compras a una juguetería o busque una caja para pagar que no tenga expositor de juguetes ni dulces. O pacte con él una solución («Cariño, vamos al super. Mamá no puede estar comprando cada día chuches porque no son buenas para tu barriguita, así

que sólo elegiremos una cosita»). Si los mayores nos rendimos muchas veces a una tentación (el que esté libre de pecado que tire la primera piedra), ¿por qué pensamos que un niño puede contenerse más que nosotros?

4. *Hablando con él y siguiendo los tres pasos siguientes.* Podemos expresar nuestra disconformidad, pero no atacamos la personalidad del niño o valoramos negativamente su conducta. Es decir, mi hijo no es más bueno o malo porque haya hecho una cosa bien o no; mi hijo siempre es bueno, aunque a veces yo no le entienda o no me guste lo que ha hecho. Por lo tanto, los tres pasos son:

- *Comprensión.* La primera palabra que debería salir de la boca de unos padres es de comprensión hacia su hijo.
- *Educación.* Lo segundo es educarle, pues ésa es una tarea que nos compete, y por tanto le explicaremos qué se espera de él o lo que debe hacer.
- *Elección.* Queremos adultos que sepan elegir, que sepan tomar sus propias decisiones, y nunca enseñamos a los pequeños a hacerlo. Los niños aprenden a tomar buenas decisiones si toman decisiones. Nunca lo harán si siguen órdenes.

En este sentido, observen este diálogo:

Mamá: —Cariño ha venido tía Marta. Ve a darle un beso.

Niño: —No quiero.

Mamá: —¿Cómo que no quieres? Eso está mal. ¡Eres un niño malo! Tía Marta te quiere mucho y tú no la quieres. Mamá no te querrá tampoco.

A partir de aquí puede haber dos reacciones: el niño monta una pataleta del tipo «¡Eres tonta y tía Marta también!», y ya la tenemos liada; o bien, ante la idea de perder el amor de su madre, va y le da un beso a tía Marta, a lo que su madre responde: «¡Qué bien! Así me gusta. ¡Qué bueno eres!», con lo que el niño aprende que es bueno cuando no se porta como él siente y que sólo obra bien cuando hace lo único que quiere su madre. Es decir, se nos quiere cuando disfrazamos nuestros sentimientos.
Ninguna de las dos soluciones es correcta porque en ningún momento hemos evitado atacar la personalidad del niño (eres malo) y hemos valorado su conducta (esto está mal o esto está bien). Si en lugar de ello hubiéramos entendido sus emociones, a pesar de mostrar nuestra disconformidad, el resultado, aplicando los tres pasos, podría haber sido:

Mamá: —Cariño, ha venido tía Marta. Ve a darle un beso.

Niño: —No quiero.

Mamá: —Vaya, parece que no te apetece dar un beso a la tía Marta. (Paso nº 1, comprensión: reconocemos sus sentimientos).

Niño: —Sí.

Mamá: —Cuando las personas van de visita a casa de otra se les da la bienvenida, aunque en ese momento no se tengan muchas ganas, ¿lo sabías? (Paso nº 2, educación: le explicamos qué es lo que se espera de él o lo que sucede).

Niño: —No. (Y si dice que sí, es lo mismo).

Mamá: —¿Qué podemos hacer para que tía Marta se sienta bien sin tu beso? (A lo mejor tía Marta es una barbuda de mucho cuidado y a su hijo no le apetece darle un beso, pero eso no implica que quiera que se sienta ofendida). (Paso nº 3, le dejamos elegir una opción. También podemos darle dos nosotros y que él elija). ¿Cómo lo solucionamos? ¿Vamos, pues, a darle un beso de bienvenida a tía Marta o le tiras uno desde la puerta mientras le dices «Hola»?

Niño: —Le diré «Hola» y le tiro un beso.

Mamá: —Me parece que has encontrado una solución que nos va a gustar a todos. ¡Vamos!

Normalmente a estas alturas el niño, que ha visto que le han entendido y que no le han valorado negativamente, suele contestar que sí. En el hipotético caso de que siga con su negativa, podemos mostrar nuestra disconformidad:

Mamá: —El hecho de que no se lo des me disgusta, porque en esta casa intentamos que la gente se sienta bien. (Paso 2, le educamos en lo que se tiene que hacer. Y paso 3, le replanteamos las soluciones, las mismas o cambiándolas).

Como las rabietas se dan hacia los 2 años, el niño ya entiende lo que se le dice. De todas formas, adapte su lenguaje al nivel del niño.

5. *Permaneciendo a su lado cuando ha estallado emocionalmente.* Hay veces en que por haber llegado tarde, porque no hemos sabido entender al niño o

porque ha alcanzado un grado de estrés muy grande, éste estalla en llanto incontrolado. A veces incluso puede patalear o rechazar el contacto. En esos momentos permanecemos a su lado, como haríamos con cualquier persona de nuestra familia que sufriera. Siempre que podamos hemos de abrazar al niño; los abrazos, además de hacernos sentir bien, se emplean para aliviar el dolor, la depresión y la ansiedad. Cuando a veces no encontramos las palabras para expresar lo que sentimos, el abrazo es la mejor manera. Si el niño rechaza nuestro contacto, respetamos esa opción (aunque podemos seguir insistiendo cada poco con el abrazo) y le dejamos que se descargue emocionalmente. Mientras lo hace, vamos repitiendo frases del tipo: «Cariño, no nos entendemos así y no te puedo ayudar» o «Seguro que cuando podamos hablar arreglaremos lo que sucede». No espere que su hijo le entienda, ya que en momentos de ofuscación la capacidad de comprensión queda reducida, pero le vamos repitiendo ese mensaje para que cuando mejore su comprensión sepa que queremos ayudarle.

6. *Teniendo paciencia, ya que las rabietas se pasan con la edad.* Llega un día en que el niño adquiere un lenguaje que le permite explicarse mejor que a través del llanto y las pataletas. También llega un día en que sabe lo que «es» y «quiere», y lo pide sin llevar la contraria a nadie. Hay un momento en que, si no hemos impedido sus manifestaciones autónomas y de autoafirmación, tenemos un hijo autónomo, que sabe pedir adecuadamente lo que quiere porque ha

aprendido que nunca le hace falta pedirlo mal si su petición es razonable.

¿Cómo podemos hacer que llegue antes este momento en que finalizan las rabietas? Por una parte, hemos de procurar que en la etapa anterior (la del apego, que explicábamos al principio) el niño esté correctamente apegado. Un niño inseguro tardará más en pasar esta etapa de independencia. Así que, si quiere que su hijo sea autónomo, mímele todo lo que pueda cuando sea pequeño. Para adquirir la independencia se necesita seguridad y ésta se adquiere con un buen apego.

Una vez que el niño haya llegado a la etapa de las rabietas, hemos de intentar que se solucionen cuanto antes. Nada de esto se dará si coartamos su deseo de separarse de nosotros, ya que lo único que se obtiene «intentando» que no se salga con la suya es un niño sumiso o rebelde (depende del tipo y grado de disciplina o autoridad empleada). Normalmente si les «ignoramos», suelen volverse más sumisos y dependientes, aunque lo que vemos es un niño que se doblega y «parece» que mejora en sus rabietas. Pero la causa que provoca esa rabieta sigue en él y se manifestará de otra forma (ahora o en la adolescencia). Los mecanismos psicológicos de ignorar conductas sólo modifican el exterior de la conducta (aquello que vemos en el niño), pero no se da un cambio en el interior y no solucionará ese conflicto o esa mala actitud. Si ignoramos a un niño cada vez que pega a su hermano, quizás no le pegue, pero no va a hacer que le quiera más.

Sé que es difícil acordarse de todo ante una rabieta infantil. Sé que es difícil razonar cuando estamos a punto de perder la razón. Sé que es difícil y por eso, ante la duda de cómo actuar, intente querer a su hijo al máximo porque él lo estará necesitando, ya que las rabietas también hacen sentirse mal a los niños.

«Quiéreme cuando menos me lo merezca porque será cuando más lo necesite», o lo que es lo mismo: «Intenta ponerte en mi lugar porque yo también lo estoy pasando mal».

## PROBLEMAS DE COMPORTAMIENTO

*Los niños han de tener mucha tolerancia con los adultos.*
A. DE SAINT-EXUPÉRY

### *¿Qué es un problema de comportamiento?*[3]

Es simplemente un niño que no se comporta como nosotros esperamos en ese momento. Y eso es todo, porque el mismo comportamiento puede ser normal para un padre y para otro, no.

En las rabietas explicábamos que se daba una ofuscación en el niño debido a que su deseo entraba en contradicción con el deseo de los padres y, como no entendía por qué sus padres actuaban así, no sabía cómo solucionarlo. En los problemas de comportamiento, lo que entra en contradicción es lo que quiere hacer el niño y lo que queremos que haga, como, por ejemplo, ponerse a correr en medio de un entierro, comer con los dedos o fuera de la mesa, cuando nosotros queremos otra cosa.

---

[3] No se debe confundir con otras patologías más graves que llevan la palabra comportamiento asociada a sus síntomas.

También suele hacerse la diferenciación entre rabieta (cuando hay una ofuscación emocional del niño) y problema de comportamiento (cuando el niño no se comporta como nosotros queremos). A partir de aquí, cuando le llamemos la atención sobre su actitud, puede que la cosa derive en una rabieta, sobre todo cuanto más pequeño sea.

*¿Cómo prevenirlos?*

Antes de empezar debemos mirarnos a nosotros mismos y preguntarnos:

- *¿De verdad es eso tan importante como para que montemos batalla ahora?*
  A veces no importa que el niño se ponga un pantalón verde o azul (a la madre, sí porque le ataca a la vista o al buen gusto, pero nada más).

- *¿Somos demasiado estrictos?*
  Julia me escribió un correo diciendo que cada noche tenía problemas al acostar a su hija porque pedía galletas y ella no se las quería dar. Me preguntó mi parecer y yo le contesté: «¿Tan malas son las galletas que compras que tu hija no puede tomarlas?». No sé qué problema puede haber en que una niña, que no padece obesidad, tome alguna galleta antes de dormir. De hecho, tomar leche con galletas al acostarse es una cosa muy socorrida y muchos padres estarían contentos si sus hijos las tomaran.

- *¿Dejamos que los niños sean niños y hagan cosas de niños?*
  Muchas veces les pedimos a los niños que *estén* en un sitio como niños pero que no *sean* niños, que no se

comporten como tales. Les pedimos que estén pero que no sean.[4] Queremos ir con los niños a un restaurante pero que se comporten como mayores; nos los llevamos de visita a casa de nuestros amigos y queremos que no molesten y que estén todo el rato sin hacer nada y quietos. ¡Son niños! ¡Qué espera! Pues al cabo de un ratito, más pronto si se aburren, van a empezar a buscar cosas con las que divertirse. Y a veces lo divertido para los niños es insoportable para los adultos. Si usted sospecha que se va a encontrar en una situación en que su hijo va a tener que *estar* pero no le va a dejar *ser*, mejor no lo lleve o no vaya. Usted lo pasa mal y él también.

La mamá de Erik[5] me comentaba que en la escuela de su hijo, como gran objetivo del curso, la maestra les había explicado a los padres que pretendía que los niños supieran esperar sin hacer nada hasta que sus compañeros hubieran terminado. Es decir, que estuvieran pero que no se comportaran como niños. Bueno, no sé si lo conseguirá (de momento no mucho, los niños se entretienen enredando, claro). Pero lo que es más terrible... ¡qué tiempo perdido para el que siempre termina primero! Supongo que aprenderá que no vale la pena esforzarse y pasará de hacerlo rápido y bien para mezclarse con la mediocridad.

---

[4] La primera vez que vi estos conceptos fue en un artículo de L. Gutman, terapeuta y autora, entre otros libros, de *La maternidad y el encuentro con la propia sombra,* RBA libros, Barcelona, 2006.

[5] Erik tiene 12 años, no es de la edad que nos ocupa, pero el ejemplo vale la pena.

- *¿Se aburren demasiado?*
  Un niño es un explorador nato y la inactividad y el aburrimiento le matan. Si su hijo, por muchos juguetes que tenga en casa, pasa demasiado tiempo encerrado, no tiene amigos ni hermanos con los que jugar y se aburre, entonces es una olla a presión que puede explotar en cualquier momento.
  Dicen que la mejor forma para que un niño sea bueno es hacerlo feliz. Si ofrece días más felices a su hijo, seguramente tendrá menos problemas de comportamiento que si el niño se aburre o lo pasa mal. Ya ven, no son tan diferentes de nosotros.

A veces, analizando estos puntos, nos daremos cuenta de que nuestros hijos no se portan tan mal y que muchos de los problemas de comportamiento no existen.

## ¿QUÉ HACEMOS ANTE UN PROBLEMA DE COMPORTAMIENTO?

La técnica de los tres pasos ante una rabieta nos va a servir igual. Veamos unos ejemplos:

Mamá: —Nil, ¡es la hora del baño!

Nil: —¡No quiero!

Mamá: —¡No me extraña, Nil, que no quieras venir a bañarte! ¡Con lo bien que estás jugando! (Paso 1, comprensión). Pero tú sabes que cada día antes de cenar nos bañamos, porque llegamos sucios del cole ¿verdad? (Paso 2, educación). ¿Qué te parece? ¿Te ayudo a bañarte y así vamos más rápidos, y puedes jugar después, o te dejo cinco minutos más y te vas a bañar solo? (Paso 3, elección).

Nuestro objetivo es que el niño se bañe, qué más da que sea cinco minutos antes que después, solo o con ayuda.

De esta forma el niño se está educando (le explicamos lo que se espera de él, en lugar de «¡A bañarse porque lo digo yo!»), aprende a tomar decisiones y hace lo que nosotros queremos.

Miren este otro:

Papá: —¡Noemí, a comer! (Hay verdura o cualquier alimento que no sea del gusto de la niña).

Noemí: —¡No quiero!

Papá: —¡Te entiendo! No te gusta la verdura y prefieres los macarrones de mamá ¿verdad? (Paso1, comprensión). Pero tú sabes que hay días en que necesitamos comer verdura. (Paso 2, educación). ¿Qué te parece? ¿Te la comes toda y te dejo elegir un postre o te comes la mitad y tomas una fruta para compensar? (Paso 3, elección).

El objetivo es que coma fibra; si no la toma de una forma, que la tome de otra.

O este otro, que ya habíamos empezado a explicar en el capítulo IV:

—¿Por qué has pegado a tu hermana?

—Me ha roto el dibujo.

—¡No me extraña que estés tan enfadada, con lo que te gustan los dibujos y el esfuerzo que pones! Es importante dejarle claro a tu hermana que eso no se hace. ¿No te parece? (Paso 1, comprensión).

—Sí.

—Bueno, pero ya sabes que pase lo que pase no se pega, ¿lo tendrás en cuenta la próxima vez? (Paso 2, educación).

—Sí, mamá.

—¿Cómo lo solucionamos? ¿Vamos a ver a tu hermana y os pedís perdón mutuamente, o tienes una idea mejor? (Paso 3, elección).

En este caso no sólo acabamos con el problema sino que educamos a las dos hermanas a la vez.

Para hacer la técnica de los tres pasos es preciso asegurarnos de haber conseguido primero dos cosas:

- Que el niño nos haya oído. La capacidad de concentración en el juego y actividades puede ser tan alta para algunos niños que, aunque les hablemos, no nos escuchan. Bueno, a muchos adultos les pasa igual.
- Y que esté en disposición de continuar escuchando. Por eso es tan importante el paso 1: comprensión, porque el niño que siente que se le entiende nos va a escuchar.
  Muchas veces los padres empiezan sus discursos con la palabra «no». Y el niño ya capta el mensaje y no escucha (¡para qué! si ya sabe que le van a censurar).

Miren este ejemplo. Alguien no entendido podría considerar que la madre es comprensiva, pero no es así:

Noelia, de 4 años, salta en el sofá.

Mamá: —Cariño, ¿*no* ves que *no* se puede saltar en el sofá? *No* está bien, corazón.

Muy cariñosamente, eso sí, pero la madre le ha dicho tres veces la palabra «no» y ha censurado su actitud sin ninguna explicación ni por qué.

Puede que la niña sea un encanto y deje de saltar en el sofá, pero seguramente pasará de todo. O contestará con un «¡Déjame!», etcétera.

Vean cómo puede cambiar con la técnica de los tres pasos:

> Noelia, de 4 años, salta en el sofá.
>
> Mamá: —Cariño, veo que te gusta saltar en el sofá. Seguramente debe de ser muy divertido. (Paso 1, comprensión). Pero los sofás se rompen más pronto si saltamos sobre ellos, y eso no queremos que pase. (Paso 2, educación). ¿Qué hacemos? ¿Buscamos algo divertido para hacer en lugar de saltar, o dejas de saltar y, como veo que te gusta tanto, te llevamos este fin de semana a las camas elásticas? (Paso 3, elección).

De esta forma, la niña no se siente censurada, le explicamos por qué no hay que saltar en los sofás (puede que otra vez lo tenga en cuenta) y buscamos una alternativa agradable. ¿Alguien da más?

## PARA SABER MÁS

FABER, A. y MAZLISH, E., *Cómo hablar para que sus hijos escuchen y cómo escuchar para que sus hijos le hablen,* Medici, Barcelona, 1997.

GINOTT, H. G., *Entre padres e hijos,* Medici, Barcelona, 2005.

JUUL, J., *Su hijo es una persona competente,* Herder, Barcelona, 2005.

SOLTER, A., *Llantos y rabietas,* Medici, Barcelona, 2002.

## RESUMEN

- Las rabietas suelen empezar alrededor de los 2 años y terminan antes de los 5.
- Es bueno que todos los niños pasen por ellas (aunque no con las alteraciones tan llamativas que a veces se ven), puesto que indica que el menor se hace autónomo e independiente.
- Lo mejor es prevenirlas y evitarlas al máximo.
- En caso de que surja la rabieta, conviene aplicar la técnica de los tres pasos: primero, comprender al niño; segundo, educarle y explicarle qué es lo que se espera de él, y tercero, dejarle elegir sus propias soluciones.
- Si el niño se ha desbordado emocionalmente, hay que permanecer a su lado, intentar el contacto físico y el abrazo y repetirle que, aunque en ese momento no nos entendamos, le queremos ayudar.
- En las alteraciones del comportamiento la técnica de los tres pasos es la mejor forma de solucionarlas.
- El aburrimiento, la falta de cariño y el hecho de que no les dejemos SER niños son las principales fuentes de un mal comportamiento.

# Capítulo XIV
# LOS CELOS

*No es lo mismo un ataque de celos*
*que un ataque de cuernos.*
A. SAS

Bien, éste es el típico capítulo que algunos padres piensan que se pueden saltar, no sin razón... ¡Los padres de un hijo único!

Sin embargo, espero que no sea así, ya que en este capítulo hablamos de una parte de la psicología del niño que quizás no se abordará en ningún otro. Se trata en parte de cómo nuestro hijo estructura su convivencia con los otros miembros de la familia y de cómo se adapta a algunos cambios, cómo los vive y cómo los gestiona.

A menudo confundimos, o no diferenciamos, celos y problemas de convivencia. Problemas de convivencia los tenemos todos, en mayor o menor medida. Los adultos podemos minimizarlos o incluso aparentar que no existen para que la vida en familia sea más agradable, pero los niños no tienen esta habilidad. Así, cuando se enfadan no pueden evitar mostrar este enfado y todo lo que le acompaña: gritos, violencia física, declaraciones de guerra, lloros, etcétera.

Que un niño pegue a su hermano menor no está bien. Le tenemos que enseñar a modular su estado de ánimo y a controlar sus impulsos más violentos, por supuesto. Pero en este caso no estamos hablando de celos, sino de problemas de convivencia y de que todos tenemos que aprender a vivir en comunidad y a relacionarnos. No hay que olvidar que la familia es el banco de pruebas sobre las relaciones interpersonales más importantes que tenemos.

## ¿QUÉ SON LOS CELOS INFANTILES?

Los típicos celos infantiles corresponden a lo que los psicólogos llamamos un «trastorno adaptativo». Es decir, ante una situación que nos obliga a reaccionar de alguna manera, a adaptarnos a ella para hacernos más fuertes y superarla, respondemos de una forma inadecuada. Esta forma inadecuada no sólo no nos ayuda a superar el escollo, sino que además genera otros problemas por sí misma. Son síntomas de los trastornos adaptativos la ansiedad, la angustia, las fobias, la claustrofobia y la agorafobia, algunas formas de depresión, la anorexia y la bulimia, y tantas otras. Los celos, como trastorno adaptativo que son, pueden manifestarse de forma parecida a cualquiera de las anteriores. Es por esto que, ante niños que se comportan de forma extraña tras el nacimiento de un hermano u otras situaciones similares, no falta quien apunta la posibilidad de que haya celos. Pero normalmente es un problema pasajero y debido a un trastorno adaptativo.

Lo que los adultos conocemos por celos (celotipia, obsesión celotípica, etcétera) no es lo mismo ni se debe a las mismas causas que los celos infantiles. Aunque no descartamos que puedan darse, cuando nos referimos a celos entre hermanos no nos referimos a los mismos celos que puede presentar un marido maltratador ante su mujer.

Puede haber otros motivos, pero los celos en la infancia se relacionan principalmente con la imagen de *El príncipe destronado*,[1] en esa descripción que hace Miguel Delibes de los celos. Es más, con las familias actuales, que raramente pasan de la pareja de hijos, sería fácil pensar que el 50 por ciento de los niños puedan sentirse así, como príncipes destronados. El niño o la niña, que ha crecido con sus padres, ve de golpe que su madre desaparece unos días y, a la vuelta, el centro de la vida familiar es otro. Si esto no es un cambio, que venga alguien y nos lo explique.

Por supuesto que es un cambio, y muy importante, pero no necesariamente implica que el niño desarrolle celos.

Ante los cambios todos manifestamos un estado de mayor vigilancia, de mayor activación de los sentidos y de mayor cautela. Lo hacen los niños y lo hacemos nosotros. Hasta nos volvemos más desconfiados (hay quien el día en que ese vendedor tan antipático le sonríe más de lo normal repasa la cuenta dos veces). No es de extrañar que los días posteriores a la aparición de un hermano por casa, el niño muestre todas estas conductas que evidencian una mayor vigilancia y desconfianza. Puede que esté algo más nervioso, le cueste más dormir, necesite más ayuda para comer, reclame más a los padres, se vuelva menos independiente y más inseguro y no se suelte de los padres ni con agua caliente. En esta situación no debemos hablar de un problema de celos, sino de un hijo perspicaz, que se ha dado cuenta de que hay algo que cambia a su alrededor. Hasta aquí nada anormal.

---

[1] La expresión *príncipe destronado* no me gusta porque no es exacta. El niño que así responde es porque nunca fue príncipe. Cuanto más amor le hayan dado sus padres, menos celos tendrá. Un verdadero «príncipe» de la casa tiene tanto amor y tanta autoestima que difícilmente se sentirá destronado.

Todos queremos que nuestros hijos sean lo suficientemente despiertos como para darse cuenta de lo que sucede en su entorno. El niño aprenderá a vivir esta nueva situación, en la que no es el único eje en la vida de sus padres. Si supera esta prueba habrá crecido como persona y estará adaptado. Si no la supera puede generar el trastorno adaptativo (no ha sabido adaptarse) que comentábamos antes. Nuestra actitud es esencial para que el niño se adapte sin mayores problemas a la nueva realidad familiar.

Otra situación que podemos malinterpretar como celos es la época de las rabietas, que ya he comentado en otros capítulos. Por pura estadística, muchos niños tienen su hermano menor cuando ellos están alrededor de los 2 o 3 años. Es posible que las rabietas propias de la edad se den igual con o sin hermano pequeño. El hecho de que el hermano mayor se comporte con más rabietas o se vuelva más contestón no tiene por qué responder a la presencia de un hermano pequeño y puede tratarse simplemente de la evolución natural del niño, que a los 2 años pasa por esa etapa tan complicada para los padres.

En este punto del capítulo tenemos que hablar de otro concepto que es característico en la mente de los niños pequeños, especialmente después de los 3 años. Se trata de la ambivalencia o de los sentimientos ambivalentes. Como siempre, es un sentimiento que también se da en los adultos: «Lo quiero con locura, pero a veces lo mataría» o «Cariño, me estás desquiciando…». Éstos son los sentimientos ambivalentes. La misma persona que nos puede generar un fuerte sentimiento de atracción, agradable y noble como el amor, nos puede producir lo contrario, ganas de hacerle daño. Esto es así, lo sabemos y lo sobrellevamos bien (de acuerdo, los adultos lo llevamos como podemos, pero generalmente bastante bien).

Sin embargo, los niños a partir de los 3 años, cuando ya son conscientes de los rudimentos de sus sentimientos, no lo llevan bien. Quieren sinceramente a su hermano, y eso les da alegría, pero en ocasiones le querrían hacer mucho daño y eso les da miedo y les disgusta mucho. En la consulta con los niños notamos que estos sentimientos ambivalentes les generan mucha ansiedad y confusión. Se imaginan como monstruos y se les hace difícil superar esa imagen. Afortunadamente, los niños a esta edad ya hablan y entienden lo que se les dice, y no es difícil en la consulta rebajarles la ansiedad enseñándoles a manejar estos sentimientos. Se les explica que las personas no siempre pensamos lo mismo de las otras, pero que eso no quiere decir que nosotros o ellos seamos malos, sino tan sólo que hay ratitos en que no nos comprendemos.

## ¿QUÉ HACER CON LOS CELOS?

*Primero, como siempre, prevención*

- Lo principal es que el niño note los mínimos cambios posibles, y para esto sólo hay una fórmula infalible: que se produzcan los mínimos cambios posibles. Lógicamente, cuando hablamos de los mínimos cambios posibles nos referimos a la esfera del niño. Poco importa si compramos un coche nuevo para caber mejor con todos los trastos (esto sí que es un cambio, ¿verdad, papás?) o si renovamos el vestuario de premamá de arriba abajo (¡quién pudiera!). En cambio, sí que importa, ¡y mucho!, si pasamos a atenderle menos de la mitad del tiempo, a enviarle a cenar con la abuela, a mandarle a dormir en otra habitación

(por muchos peluches y pósteres que tenga, pero sin papás), y, en definitiva, a hacerle menos caso.
Esto puede suponer que tengan que multiplicarse los dos padres para poder atender al recién llegado como se merece, sin dejar de atender al que ya estaba. Es posible que el padre tenga que dedicar más horas a la familia. Bueno, es lo que toca. Ánimo, que esta situación tampoco dura eternamente.

- Una de las cosas que se pueden hacer es no apartar al mayor cuando nos dedicamos al pequeño. Si el mayor nos «ayuda» a bañarle, a dormirle, nos acompaña al darle el pecho o «colabora» con el biberón no necesitamos estar en dos sitios a la vez, lo cual en estas situaciones a menudo es un lujo. Además, le estaremos enseñando que la novedad es agradable, especialmente si nosotros la vivimos así, y es más fácil que aprenda a querer y a respetar a su hermano que si le apartamos y lo situamos desde un inicio como un adversario.
- Por otro lado, debemos evitar hacer «cosas especiales» con nuestro hijo mayor. Lo que algunos llamarían *discriminación positiva.* No es una buena idea eso de: «Mañana dejaremos al pequeño con la abuela y nos iremos mamá y tú a los caballitos». Esto es algo cargado de buena intención y, en cierta manera, resulta positivo para el niño que le dediquen un tiempo que le han venido negando. Lo que no es bueno es poner distancia entre los dos hermanos y establecer diferencias de trato entre los dos. No porque el recién nacido lo vaya a notar, tampoco es eso, sino porque el mayor va a pensar que estamos tratándolos de forma distinta. Si recordamos lo anteriormente dicho en este

capítulo, donde decíamos que nuestro hijo está más vigilante y desconfiado, vemos que lo que hacemos es confirmarle que realmente hay grandes cambios. También se da cuenta de que si tienen un trato especial con él a espaldas del otro, también puede ser que lo tengan con el otro y que se esté perdiendo cosas buenas por culpa de su hermano pequeño. No se trata de que nuestro hijo pueda verbalizar todo esto (aunque a menudo lo hacen), pero de alguna forma instintiva lo siente y, en cualquier caso, no es una situación agradable.

- En este mismo sentido, hay que intentar que las cosas que hagamos para que nuestro hijo se sienta bien no incluyan menospreciar o minusvalorar al pequeño. Queremos que se quieran, no que compitan por nuestro cariño.

### *Si el problema ya existe y no hemos podido evitar su aparición, hay varias cosas que podemos hacer*

En general, evitar los errores del apartado anterior y hacer que el mayor pueda ocuparse, junto a nosotros, del pequeño.

- Cuando el niño es menor de 2 años, podemos interpretar que tiene celos cuando se comporta de forma extraña por un tiempo prolongado, como indicábamos al inicio del capítulo. En este caso, y dado que no podemos hablar con él del tema porque no dispone del lenguaje todavía, lo único que podemos hacer es darle muchos mimos y cariño, y poco más. Tiene la ventaja de que si nos equivocamos y no existían los celos, tampoco el tratamiento habrá sido un problema.

- Cuando el niño es mayor de 3 años, hay que dejar que se exprese en la forma que le sea más cómoda (pintando, hablando, como sea) y especialmente que cuente lo que siente por su hermano sin censurarlo. Este aspecto es muy útil.

En los casos en que el problema persiste, vale la pena acudir a un profesional que lo diagnostique exactamente y lo trate, ya que son temas que responden bien a terapias psicológicas sencillas.

## PARA SABER MÁS

SAMALIN, N., *Querer a todos por igual,* Medici, Barcelona, 1997.

## RESUMEN

- Hay que saber diferenciar los celos infantiles (más próximos a un trastorno adaptativo) de los celos adultos (celotipia).

- A veces, la hipervigilancia normal de un niño ante una nueva situación, como es la llegada de un hermano, ya se cataloga como celos.

- Lo mismo sucede si el niño está en la edad de las rabietas cuando nace el hermano; con hermano o sin él, el niño tendría comportamientos difíciles.

- Hay que explicar a los niños que es normal que tengan sentimientos ambivalentes respecto al hermano. Esto suele rebajarles la ansiedad.

- Como prevención, lo mejor es que el niño note los menos cambios posibles, que se implique en el cuidado del hermanito y evitar las comparaciones y la discriminación positiva.

- Si el problema ya se ha instaurado, en general hay que continuar evitando los errores del apartado anterior y hacer que el mayor pueda ocuparse, junto a nosotros, del pequeño.

- Si son pequeños, debemos darles muchos mimos y ayuda especializada en el caso de que hiciera falta.

- Si son más mayores, debemos dejar que expresen con libertad (pintando, escribiendo, modelando, etcétera) lo que sienten por su hermano, sin censurarles sus sentimientos. También pueden buscar ayuda especializada.

# Capítulo XV
# EL LENGUAJE
Por Mariana Vas[1]

*Cuando hablamos, cambiamos el mundo.*
I. BETANCOURT

## CÓMO SABER SI HABLA BIEN

Todos deseamos que nuestros hijos *hablen* bien. Claro que, tal vez, la primera cuestión sería plantearnos: ¿qué significa «hablar bien»? ¿Es suficiente con que un niño articule correctamente todos los sonidos del habla de su entorno? ¿Bastará con que pronuncie sin dificultad la «r» en todas sus posiciones? Es evidente que no. Todos estamos de acuerdo en que necesitará además entender aquello que le llega, saber for-

[1] Mariana Vas es logopeda y autora del libro *Mi niño no habla bien. Guía para conocer y solucionar los problemas del lenguaje infantil*, La Esfera de los Libros, Madrid, 2009.

mular deseos y preguntas, ser capaz de organizar las ideas en frases inteligibles, etcétera. En definitiva, todos estaríamos de acuerdo en afirmar que lo que esperamos es que *sean capaces de comunicarse con eficacia.*

La comunicación madre-hijo comienza ya antes del nacimiento. Sabemos por las numerosas investigaciones que se han hecho al respecto que un bebé recién nacido es capaz de distinguir la voz de su madre. Sus primeras palabras son esperadas por toda la familia. Y seguiremos atentamente el desarrollo de su lenguaje en los primeros años, ya que somos conscientes de que inteligencia y lenguaje van de la mano.

Más tarde, cuando ya no estén en casa y tengan una vida autónoma, también seguirá acompañándoles ese bagaje que ha ido asentándose poco a poco en los cimientos de los primeros años. Su vida personal y afectiva se verá enriquecida por un buen uso del lenguaje, y en el ámbito laboral, pensemos que un 85 por ciento de las profesiones requieren de la palabra como instrumento imprescindible de trabajo; está claro, por tanto, que nos interesa —y mucho— saber si nuestro niño habla bien o no.

Ahora bien, hablar de lenguaje en la etapa infantil es todo un mundo rico y complejo que abordaremos en este capítulo de forma muy resumida y, lógicamente, tocando sólo algunos de sus múltiples aspectos. Haremos en este apartado un breve recorrido por algunas de las características que pueden ayudarnos a identificar si la evolución del desarrollo del habla y del lenguaje de nuestro hijo es la adecuada.

Nadie duda de que el lenguaje es «lo más natural del mundo» y se adquiere mediante la interacción niño-adulto; sin embargo, la paternidad no trae consigo un manual acerca de qué debo hacer si mi niño no dice la «r», cómo tratar una dislexia, un mutismo o una ronquera. Tampoco, como padre o madre, he de tener una idea exacta de la evolución normal del desarrollo del lenguaje. De hecho, la mayoría de las consultas que se realizan al logopeda comienzan de este modo: «¿Es normal que...?», «¿Qué debería decir a su edad?», «Su hermana a su edad ya decía...», etcétera.

En los últimos años este tipo de consultas se realizan cada vez a edades más tempranas, con el consiguiente beneficio que ello comporta para el niño, ya que *una detección y atención temprana es la mejor garantía de éxito ante una dificultad de lenguaje.* En este sentido, no es necesario esperar a las tan ansiadas primeras palabras, puesto que numerosas investigaciones demuestran que durante el primer año de vida del bebé ya se dan elementos predictivos de futuras dificultades y en ese momento podemos intervenir en su atención y estimulación. Por este motivo, abordaremos también aquí la etapa prelingüística, que, como su nombre indica, es la que se da antes de la aparición de las primeras palabras propiamente dichas.

### *Etapa prelingüística*

Esta etapa tan importante es, en general, una gran desconocida en la esfera del lenguaje. Sin embargo, las bases de la comunicación se van a ir estableciendo en ella y si las conocemos, podremos detectar diferentes características que nos indicarán un buen desarrollo.

1. *En el momento del nacimiento.*
   Un bebé recién nacido posee ya de forma innata las siguientes capacidades para la comunicación y el uso del lenguaje:

- ❒ Interés por las personas.
- ❒ Interés por las voces.
- ❒ Interés por los sonidos del habla.
- ❒ Llanto y sonidos fisiológicos.
- ❒ Vocalizaciones que cambian semana tras semana.

Nuestro pequeño e indefenso bebé es, en realidad, un maravilloso ser dotado de múltiples capacidades.

(Como anécdota: ¿sabían que un bebé de 15 días es capaz ya de diferenciar entre las sílabas «pa» y «ba»? Esto se ha comprobado registrando sus reacciones de succión ante un chupete).

2. *En los primeros días o semanas de vida.*
   Actualmente se puede realizar una sencilla prueba, denominada *screennig auditivo*, en la que, como su nombre indica, se descartan posibles dificultades auditivas. Se trata de un método sencillo, rápido y cómodo. En algunos países como el Reino Unido se realiza ya de forma generalizada a toda la población, y me consta que en nuestro país son varias las comunidades autónomas en las que también se practica desde los servicios sanitarios.
   En esta etapa hay que estar atentos a posibles frenillos linguales excesivamente cortos, lo que puede evitarnos posteriores dificultades tanto en la succión del pecho como, más tarde, en el desarrollo del habla.

3. *De los 4 a los 6 meses.*
   Es la etapa del denominado *balbuceo marginal*, en la que el bebé ya es capaz de comenzar a entender las primeras palabras. Este hecho no ha de sorpren-

dernos, ya que la comprensión empieza mucho antes que la expresión; el bebé nos dará muestras de haber entendido un término mucho antes de que tenga habilidad para reproducirlo.
Es frecuente en esta etapa ver y oír al bebé jugar con la vibración de sus labios y el aire que sale expulsado. Es muy importante que sean «contestados» por el adulto cercano, puesto que de esta forma reforzaremos sus esfuerzos y le estaremos estimulando para que siga practicando.

4. *De los 6 a los 8 meses.*
   En el *balbuceo canónigo* el adulto puede percibir e interpretar consonantes y/o vocales. La atención inmediata al bebé seguirá siendo imprescindible, ya que de esta forma le estaremos comunicando que sus producciones tienen un *valor comunicativo* importante y se sentirá en condiciones de pasar a la siguiente etapa.

5. *De los 8 meses en adelante.*
   En la etapa del *balbuceo variado o marginal* el bebé ya es capaz de mostrar aquello que desea y de dirigir la atención del adulto. Nos sigue necesitando cerca para que sea el adulto el que vaya poniendo nombre a todo ese mundo por el que demuestra una gran curiosidad. Un bebé de estos meses *debe manifestar intenciones, deseos e intereses mediante sus gestos y vocalizaciones.* Ha de ser capaz de mostrar al adulto aquello que desea, es decir, debe haber «demanda», y ha de ser capaz de dirigir la atención del adulto hacia un objeto o algo de su interés. Éste es el preámbulo que ha de haberse vivido antes de las tan ansiadas *primeras palabras.*

*Etapa lingüística*

Al año de nacer, el cerebro del niño está en óptimas condiciones para el aprendizaje del lenguaje. Las primeras palabras se dan entre los 12 y los 18 meses, aproximadamente.

Cada niño presenta una evolución distinta, y tan normal puede ser el que «comience a hablar» a los 12 meses, como a los 15; lo que sí debe ser signo de alarma y consulta es si, por cualquier motivo, un niño deja de relacionarse verbalmente con su entorno inmediato. Una criatura que ha comenzado a decir sus primeras palabras y, de repente, ya no lo hace, es un motivo de alerta de que algo está pasando. El camino que tiene que recorrer el bebé hasta sus primeras palabras es largo e intenso. El niño aprende primero a través de la experiencia: todo aquello que oye, ve, toca o vive contribuye a crear esas experiencias. A lo largo de estas interacciones cotidianas, el bebé ha tenido la oportunidad de escuchar al adulto muchas veces las mismas palabras en contextos y situaciones similares. ¡Comienza la comprensión!

Primero entenderá alguna palabra o expresión y, poco a poco, irá ampliando su repertorio. Si estos pasos se han desarrollado adecuadamente, el niño estará en disposición de decir sus primeras palabras. El descubrimiento de que las cosas tienen un nombre comenzará a aparecer a los 12 o 13 meses.

A partir de ese momento la incorporación de vocabulario es *vertiginosa.* El adulto cercano irá poniendo nombre a todas aquellas cosas que, mediante la experiencia, comparte con el niño: el juego, la hora del baño, la comida, etcétera.

Es muy importante en esta etapa *no anticiparse* a lo que el niño va a pedirnos, ya que le estaremos privando de la oportunidad de hablar. Si el niño señala con su manita el vaso de agua y nosotros se lo damos inmediatamente, le impedimos que practique su vocalización. Y recordemos que a hablar se aprende hablando.

Conviene que los padres presenten una actitud tolerante y paciente ante la llegada de estas primeras palabras, ya que una actitud ansiosa por parte del adulto en contacto directo con el niño no acelerará el ritmo de evolución del pequeño. El hecho de que vaya aprendiendo qué significan, ya representa un paso importante en su aprendizaje. Dado que la comprensión aparece antes que la expresión, habrá que esperar.

Pero ¿hasta cuándo puede considerarse normal? ¿Qué pasa si un niño se retrasa en exceso a la hora de comenzar a hablar?

Pensemos que el niño se apoya en esas primeras palabras para pedir, mostrar, describir acciones, expresar aquello que desea o lo que no quiere, etcétera. Si estas palabras son inexistentes o ininteligibles, su capacidad de comunicación con el entorno está siendo obstaculizada en una etapa crucial del desarrollo de su lenguaje y de su inteligencia.

Sabremos en esta etapa que todo va bien, es decir, que tiene un buen desarrollo de su lenguaje, si presenta las siguientes características:

- Tiene intención comunicativa.
- Es capaz de ir señalando aquellos objetos que desea.
- Acompaña el gesto de vocalizaciones o pa-labras.
- Es capaz de utilizar cada vez más gestos y pa-labras.
- Imita sonidos y palabras que oye.
- Usa cada vez más palabras en su comunicación.

Claro que no todas sus vocalizaciones pueden ser comprensibles (no tiene la suficiente madurez como para que todas sus palabras sean claras); por eso, muchas de las que sea capaz de articular deberemos interpretarlas por el contexto en el que se dan.

Más adelante, aproximadamente *cuando el niño posea un repertorio de unas cincuenta palabras, estará ya en disposición de combinarlas* (¡pasará de una a dos palabras!), y ya tendremos a nuestro pequeño explorador diciéndonos: «Ete coche» (dame este coche), «Aba mama» (quiero agua, tengo sed).

En esta etapa, lo importante no es que las palabras sean correctas desde el punto de vista de su articulación (pensemos que sus órganos bucofonatorios también necesitan una maduración, que es progresiva; no podemos esperar que un niño de 2 años, por ejemplo, tenga la destreza suficiente en el ápice de la lengua para dominarla de tal modo que pueda articular correctamente una «s» o una «r»). Aún no es el momento. Para saber cuándo aparecen aproximadamente los diferentes sonidos, les presento la siguiente tabla. En ningún caso debe ser tomada de forma rígida, ya que cada niño es un caso único con una evolución particular; de este modo, no tendrá el mismo ritmo de adquisición un niño bilingüe que otro que no lo es, por ejemplo. Hay que tomar estos datos como una referencia que nos orientará de forma general acerca del desarrollo normalizado del habla en la población.

# LA EVOLUCIÓN DEL HABLA

| EDAD | CARACTERÍSTICAS FONOLÓGICAS |
|---|---|
| 1 a 2 años | ▪ En torno al año aparecen las primeras palabras: «mamá», «papá».<br>▪ Es capaz de hacer diferentes variaciones de entonación.<br>▪ A los 2 años, aproximadamente, el 50 por ciento de lo que dice puede ser entendido por un extraño. |
| 2 a 3 años | ▪ Hacia la segunda mitad de esta etapa el habla suele ser inteligible en un 75 por ciento.<br>▪ Va apareciendo la habilidad para producir rimas. |
| 3 a 4 años | ▪ Casi todos los niños pronuncian bien: m, n, ñ, p, t, k, b, g, f, s, x, l.<br>▪ Suele omitir alguna sílaba dentro de las palabras o bien la consonante final.<br>▪ Muchos intercambian l/r/d. (Por ejemplo: caleta por carreta; godo por gorro). |
| 4 a 5 años | ▪ Éxito en la pronunciación correcta de: d, ll, r, consonante+l (Por ejemplo: «Clara»).<br>▪ Decrece la reducción de grupos consonánticos; cada vez puede pronunciar más palabras que contengan dos consonantes seguidas. (Por ejemplo: «dragón», «piedra»). |

➡

| EDAD | CARACTERÍSTICAS FONOLÓGICAS |
|---|---|
| | ▪ Puede darse aún dificultades en: l/r/d y sustituir una por otra.<br>▪ Importante: el ciento por ciento del habla es ya inteligible, es decir, entendemos aquello que quiere decir aunque exista algún error en su pronunciación. |
| 5 a 7 años | ▪ Pocos errores residuales: suelen ser «rr», «cl», «cr», «s»...<br>▪ Tienen habilidad para dividir las palabras en fonemas. |
| 7 en adelante | ▪ Puede existir alguna dificultad de articulación en momentos puntuales.<br>▪ Puede haber dificultad para pronunciar palabras complejas de nueva adquisición. |

Extraído de M. Vas, *Mi niño no habla bien, op. cit.*, pp. 50-51.

Es muy importante considerar las pautas generales de evolución que ofrece la tabla anterior porque, en la mayoría de los casos, son las dificultades de habla las que alertan acerca de otra clase de problemas. Esto es así puesto que suelen ser las más «visibles». Es más fácil darse cuenta de que el compañero de clase o el amiguito de mi hijo ya hablan de una determinada manera y el mío aún no, que observar otra serie de dificultades del hijo que pueden pasar más desapercibidas.

En la práctica, lo que ocurre es que, en más ocasiones de las deseadas, algunas dificultades que en un principio fueron lingüísticas pasan desapercibidas hasta que, en cursos superiores, el niño comienza con problemas de lectoescritura, de falta de comprensión, etcétera.[2] Y, claro, ya hemos perdido un tiempo valiosísimo. La prevención y la detección temprana son, por tanto, el camino a seguir.

Para finalizar, simplemente volver a la idea con la que se iniciaba este apartado: no será suficiente con que nuestro hijo vaya adquiriendo la «f», «s» o «r», pudiendo articular correctamente las palabras. Estamos de acuerdo en que un niño que no sabe formular preguntas o está continuamente disfónico no puede «hablar bien». Por tanto, *hablar bien implica muchos otros aspectos que los expuestos en la tabla y que hay que considerar en esta etapa crucial del desarrollo de la inteligencia y del lenguaje.*

## LACTANCIA Y LENGUAJE

«La naturaleza es sabia» afirma este antiguo dicho. Como mamíferos, lo natural es mamar para alimentarse en las primeras etapas de la vida. La adquisición del lenguaje, una de las principales características de la especie humana, se comienza a desarrollar en estas etapas. ¿Creen, pues, que pueden ser incompatibles lactancia y lenguaje?

Pues bien, en la práctica diaria aún se siguen dando casos en los que diferentes profesionales aconsejan el abandono de la lactancia ante dificultades de habla o de otros problemas, sin aportar ningún argumento válido y fiable. Veamos un ejemplo:

---

[2] Según un estudio de H. Catts y A. Kamhi, *Language and Reading Disabilities,* Allyn & Bacon, Needham Hts., 1999, un 73 por ciento de los alumnos que en segundo curso mostraba dificultades en la lectura, también había presentado ya problemas de lenguaje en la etapa de educación infantil.

Mi hijo de 2 años (Pablo) habla poco (aunque lo entiende todo y cuando habla lo hace perfectamente) y prefiere señalar cuando pide las cosas a esforzarse por nombrarlas. Fuimos a una logopeda que le quitó importancia, lo examinó unos días y nos dio unas pautas de actuación. Todo bien hasta que en una visita se enteró de que el niño aún lactaba de tanto en tanto y cambió radicalmente su actuación; parecía que todo lo que había dicho antes no valía y nos dijo que debíamos destetar al niño porque si no, no podía seguir trabajando. ¿Por qué antes sí podía trabajar y ahora no?[3]

Los numerosos casos que aún nos encontramos hoy en día, curiosamente, sustentan su consejo de abandonar la lactancia materna en los siguientes «razonamientos» (juzguen ustedes mismos):

- Nada. Como hemos podido observar en el caso anterior, algunos profesionales se limitan a aconsejar el destete ante una dificultad de habla o de lenguaje sin aportar más. No explican a los padres el porqué de esta recomendación.

- Algunos hacen referencia a que la lactancia es la causa de otras dificultades sin demostrar su interrelación y, en muchas ocasiones, antes de haber realizado un análisis exhaustivo del lenguaje del niño. Una evaluación inicial seria y completa implica abordar sin prejuicios y de forma objetiva toda la información que podamos obtener del niño y su contexto, con el único objetivo de realizar el mejor diagnóstico posible. Si

[3] Ejemplo extraído de M. Vas, *op. cit.*, pp. 151-152.

éste no es el correcto, no hay tratamiento adecuado. A veces los propios niños nos acercan más a la realidad:[4]

En la tercera sesión, la logopeda se enteró de que Mariona, de 3 años, todavía lactaba, y puso el grito en el cielo diciendo que la destetara porque era normal que la niña no pronunciase bien si todavía tomaba teta.

Al salir, Mariona miró a su madre y le dijo:

—Mami, buzca otra, ezta no zabe.

—¿Por qué dices esto, Mariona?

—¡Porque yo cuando hablo mal ez cuando no tomo teta!

❒ También, en otros casos, critican la supuesta sobreprotección que, por lo visto, produce el hecho de amamantar. Dar el pecho no es sobreproteger a un niño, sino una forma saludable de alimentarlo, tal como defienden instituciones como la OMS o Unicef.

En la práctica diaria nos encontramos con muchos casos de este tipo. No hace mucho vino a vernos una madre angustiada ante un mutismo electivo (su hijo de algo más de 2 años se negaba a hablar en el colegio). Le habían aconsejado abandonar la lactancia materna argumentando que ésta podría ser la causa del problema, ya que le estaba sobreprotegiendo. En estos casos hay que tener presente que, actualmente, está ya demostrado que la sobreprotección no es causa de mutismo electivo. El manual más utilizado internacionalmente para clasificar y diagnosticar, el DSM-IV,

[4] Ejemplo extraído de M. Vas, *op. cit.*

elaborado por la Academia Americana de Psiquiatría, no señala la sobreprotección como una causa de mutismo electivo. Aunque en versiones antiguas sí constaba como tal, hace más de una década que se demostró científicamente que no era así.

Intentemos, pues, del controvertido tema «Lactancia y lenguaje», aclarar algunos de estos conceptos ya que lo importante no es dar opiniones o guiarse por aquello que «he oído...» o «me parece que...», sino basarse en argumentos válidos y fiables. Algunos de ellos son los siguientes:

### *La lactancia materna favorece el buen desarrollo de la cavidad bucal*

Para mi sorpresa, nos han llegado a consulta familias a las que se les había aconsejado abandonar la lactancia materna, argumentando que el niño presentaba una «boquita infantil» (¡afortunadamente la boca de un niño es infantil!). Si lo que estamos queriendo decir es que la lactancia retrasa y/o entorpece el desarrollo de la cavidad bucal, estaremos en un error. Para articular correctamente se necesita un desarrollo óptimo de los órganos buco-fonatorios. La succión juega en ello un papel fundamental.

Sabemos que el bebé recién nacido ha ido preparando ya en el seno materno la función de succión, que alcanza su madurez entre las 30 y 40 semanas de gestación. Supone una actividad placentera (es gratificante para él) y vital (le sirve como medio de autoconservación).

«La alimentación natural o materna es única y completa, y como tal debería estimularse. Por otra parte, recordemos que su dinámica representa importantes estímulos funcionales formativos que favorecen un armonioso crecimiento de la cavidad bucal; estímulos que, sin duda, disminuyen ante la presencia de una alimentación artificial».[5] La lactancia no impide el correcto desarrollo de los órganos implicados en la fonación, sino que, muy al contrario, favorece que se produzca de una forma armónica.

Recordemos que tanto en la producción de los sonidos como en la lactancia se dan los mismos factores:

- Posición y funcionamiento labial, lingual, mandibular y de las arcadas dentarias.
- Presión muscular y del área intrabucal.
- Vibración laríngea.
- Posición del velo del paladar.

Sin embargo, la alimentación artificial mediante biberón lo que hace es estimular mucho menos la actividad de la musculatura intra y extra oral, al ser un acto mucho más pasivo en el que la leche pasa prácticamente de forma directa al interior de la boca. Por tanto, ¿qué boquita creen ustedes que estará, de entrada, en mejores condiciones para acertar en esos movimientos tan precisos como son la articulación de los sonidos?

Con esto no queremos decir que, si por algún motivo extraordinario el niño no se beneficia de la lactancia materna no pueda darse un desarrollo armónico. «Si la alimentación artificial reúne las características adecuadas anteriormente mencionadas, en principio no debería convertirse en un factor negativo para el correcto crecimiento y desarrollo del sistema estomatognático».[6]

---

[5] D. Grandi y G. Donato, *Terapia miofuncional. Diagnóstico y tratamiento,* Lebón, Barcelona, 2008, p. 23.

[6] *Ibídem,* p. 24.

De una forma u otra, es importante que el niño vaya adoptando la incorporación de sólidos en su dieta de forma progresiva y equilibrada. Es lógico pensar que un niño de 2 años ya toma sólidos, pero por ese motivo no tiene que dejar de tomar la leche materna, o ¿es que tal vez todos nosotros no tomamos líquidos o purés?

Bien es cierto que la denominada *dieta blanda* es un tema que nos preocupa a los logopedas muy especialmente. En los últimos años se ha detectado un incremento importante del número de niños que presentan dificultades en los órganos implicados en la fonación. Son niños cuya alimentación se basa en alimentos blandos (pan de molde, carnes excesivamente picadas, bollería excesiva, etcétera). Esta realidad no debe confundirse y en ningún caso obviarse ante el caso de un niño que presente dificultades en el desarrollo de su habla y esté lactando más allá de los primeros meses de vida.

### *Numerosos estudios científicos demuestran que la lactancia materna incrementa el nivel cognitivo y de lenguaje en el niño*

Existe gran cantidad de estudios que ponen en relación la lactancia materna con el incremento de la inteligencia. Como sabemos, el desarrollo de la inteligencia y el del lenguaje están íntimamente ligados. La lactancia materna incrementa el nivel cognitivo y de lenguaje en el niño:

> Un estudio entre la Universidad de McGill y el Hospital Infantil de Montreal (Canadá)[7] con más de 6.000 niños así

[7] *Archives of General Psichiatry,* 65 (5), mayo de 2008, pp. 578-584.

> lo demuestra. Este estudio se empezó en el año 1996-1997, llevándose a término un seguimiento entre los años 2002 y 2005, cuando los niños tenían unos 6 años y medio de edad. Las conclusiones fueron que los niños amamantados tenían una media de 5,9 puntos superior en inteligencia general y llegaban a 7,5 puntos en inteligencia verbal. Los profesores también estimaban que estos menores eran académicamente superiores a los niños del grupo de control, tanto en lectura como en escritura.
>
> Por lo tanto, si su hijo presenta algún retraso en su nivel de lenguaje o en el léxico que maneja, continúe la lactancia porque puede ser terapéutica en esos casos y favorecer una mejora de esos niveles léxicos y de lenguaje, que seguramente serían menores si la lactancia no estuviera.[8]

Recordemos que organismos como la OMS, Unicef o bien la AEP recomiendan mantener la lactancia un mínimo de dos años (sin hablar de máximos para los que sólo se limita a enunciar la OMS: «hasta que la madre y el niño quieran»). La AEP se pronuncia en los siguientes términos: «No hay en este momento evidencia alguna que justifique la introducción precoz de sólidos en la alimentación del lactante antes de los 4 meses, ni el destete total antes de los 2 años» («Comité de Lactancia Materna de la AEP», *Monografías de la AEP*, nº 5, p. 300).

En definitiva, la libertad personal de cada madre, de cada familia a la hora de amamantar a su hijo, no debe verse en ningún caso entorpecida por criterios infundados, sino asesorada desde el conocimiento profesional más válido y fiable.

---

[8] Extraído de M. Vas, *op. cit.*, pp. 155-156.

No porque un niño presente una dificultad en el desarrollo de su habla y esté siendo amamantado más allá de los primeros meses de vida, ha de atribuirse sin más la causa a la lactancia materna.

## LAS PALABROTAS

Llega un momento en que nuestro niño es cada vez más autónomo, va al «cole de los mayores» y es capaz de saltar, correr, comer por sí solo y expresarse mediante un lenguaje más complejo. El niño de estas edades *descubre el poder del lenguaje* y, claro, ¡lo utiliza!

Cronológicamente, esta etapa la podemos situar entre los 3 y los 5 años, pero, como siempre, tendremos en cuenta la variabilidad personal. Cada niño es un ser único con una evolución única.

También cada familia es una entidad singular que entenderá y abordará el tema de las palabrotas de una forma distinta. Puesto que la mayoría de los niños pasan por esta «etapa de las palabrotas» de una manera más o menos intensa y/o extensa, nos interesa comprender *por qué se da y qué podemos hacer para abordarla de la mejor manera posible.*

### *¿Qué es una palabrota?*

Estaremos de acuerdo en que no a todos nosotros nos «ofenden» las mismas palabras. Es cada familia la que sitúa al niño en los límites que considera aceptable.

En realidad, una «palabrota o un taco» en boca de un niño de estas edades (otra cosa sería en un adolescente, por ejemplo) es «nada» si la despojamos de la carga expresiva que acarrea. Lo que queremos decir con esto es que cuando un niño dice: «¡Tonta!, ¡idiota!», dirigiéndose a su mamá, no desea hacernos llegar el contenido semántico (el significado) de estas palabras; lo más probable es que lo haga porque es incapaz de encontrar palabras como éstas para expresar su estado de ánimo: «Hoy mi mejor amigo no ha querido jugar conmigo en el patio, me ha reñido la maestra y, para colmo, tú has llegado tarde del trabajo y no has podido estar conmigo». Y ese enfado lo verbaliza con las palabras más «malas» de su vocabulario; por eso nos dice «tonta» o «idiota».

No siempre es fácil canalizar los sentimientos negativos, y las palabrotas son, en ocasiones, una forma de expresarlos. Necesitará, por tanto, de nuestro cariño y comprensión; de nuestra orientación, también, pero no de nuestra excesiva reprimenda. Estamos nuevamente ante una forma de abordar la educación que se ha expuesto en numerosas ocasiones a lo largo del libro. ¿Recuerdan qué actitud se nos sugería adoptar ante las rabietas? Pues bien, también aquí la postura empática (el saber ponernos en el lugar del niño), intentar observar qué puede estar sintiendo, nos ayudará sobremanera a reconducir la situación con éxito.

De cómo vaya reaccionando el adulto ante este tipo de situaciones va a depender mucho que el niño las siga utilizando o no, así que nos interesa saber *qué podemos hacer nosotros.*

### *¿Qué podemos hacer ante las palabrotas?*

- *Dar ejemplo.* Lo que no se ha oído no puede reproducirse ni imitarse. El niño ya va a tener numerosos escenarios en los que tendrá la ocasión de escuchar palabrotas. Pero parece obvio que si queremos que él no las diga, tampoco debemos hacerlo nosotros.

- *Evitar reír o sonreír ante cualquier palabrota suya o de otra persona.* No vale que a él se lo prohibamos y luego observe en nosotros otra actitud bien distinta cuando se trata de otras personas o situaciones. No parece muy coherente que le advirtamos de que una palabra es ofensiva y luego riamos si la oímos en un programa de la televisión.
- *Explicar de forma sencilla y clara que estas palabras ofenden, molestan, que no son respetuosas* y que si se las dijeran a él, tampoco le gustaría que le trataran así.
  Ante las primeras manifestaciones de este tipo es importante mantener la calma y no darle demasiada importancia, ya que una actitud en exceso afectada por parte del adulto puede producir el efecto contrario. Si sabemos reconducir esta primera etapa con naturalidad, las palabrotas «pierden su poder», su efecto, y ya no serán necesarias para el niño.
- *Ofrecer alternativas.* Es muy importante saber aportar otras palabras a ese sentimiento o situación en la que se encuentra. Pensemos que el niño de estas edades ya posee un amplio vocabulario y es capaz de estructurar frases, pero aún le queda un largo camino en el que habrá de ir adquiriendo progresivamente y con nuestra ayuda —esto último es muy importante— las fórmulas de relación social que le servirán más tarde para toda su vida. Cada familia adoptará aquellas de su entorno cultural y social que crea más oportunas.
  Pensemos que es más fácil para el niño decirle a su hermano «¡burro!» o «¡imbécil!» que, «Estoy muy dis-

gustado porque me has roto el coche que más me gustaba».

- *Inventar entre ambos (niño y adulto) alguna palabra nueva y divertida para sustituir a una de las ofensivas.*
- *Ofrecer lecturas* que podamos compartir en las que los personajes digan palabras, expresiones, exclamaciones... divertidas, ya que, probablemente, encuentren algunas más graciosas y estimulantes para incorporar a su repertorio.

Si, después de todos estos consejos, la situación persiste en el tiempo, tal vez haya que replantearse el problema y valorar otras causas como, por ejemplo:

- *¿Le dedicamos suficiente atención?*
  Puede que si se porta bien no le hagamos caso, pero que si se porta mal (palabrotas, insultos) lo dejemos todo y nos ocupemos de él. Los niños prefieren a sus padres por encima de todas las cosas, y no les importa que les hagan caso de una forma como de otra si así pueden estar con ellos.
- *¿Estamos siendo demasiado rígidos con su educación?*
  El que un niño diga de vez en cuando «tonta» no quiere decir que sea ni un mal hablado ni que se prodigue en palabrotas. Si los padres lo creen es porque a veces son muy rígidos en su educación.

En estos casos, estaríamos ante otro tipo de realidad que requiere una forma también distinta de ser abordada que las simples e inocentes palabrotas infantiles.

## PARA SABER MÁS

CATTS, H. y KAMHI, A., *Language and Reading Disabilities,* Allyn & Bacon, Needham Hts., 1999.

GALÁN, A. et al., «Posibles repercusiones de la lactancia materna y uso del biberón sobre la oclusión en dentición temporal», *Odontología Pediátrica,* vol. 8, nº 2, 2000, p. 49.

GRANDI, D. y DONATO, G., *Terapia miofuncional. Diagnóstico y tratamiento,* Lebón, Barcelona, 2008.

VAS, M., *Mi niño no habla bien. Guía para conocer y solucionar los problemas del lenguaje infantil,* La Esfera de los Libros, Madrid, 2009.

## RESUMEN

- Es importante saber si verdaderamente nuestro hijo tiene un problema con el lenguaje. Para ello puede usted consultar las tablas y orientaciones que le damos.
- Ante un problema, puede tener en cuenta algunos consejos que le damos y acudir al profesional.
- La comprensión es previa a la expresión. Su hijo entiende más de lo que puede expresar.
- Nuestra colaboración es imprescindible. Deje que su hijo se exprese y háblele.

- Las palabrotas a menudo son la expresión fácil y directa de una situación desagradable. Intente ver si hay algo detrás de ellas.

- Si su hijo es lactante, no se deje engañar: la lactancia materna no tiene nada que ver con los problemas de lenguaje y de pronunciación de su hijo. La lactancia materna fomenta una mejor formación de la cavidad bucal y mejora el nivel cognitivo y de lenguaje del niño.

- La lactancia materna está recomendada por los principales organismos internacionales y españoles como mínimo durante dos años (sin límite de duración), porque no presenta ningún tipo de contraindicación en el niño.

# Capítulo XVI
# EL CHUPETE

*Lo malo del chupete, por ejemplo, no es que el pezón sea de plástico; lo peor es el cuerpo que falta detrás del chupete.*

C. RODRIGÁÑEZ

## ¿QUÉ ES Y PARA QUÉ SIRVE?

El chupete es uno de esos objetos que los futuros padres ya tienen antes de que nazca el niño y que, parece ser, no puede faltar en ninguna canastilla que se precie. Te los regalan por todas partes y se considera un elemento de vital importancia.

Fíjese que los chupetes no llevan instrucciones, son fáciles de usar y no hay que perder mucho tiempo averiguando su funcionamiento (al revés que algunos cochecitos o cunas-parque, que requieren un curso avanzado para montarlos y desmontarlos).

Que los niños usen y se enganchen al chupete es sencillo. Basta con metérselo en la boca unas cuantas veces hasta que el bebé aprenda el mecanismo (probablemente no haya uno más fácil porque los niños tienen el instinto de succión); además, notará que succionar un chupete es agradable y le calma. Y es que el chupete calma a los niños. Hasta tal punto, que en inglés la palabra que usan para chupete es la de «pacificador». Es curioso, en castellano lo nombramos por lo que el bebé le hace al chupete y en inglés, por lo que el chupete le hace al bebé.

Probablemente los niños ya están predeterminados a calmarse con la succión. Por eso, generalmente, se calman al ponerlos al pecho, al usar el chupete o al chuparse el pulgar (o todo el puño). Debido a ello se inventó el chupete, que no es más que una imitación en plástico de un pezón materno, tal y como reza la frase del principio, que usamos los adultos para tener tranquilos a los bebés.

Y, al revés que otros inventos para usar con los bebés, éste sí que funciona. Incluso en ocasiones es automático y el bebé pasa de llorar desconsoladamente a chupar con fuerza del chupete (y en silencio, para alegría de sus padres). Así, los adultos usan y abusan del chupete, ya que se lo damos a la mínima señal de intranquilidad por parte del niño. Podría haber auténticas competiciones internacionales de madres o padres metiendo el chupete en la boca de su niño al estilo de los duelos de pistoleros. La rapidez de algunos padres no deja de ser asombrosa.

Con el paso del tiempo y con el uso, el niño acaba entendiendo que ese instrumento tan simple es un buen aliado suyo, quizás porque comparte con él momentos de ansiedad y malestar que le calma. Así, el niño establece una relación con su chupete que va algo más allá del simple instrumento. El niño identifica no sólo el instrumento, sino que identifica cuál es *su chupete.* Hay ocasiones en que reclama su chupete, y no sirve de nada darle otro modelo, el mismo con distinto color o incluso el mismo con idéntico color pero sin desgaste. Así, podemos entender que la relación del niño con el chupete es algo más que la simple, la instrumental, ya que no establecen un contacto tan fuerte con la esponja del baño, la silla de paseo o incluso el biberón.

## INCONVENIENTES Y ADVERTENCIAS

- *Le creamos una dependencia que luego tendremos que eliminar.*
  Cuando entendemos que el niño necesita el chupete se lo damos y a menudo conseguimos que el bebé deje de llorar o se tranquilice antes. Funciona tan bien, que finalmente acabamos convenciéndonos de que se lo damos por su tranquilidad y por su necesidad, y olvidamos que empezamos a dárselo sin que nos lo pidiera explícitamente y que si no lo hubiera conocido, no lo echaría de menos. Cuando llega el momento de retirarlo tenemos que tener presente este hecho y hacerlo de forma respetuosa para el niño, ya que, entre otras razones, su dependencia se la hemos creado nosotros.

- *El chupete interfiere en el contacto de los padres con el bebé y en el acceso del bebé al pecho (su auténtico chupete).*
  El chupete hace tan bien su función de calmar al niño (pacificarlo), que a menudo se lo damos como sustituto y no como solución a su petición, que en general nos implicaría más a nosotros. El bebé llora porque reclama teta y la madre dice: «Le voy a dar el chupete

a ver si se calma y me da tiempo a… (llegar a casa, acabar la tarea, bajar del taxi, etcétera)». En situaciones en que incluso nos sería fácil atender la petición del niño, lo calmamos dándole el chupete. Hay casos más complicados en que el chupete es prácticamente lo único que interactúa con el bebé, porque nadie más le hace caso.

- *El chupete interfiere en la lactancia materna.*
  Como ya he comentado al principio del capítulo, el chupete se halla en la mayoría de canastillas, incluso antes de que el bebé haya nacido. Ahora se fabrican multitud de tipos distintos de chupetes y de todos los tamaños, de forma que los hay para que se pueden dar desde el momento mismo del nacimiento. Sin embargo, la OMS y todos los expertos en el tema aconsejan no darlo hasta que la lactancia esté bien establecida. La razón no es otra que, puesto que el chupete es una imitación del pezón de la madre, no interesa que el bebé se acostumbre a la imitación y pueda llegar a rechazar el original (parecido a lo que pasa con el biberón). Hay diferencia entre el modo de succionar el pezón y el del chupete (o tetinas varias), y esta diferencia crea interferencias con la lactancia.

- *El chupete debe ser seguro.*
  Hay recomendaciones que pertenecen más al apartado del sentido común y que no requieren apenas comentarios. Se aconseja que el chupete sea de una sola pieza, para evitar posibles accidentes si se rompiera en partes más pequeñas y para que se vaya reno-

vando en función de su estado. Cuanto más viejos y gastados, más difíciles de esterilizar y más fáciles de romper, así que mejor irlos cambiando, evitando hacerlo el día en que vamos de visita a casa de los suegros o de fin de semana a la montaña para evitar escenas de verdadera desesperación.

- *No debe limpiarse el chupete con la boca de un adulto, puesto que es un foco de gérmenes.*
  Si no tiene agua al alcance pase otro líquido (leche, gaseosa) para eliminar la suciedad y retire bien con un pañuelo los restos de estas bebidas.

- *No debe mojar el chupete en bebidas azucaradas.*
  El uso de chupetes y biberones con sustancias dulces, sobre todo en la noche, provoca caries dental.

La Academia Americana de Pediatría ofrece unas recomendaciones en cuanto al chupete (la mayoría ya han sido citadas):

- No obligue al niño a aceptar el chupete.
- Ofrecer el chupete al niño en momentos puntuales (para dormir, para la siesta…).
- No introduzca el chupete en la boca de su hijo cuando éste se ha dormido.
- No se debe mojar el chupete en sustancias dulces o azucaradas.
- En el caso de los niños amamantados, debe ofrecerse el chupete cuando el niño ya ha cumplido el primer mes de vida, para asegurar que la lactancia esté bien establecida.

En el uso del chupete hay dos preguntas que se repiten hasta la saciedad por parte de los padres, y hacen referencia a la retirada del chupete. Estas preguntas son el cuándo y el cómo.

## ¿CUÁNDO RETIRAR EL CHUPETE?

Si no se hubiera obligado al niño a aceptar el chupete, no habría que quitárselo. Y digo obligar porque el recién nacido tiene el reflejo de extrusión desde que nace (por el cual escupe todo lo que se le mete en la boca que no sea el pezón de su madre), y es típico ver a los padres sujetando el chupete en la boca del niño porque «es que, si no, lo escupe». Pues claro.

Fiel a toda mi forma de entender la crianza, la respuesta es que no hay prisa y hay que hacerlo cuando el niño y los padres estén preparados. Al fin y al cabo es un mal hábito que les introducimos los padres, para nuestra tranquilidad, y cuando nosotros pensamos que ya no lo necesitan se lo retiramos, sin tener en cuenta su opinión ni sus sentimientos.

La edad más habitual en que se hace es hacia los 3 años. Esto es así por varias razones: en primer lugar, los niños acostumbran a empezar el colegio a los 3 años. Algunos lo hacen antes y otros lo hacen después (la escolarización en España no es obligatoria hasta los 6 años), pero la mayoría comienzan a esta edad. Al ir a la escuela, la presión sobre los padres y sobre los niños para que abandonen el chupete es importante, y por eso muchos progenitores se deciden a hacerlo sobre esta edad.

Por otro lado, no es mala edad para empezar, ya que en torno a los 3 años el niño ya ha adquirido el lenguaje y entiende lo que se le dice, ya sigue razonamientos básicos y dispone de memoria a largo plazo. Así, si se le explica, se le razona y se le muestra la manera de hacerlo, está en disposición de aceptarlo mucho mejor que si se hace antes, cuando no dispone de estas habilidades cognitivas.

Y, en tercer lugar, porque antes de los 3 años es muy difícil que haya malformaciones dentales o que éstas sean irreversibles. Pero, por la misma razón, también se puede hacer después de los 3 años. Los logopedas que relacionan algunos problemas del habla con el uso del chupete están de acuerdo en que antes de los 5 años estos problemas son recuperables, y los ortodoncistas han comprobado que con una succión no mayor de seis horas y con una fuerza de succión normal casi no hay alteraciones hasta los 3 y 4 años, y las que se dan se solucionan con facilidad después, esporádicamente.

«La mayor parte de los niños abandona los hábitos de succión antes de los 4 años sin que se ocasionen daños permanentes», afirma Domingo Barroso, pediatra en el Centro de Atención Primaria José María Álvarez, de Don Benito, en Badajoz.

Contamos con otro factor a nuestro favor, si no hay alteraciones en la forma del paladar, los dientes que tienen los niños a estas edades son los llamados de dentición temporal o dientes de leche, que, afectados o no, se les van a caer.

Por lo que, realmente, hay mucho margen para forzar el abandono del chupete y podemos ser más respetuosos con el niño. No obstante, se puede intentar retirárselo antes, porque lo normal sería no habérselo dado.

## ¿CÓMO RETIRAR EL CHUPETE?

*Si le sale bien a la primera,*
*intente no parecer muy sorprendido.*
ANÓNIMO

Hay muchas formas de retirar el chupete. No hay una norma fija. Como en tantas otras cosas, debe hacerse como el niño y los padres quieran. Sólo tenemos que tener en cuenta que estamos retirando un objeto de enorme importancia para el niño, y que después de hacerlo hay muchas probabilidades de que el niño lo vuelva a reclamar porque seguramente lo vuelva a necesitar.

No es un signo de debilidad por parte del niño reclamar un objeto que le calma y le disminuye la ansiedad. Así, debemos estar dispuestos en los días o semanas posteriores a la retirada del chupete a prestar más atención y a dar más cariño al niño, que, con toda seguridad, lo reclamará.

Volviendo al tema del cómo, generalmente da buen resultado vincular la retirada del chupete a fiestas señaladas y entregar el chupete de una forma explícita a algún personaje. Muchos padres aprovechan la Navidad para que el niño le ofrezca su chupete al Rey Mago al entregarle la carta, dárselo a alguien en el día del cumpleaños o dejar el chupete bajo la almohada para el Ratoncito Pérez. Es conveniente que el niño sea consciente de que está dando su chupete a alguien a cambio de algo o por alguna razón, para que así, cuando en los días posteriores nos reclame el chupete, se le pueda recordar lo que ha pasado con él. Otra idea es ir a una tienda de juguetes y, con la ayuda inestimable de la dependienta, cambiar aquel juguete que tanta ilusión le hace tener por los chupetes viejos. Recordarle que entregó el chupete por alguna razón y cuándo lo hizo es muy útil para que acepte que ya no lo tiene más.

Cuando el niño es más mayor se puede explicar qué se espera de él y convencerle. Hay que estar muy seguros de que el niño ha entendido toda la complejidad de la negociación, porque puede que no interprete igual que usted las palabras «para siempre».

> Nico había pactado con su padre que ya no llevaría chupete. Cuando llegó la noche lo pidió para dormir. Su padre le dijo: «Nico, quedamos en que era para siempre». Y Nico contestó: «Sí, para siempre de día pero por la noche no vale». Ana H.

El uso del chupete es parecido al hábito de fumar de los adultos. Dejarlo no es nada difícil; hay gente que lo hace más de una vez al día. El problema es conseguir que, una vez que se ha dejado, no se vuelva a caer en el hábito. Por esto recomendamos esperar al día adecuado en que nuestro hijo entienda lo que está haciendo, vincular el momento exacto de dejarlo a algo agradable y tener presente que los días posteriores pueden ser difíciles, en los que habrá que estar a su lado con dosis extras de cariño.

Hay ocasiones en que la retirada del chupete se complica y el niño cumple aquello de: «A falta de pan, buenas son tortas», y sustituye el chupete que no tiene por el pulgar, que son dos, y, si me apuran, cuatro (una amiga mía de juventud, a los 25 años, se mordía la uña del pulgar del pie derecho delante de la tele cuando no le llamaba el novio; luego se dedicó al yoga). Cambiar el chupete por los pulgares es algo que debería evitarse, y es mejor renunciar temporalmente a retirar el chupete que permitir este nuevo hábito. La idea es muy sencilla: resulta mucho más fácil controlar el uso del chupete (se lo damos y se lo quitamos) que el uso del pulgar, que no podemos retirar. Por el contrario, en los casos en que el niño no usa chupete pero no para de meterse el pulgar en la boca, podemos usar el chupete como método de rescate para que deje de meterse los dedos en la boca y, más adelante, retirar de forma tranquila el chupete.

En resumen, el chupete se puede quitar porque sí («A partir de hoy se acabó»), porque se ha «perdido» o porque se lo hemos dado a los Reyes o a la señora de la tienda a cambio de un juguete. Hemos de buscar lo que mejor le vaya a sentar a nuestro hijo. Pero, ante la duda, ¿no cree que es mejor que los Reyes, los padres o la tienda le den algo a cambio de un objeto que es supervalioso para el niño? Los adultos, cuando nos cambiamos el coche o la casa, siempre buscamos la mejor oferta. No sea rácano con su hijo por una cosa que ha iniciado usted.

## PARA SABER MÁS

GALÁN, A. *et al.*, «Posibles repercusiones de la lactancia materna y uso del biberón sobre la oclusión en dentición temporal», *Odontología Pediátrica,* vol. 8, nº 2, año 2000, p. 49.

—, «Repercusión del uso de chupetes sobre los parámetros de la oclusión de la dentición temporal», *Odontología Pediátrica,* vol. 8, nº 2, año 2000, p. 48.

GRANDI, D. y DONATO, G., *Terapia miofuncional. Diagnóstico y tratamiento,* Lebón, Barcelona, 2008.

## RESUMEN

- El chupete lo ponemos los padres para nuestra comodidad, para calmar al niño. Por lo tanto, le creamos una dependencia que luego tendremos que eliminar.
- No hay que introducir el chupete antes de que la lactancia esté bien instaurada, para no interferir en ella.
- El chupete interfiere en el contacto de los padres con el bebé y en el acceso del bebé al pecho, su auténtico chupete.
- El chupete debe ser seguro e higiénico. No limpie nunca el chupete con su propia boca.
- No debe mojar el chupete en bebidas azucaradas, pues provoca caries.
- Debemos ser respetuosos al retirarlo. Explicarle lo que hacemos o, mejor, negociar con el niño cómo hacerlo es un buen punto de partida.
- Si su hijo es demasiado pequeño para entender las negociaciones en toda su complejidad, es mejor dárselo a los Reyes Magos o al Ratoncito Pérez a cambio de algo. Al fin y al cabo, es de los objetos más valiosos que posee y no lo vamos a infravalorar.

➡

- Como el chupete era un objeto que calmaba al niño, ha de estar dispuesto a darle ese confort y calma en los momentos en que lo necesite. Una dosis «extra» de mimos esos días no está de más como prevención.

- Si abandonado el chupete su hijo se pasa al dedo, es mejor recuperar el chupete y esperar hasta que sea un poquito mayor y pueda asimilarlo. Es más fácil quitar un chupete que un dedo.

# Capítulo XVII
# MENTIROSOS Y MIEDOSOS

*Quizás la existencia de una respuesta depende solamente de que se haga la pregunta adecuada.*
R. DUNCAN

## EL NIÑO MENTIROSO

Ante un niño que dice mentiras, nada bueno podemos deducir de la persona a quien se las cuenta.

Cuando iba al colegio y nos llamaban al despacho del director, ya sabíamos que no era para nada bueno. Nadie quería ir cuando se le llamaba y mucho menos nos atrevíamos a ir voluntariamente. Pero hace unos años trabajé en una escuela en la que me sorprendió que los niños iban a contar al director ellos mismos si habían hecho algo malo. («He roto sin querer un cristal», «Me he peleado con fulanito»). Pronto averigüé por qué: el director los escuchaba y, con explicaciones razonadas, intentaba modificar el aspecto negativo que había cometido el niño. No castigaba, sino que escuchaba, y entre los dos buscaban la mejor forma de subsanar aquello. En cambio, el resto de profesores sí les castigaban y por eso los niños solucionaban el problema con el director.

Imagine que un padre grita furioso: «¿Quién se ha comido el chocolate? ¡Que venga inmediatamente, que se va a enterar!». ¿Cuál de las reacciones que se dan a continuación será la normal en su hijo de 7 años?

1. Escurrir el bulto como pueda.
2. Decir: «He sido yo y puedes castigarme».

Un niño normal no va a confesar en esas circunstancias. Si alguno lo hiciera, podríamos sospechar algún atisbo de masoquismo.

Para que alguien, adulto o niño, diga la verdad, hemos de propiciar las condiciones óptimas para que la exprese.

Habitualmente, las mentiras, tanto en niños como en adultos, se suelen deber al miedo: miedo a las represalias, miedo a que se sepa quién es realmente (típico de muchos adultos que alardean de una vida que no tienen), miedo a quedar mal delante de la gente, miedo a no conseguir algo... En definitiva, existe el miedo.

Cuando tenemos confianza con una persona, le contamos nuestros secretos y debilidades más ocultas porque no le tememos. Ésa es la explicación de por qué los adolescentes son capaces de contar antes un problema a un amigo (incluso a un psicólogo) que a un padre. No se puede tener miedo de un padre (¡ojo!, no se debe confundir el miedo con el respeto, eso sí se puede tener). Un padre que «reine» en su casa basándose en el terror sólo va a conseguir mentiras y más mentiras, ya que nadie se atreverá a hablar con él.

La base para que nuestros hijos no mientan es el amor, la tolerancia y la empatía.

Ante un niño que ha roto un jarrón, la empatía nos hará ponernos en el lugar del niño y saber si realmente quería hacerlo o no. El cariño hará que lo que les digamos, aunque sea una reprimenda, rebose amor y sea visto por el niño como una ayuda para que él sea mejor, y la tolerancia hará que las acciones reparadoras que pactemos con él (recoger los pedazos, ahorrar para comprar otro...) sean proporcionales al hecho, a la intención del niño y a lo que éste puede asumir.

Veamos un ejemplo:

> Juan rompe un jarrón. Su madre le grita: «¡Juan, ven aquí! ¿Has sido tú, verdad?». Evidentemente, Juan le contestará que no. Si la madre sigue diciendo: «Dime la verdad o será peor», el niño aún hablará menos, porque entre que le riñan ahora o más tarde, mejor seguir mintiendo. Desengañémonos: Juan ya sabe que no será mucho peor, ahora ya pinta muy mal.

Somos nosotros quienes provocamos que la mentira se mantenga. Veamos qué sucede cuando aplicamos la empatía, el amor y la tolerancia.

Juan rompe un jarrón. La empatía hace que pensemos que tal vez ha sido un accidente y que, al igual que nos ocurre a nosotros, puede cometer desaguisados de ese tipo. Por ello, vamos a enunciar lo que ha sucedido sin añadir ningún otro comentario («Juan, se ha roto el jarrón») y averiguaremos qué ha pasado. Es importante averiguar qué ha sucedido porque no es lo mismo un accidente fortuito que una acción intencionada, y las medidas reparadoras que le vamos a proponer serán diferentes. Así pues, podemos preguntarle con voz suave: «¿Sabes qué ha pasado?». O, si es evidente que el niño es el implicado: «¿Me puedes explicar qué te ha sucedido con el jarrón?». Si la respuesta es que ha sido un accidente (quizás no lo ha visto), es que no quería hacerlo. Esta misma empatía hará que pensemos en cuántas veces nosotros, también por despiste, hemos roto algo o hemos perdido alguna cosa. Y nos preparará para ser más tolerantes con las actitudes de nuestros hijos. A partir de ahí el amor hará que todo lo que debamos decirle sea cariñoso («Bueno, pero otra vez ten un poco más de cuidado», «¿Te has hecho daño? Bueno, si sólo es el jarrón, no es grave») y que las medidas que le propongamos para solucionar el desaguisado también vayan en la misma línea («Ya sé que ha sido un accidente, pero para que otra vez pienses más en ello, ¿me ayudas a recogerlo?», o bien: «De acuerdo, no querías hacerlo, pero para que otra vez no suceda una cosa similar, ¿qué te parece si a partir de ahora no vuelves a corretear por casa y si lo haces, yo te lo recuerdo?»). Esa misma tolerancia que nos ha hecho ver que a nosotros también nos suceden pequeños accidentes cada día y que no por ello necesitamos recibir un castigo es la que hará que nos demos cuenta de que es mejor enseñarles una medida para que aprendan a ser más cautelosos en lugar de castigarlos. Además, recordemos cómo a ciertas edades (antes de los 3 años) un castigo puede ser inútil, porque el niño no acaba de entender exactamente la causa y el efecto de lo que ha sucedido. Se encuentra castigado sin que sepa por qué. Lo único que lograremos es que se rebote contra nosotros, puesto que no entiende la razón de su castigo.

Puede que Juan haya roto el jarrón queriendo (se enfadó con su madre y tiró el jarrón, o lo rompió porque estaba enfadado consigo mismo). Lo acabaremos sabiendo si se lo preguntamos de manera (como en el párrafo anterior) que se sienta libre para hablar.

A partir de ahí, el amor y la tolerancia harán que le podamos decir que nos duele que esté tan enfadado, pero que en casa no rompemos las cosas de los demás si nos ponemos así. Le podemos contar qué hacemos nosotros cuando nos enfadamos para que nos imite. El problema suele ser que la mayoría de padres cuando se enfadan no son muy buenos modelos para sus hijos. Hay otro tipo de padres que evitan a toda costa enfadarse delante de los niños y tampoco son modelos de cómo se debe comportar cuando discrepa con otros miembros de la familia.

Si a partir de aquí se quiere buscar una medida que repare el daño hecho, debemos ser tolerantes y buscar algo que el menor pueda cumplir y que le enseñe algo positivo. Muchos padres no saben hacer esto y tan sólo castigan, con lo que provocan que el menor mienta otra vez. Si el niño ha roto el jarrón y se le castiga un mes sin televisión, eso es tan sólo un castigo: el menor no aprende a controlarse. Y, seguramente, como es un castigo muy desproporcionado y duradero, al final no se llevará a cabo; e incluso si se lleva a cabo, el niño lo verá como una injusticia.

> Cuando mi hijo mayor tenía 6 años, llegó a casa un viernes de la escuela y me preguntó: «¿Mañana por la tarde me dejarás hablar por teléfono con mi amiga Laia?». «Claro —le respondí—. ¿Qué ha pasado?». Me contó que el día anterior el padre de Laia estaba viendo el fútbol y se levantó un momento para ir a la cocina. La niña aprovechó que el padre no estaba para cambiar el canal de la tele y mirar unos dibujos. Al volver, el padre se enfadó y la castigó todo el sábado a estar en su habitación sin poder salir. Mi hijo vio una injusticia en todo esto y un castigo desproporcionado (al igual que la niña) y para apoyarla la estuvo llamando durante toda la tarde para darle ánimos y distraerla.

Si el niño ha roto el jarrón queriendo, una buena medida es enseñarle otras formas de control (mejor si es mediante el ejemplo de los padres) y buscar algo para que repare el daño. Por ejemplo, para que se controle, le podemos decir cosas como: «Cariño, cuando te enfades, dilo, pero no rompas nada», «Si te enfadas, te dejamos expresarlo gritando, pero no rompiendo cosas», «Ya ves que cuando mamá y papá se enfadan, no rompen nada, sino que continúan hablando hasta que lo solucionamos y esperamos lo mismo de ti», etcétera). Y para que repare el daño, podemos pedirle que nos ayude a recoger el jarrón, o que con sus ahorros (dinero de Navidad, cumpleaños) vayamos a comprar una cosita que sustituya al jarrón roto, o que tiene que pedir perdón a su padre, pues había sido quien había comprado el jarrón. Lo mejor es ofrecerle dos alternativas y que elija una de ellas.

Quizás, de esta forma, la próxima vez que le suceda algo parecido se atreva a volver a contar la verdad, pues en ningún momento se ha sentido amenazado o se le ha castigado injustamente. Al contrario, le hemos dado herramientas para que se controle y le hemos ayudado a reparar el daño, con lo cual no se sentirá tan culpable.

> Lucía, de 3 años, estaba sentada en el sofá viendo la tele y se le cayó la coca-cola que estaba tomando y le dijo a su madre: «Mamá, se me ha caído la coca-cola en el sofá, pero no pasa nada, la he tapado con el cojín».[1]

Lucía, seguramente, es un niña que ha crecido con la confianza de que puede contar lo que sucede. Como Lucía contó lo que había sucedido en el momento, su madre pudo minimizar el daño (un lavado rápido no deja manchas). Si Lucía no se hubiera atrevido a contar el accidente, su madre lo

[1] P. Motos (coord.), *Frases célebres de niños 2,* p. 15.

habría descubierto otro día y a lo mejor ya hubiera sido tarde para solucionarlo, o quizás lo habría visto el día de una visita de compromiso. Sea como fuere, facilitar que nuestros hijos cuenten las cosas siempre nos va a favorecer.

Si le cuesta entender el mecanismo que hemos utilizado para que el niño no mienta en el futuro, puede utilizar el que dimos en el capítulo de las rabietas (comprensión, educación y elección) y obtendrá resultados similares.

Aparte del miedo, hay otras causas por las que el niño puede que mienta y que valen la pena explicar:

- La fantasía y el amigo invisible.
- Los malos entendidos.
- Cuando los padres mienten.

### *La fantasía y el amigo invisible*

> Denís tiene un amigo imaginario que se llama Pablo López. Una noche que no quería ir a la cama, su madre le dijo: «Mira, Pablo López ya está en la cama». Y entonces Denís le respondió: «¿Sabes, mamá…? Pablo López es un poco imaginario».[2]

Muchos niños tienen amigos imaginarios o una fantasía desbordante. Esto puede hacer que «vean» las cosas de otra forma y lo digan tal cual. No mienten y la mayoría están convencidos de que eso es así. Incluso en el ejemplo que encabeza este apartado, el niño que no quiere ir a dormir admite «un poco» que su amigo es imaginario. Ni siquiera puede admitirlo del todo.

---

[2] *Ibídem*, p. 9.

*Los malos entendidos*

Los niños no entienden las cosas como nosotros. Puede que haya palabras que adquieran un significado diferente para ellos y, por lo tanto, cuando les preguntemos por éstas, puede parecer que miente. Pero no es así.

Hace unos diez años una pequeña andaluza de 4 años me dijo que su padre era joyero. Al poco tiempo me enteré por su madre de que su padre llevaba una excavadora. Cuando se lo dije, me contestó: «Sí, es joyero, hace *joyos* con la excavadora». La niña no había mentido.

Vean este otro ejemplo:

> Alex estaba dibujando y su madre le preguntó: «¿Qué haces, Alex?». El niño le respondió: «Estoy dibujando un agujero». «¿Cómo puede ser un agujero si es alargado y con brazos?», le preguntó su madre. Alex contestó, con aire de suficiencia: «Un agujero es un señor que hace agujas».[3]

La profesora castigó a María sin salir al patio porque había estado distraída y no había terminado sus tareas escolares. La niña lloraba desconsoladamente y repetía una y otra vez que no había estado distraída. La señorita le dijo: «María, no me mientas y no me digas que no has estado distraída». Y María contestó: «Es verdad, no he estado distraída, porque todo el rato he estado hablando con mi amiga Pili».

[3] P. Motos (coord.), *Frases célebres de niños*, p. 32.

### *Cuando los padres mienten*

A veces somos nosotros, los padres, los que mentimos y damos mal ejemplo, pero peor es cuando obligamos a nuestros hijos a mentir. Claro que mienten, pero eso no es mentir exactamente.

> «Guapo, ¿cuántos añitos tienes?». El niño miró a su madre y le dijo: «Mamá, ¿le digo la del autobús o la de verdad?».[4]

A veces censuramos en los niños comportamientos que no censuramos en nosotros. No mienta ni obligue a mentir a un niño.

## EL NIÑO MIEDOSO

*El miedo atento y previsor es la madre de la seguridad.*
E. BURKE

Todos tenemos miedo a algo. Entre mis conocidos puedo citar los siguientes: Montse teme a los perros; Rosa tiene miedo del aceite al freír; Carmen no soporta los petardos y los fuegos artificiales; Roberto no puede irse a dormir si no tiene tabaco; Carlos sufre porque tiene un entrevista de trabajo…

Los niños no van a ser menos que los adultos y también tienen miedo de algunas cosas. Cada uno tiene su miedo particular: a unos les cuesta dormir fuera de casa, otros temen que el profesor les pregunte delante de toda la clase.

---

[4] *Ibídem,* p. 23.

Si su hijo tiene algún miedo como los que hemos citado, tan sólo intente llegar al objetivo, a la zona emocional, a base de ir avanzando poco a poco mediante la distancia emocional asimilable (repase estos conceptos en el capítulo II).

Cuando hablamos de niños miedosos, no nos referimos a éstos, a los que tienen algún miedo de forma puntual, si no a los que tienen miedo ante muchas situaciones. Esto es lo que convierte a un niño que tiene miedo a algo en un niño miedoso.

Podemos distinguir dos tipos de miedo:

- El miedo marcado en el niño por cómo se le ha tratado.
- El miedo como prevención.

### *El miedo marcado en el niño por cómo se le ha tratado*

Como explicábamos en el capítulo II, en el desarrollo del cerebro infantil, según cómo tratemos a un niño desde que nace, se marcan en su cerebro unos determinados circuitos u otros. Son como unos caminos que quedan marcados para siempre. Por eso, ante un niño que tiene miedo, deberíamos pararnos a pensar qué se lo puede producir, tanto en su pasado más reciente como en el más remoto.

Muchos niños tienen miedo porque de pequeños fueron apartados de sus madres al nacer y esto creó en ellos un gran estrés. Otros, porque a veces se han frustrado sus peticiones más elementales de consuelo y contacto. Sea como fuere, el camino se basa en ser comprensibles con el niño, ya que la mayoría de las veces los culpables somos los adultos.

Hace poco se denunció en los medios de comunicación que en una guardería de nuestro país se maltrataba a los menores. Las imágenes que salían por la televisión eran estremecedoras: se les obligaba a comer, no se les hacía caso, etcétera. Quién sabe si estos niños empezaron a no querer ir al colegio, a asustarse en cuanto notaban que su madre se ausentaba... Ahora ya sabríamos por qué. Seguramente, los niños empezaron a mostrar miedo, pero nadie sabía el motivo en los primeros momentos.

Sea como fuere, la solución no es forzarlos a hacer algo en contra de su voluntad, pues les asustaremos más y generaremos en ellos más inseguridad y miedo. Intente, siempre que pueda, buscar la causa que ha originado ese miedo generalizado en su hijo y, si la encuentra, hable con él. Si el menor tiene menos de 3 años, le será difícil, pero a partir de esa edad los niños entienden más que hablan y ya son capaces de escuchar, comprender y responder en la medida de sus posibilidades. Hable sobre el tema y deje que libremente pueda expresar lo que siente con dibujos, palabras, moldeado en plastilina, etcétera.

Tanto si sabe la causa como si no, puede animarle a que consiga alguna de las metas que, de momento, es incapaz de conseguir, a base de buscar una distancia emocional asimilable por el niño e ir avanzando por ese camino con nuestra ayuda. Evidentemente, si se supiera la causa y se soluciona, el niño terminaría con su miedo, pero trabajando en la distancia emocional asimilable podemos adelantar ese momento.

### *El miedo como prevención*

Hay niños más inteligentes que otros. Eso es una realidad. Y puede que sean inteligentes para una cosa y no tanto para otras, como se ve muchas veces. Sea como fuere, los niños que presentan una inteligencia cognitiva mayor que sus compañeros suelen tener más miedo.

¿Son miedosos realmente? No, incluso algunos padres no entienden cómo pueden ser tan lanzados para unas cosas y tan temerosos para otras. La explicación radica en que no son miedosos, sino que captan el peligro más que el resto de niños.

Imagínese que va con su bebé de dos semanas en brazos y una pandilla de asaltadores callejeros se dirige hacia usted. ¿Quién tendrá más miedo, usted o su bebé? Evidentemente, el bebé ni se va a enterar, a no ser que los gamberros inicien alguna acción en su contra que la separe del niño o le hagan daño. El niño no puede darse cuenta.

Lo mismo les sucede a estos niños «miedosos»: sus compañeros de la misma edad no se dan cuenta de muchos peligros y ellos sí. Son los típicos niños que preguntan por lo que va a pasar («¿Cuándo nos marcharemos?, ¿a qué hora regresaremos?, ¿quién me va a llevar?, ¿cómo lo haremos?») o hacen conjeturas sobre posibles accidentes («Mamá ¿a ti te puede atropellar un coche cuando vas al trabajo?, ¿papá se va a morir de esta gripe?, ¿qué pasa si cruzo la calle y el semáforo no funciona?»). Parecen pájaros de mal agüero, siempre viendo la parte negativa de las cosas; pero lo único que sucede es que ellos la ven (sus compañeros no) y como tienen la edad que tienen, no cuentan con los recursos ni con los conocimientos que tenemos nosotros para solucionarlo.

> Ainhoa, de 2 años, regresaba a casa con su madre después de un día de escuela. Al llegar al portal, se puso a llorar y a patalear porque no quería entrar. Si su madre se iba, tampoco la dejaba entrar en el edificio. Al final, tras muchas discusiones,

cogieron a la niña entre el padre y la madre y la subieron a casa. Lloró mucho rato, sin que supieran por qué, y al final se durmió sin haber cenado. Al día siguiente, la madre preguntó a la profesora si había pasado algo en la escuela que provocara el mal comportamiento de la niña. Un niño mayor que pasaba, al oírlas, comentó: «A mi hermana le pasó lo mismo ayer». Como su hermana tenía 6 años, y ya se explicaba mejor, le preguntaron. Resulta que había llovido, y después de comer, como no podían salir al patio, les pusieron un vídeo para entretenerlos. Mientras lo sintonizaban salieron las noticias: ese día, un edificio de Tarragona se había desplomado por culpa de una explosión de gas. Lo que para otros niños pasó desapercibido, para estas niñas más inteligentes no, se dieron cuenta y empezaron a maquinar: «Los edificios se caen por el gas. MI casa tiene gas, por lo tanto, mi casa no es segura. Por lo tanto, no voy a permitir que entre nadie». Se le explicó, en la medida de lo posible, a la pequeña Ainhoa que eso no podía pasar en su casa y problema resuelto.

Muchos niños tienen miedo a dormir fuera de casa, a ir a la escuela, a enfrentarse a cosas nuevas porque ven peligros donde no hay tantos (si de verdad les escucháramos, veríamos que algo de razón tienen), y como no pueden solucionarlo porque son pequeños, se asustan o desisten de hacer esas cosas. La mejor forma de tratarles es explicándoles lo más exactamente posible qué va a pasar y así se tranquilizan (piense en que son inteligentes y van a pillar mejor las explicaciones que otros niños). Forzarles sólo propiciará que se ofusquen más.

Les podemos tranquilizar diciendo que este tipo de niños miedosos no lo son en la vida adulta (los del apartado anterior, los niños a los que se les graba en sus circuitos cerebrales los caminos del miedo, ésos sí pueden ser miedosos en la vida adulta; pero éstos no). ¿Por qué éstos no? Porque con la edad saben calibrar mejor el peligro que los otros (recuerde que son más inteligentes) y le dan a cada situación la importancia que se merece: se diluye el miedo para las cosas insignificantes y son más precavidos para aquellas que requieren preocupación. Nada más.

Muchos padres y educadores mantienen una batalla contra estos niños que no quieren hacer lo mismo que hacen los otros y lo ven como un retraso («Es que todos se atreven a salir al escenario y Pedrito no», «Es que todos los primitos se quedan a dormir en casa de la abuela y Melisa no»). En la mayoría de los casos no es un retraso, sino un adelanto: lo que no ven los otros niños, ellos lo intuyen. Hablen con ellos, les sorprenderán sus explicaciones y razones.

## RESUMEN

- Muchas veces las mentiras las provocamos los adultos con nuestra actitud hacia el menor.
- Hemos de propiciar un clima adecuado para que el menor pueda contar la verdad de lo que ha sucedido.
- Puede hacerlo utilizando la empatía, el amor y la tolerancia en sus acciones ante el niño.
- Hay casos en los que parece que el niño miente, pero no es así. El niño cuenta con una fantasía desbordante

➡

o con un amigo imaginario. No miente: él ve las cosas de otra forma.

- Nunca hemos de obligar a los niños a mentir («dile al revisor que tienes 3 años») ni los padres deben mentir delante de sus hijos.

- El miedo es normal en el ser humano y permite la supervivencia de la especie, pero una cosa es tener algún miedo puntual o ser precavido y otra ser miedoso. Intente diferenciar a qué grupo pertenece su hijo.

- Hay un tipo de niño miedoso que lo es porque desde que ha nacido se le han grabado en su cerebro los circuitos del miedo: son niños a los que no se les ha atendido, se les ha dejado llorar... Muchos niños adoptados con historias así presentan miedos.

- Lo mejor para estos niños es averiguar, en la medida de lo posible, qué les sucedió e intentar solucionarlo. Dependiendo de cuál haya sido su trauma, éste puede quedar grabado para toda la vida, aunque podemos ayudarle a minimizarlo.

- También se puede trabajar en la distancia emocional asimilable para conseguir pequeños logros en la zona emocional que queremos cubrir.

- Hay otro tipo de niño miedoso y es aquel que, al tener una inteligencia más elevada que sus compañeros, ve más peligros que los niños de su edad.

- Estos niños no serán miedosos de mayores, puesto que aprenderán a calibrar con más facilidad los peligros reales.

- De momento, puede explicarles exactamente qué va a pasar, así se sentirán seguros y se atreverán a superar esos miedos.

- En ningún caso hemos de forzar a un niño miedoso, sea del grupo que sea. Forzarles sólo provoca más inseguridad y ésa es, justamente, la clave del miedo.

# Epílogo
# EL ÚLTIMO NIÑO TOLERADO

*Los árboles no crecen tirando de las hojas.*
J. M. HOFFMAN

Creo que hemos perdido la concepción de la infancia como algo excepcional y diferente en cada niño intentando que nuestros hijos sigan unas estadísticas que no están hechas con ellos ni para ellos. En cuanto algún niño no sigue las normas o no hace lo mismo que todos y en el mismo momento, ya tenemos un problema.

Cuando yo era pequeña, si un niño era muy movido le decían a su madre: «¡Vaya, el chaval va para futbolista!». Y si era retraído y le gustaba leer le decían: «Menudo lumbreras, ¡éste te va a sacar notarías!». Y todos felices. Pero ahora no. Actualmente al que es muy movido se le aplicarán técnicas para que deje de serlo o se le apuntará a yoga infantil, y al retraído se le animará a hacer deportes de equipo como el fútbol. Así pues, el primero nunca acabará siendo ese magnífico atleta que batirá el récord de los cien metros lisos y nunca disfrutará con la meditación trascendental; y el niño retraído seguirá siendo el más patoso de su equipo y perderá el tiempo en entrenamientos en lugar de desarrollar su actividad mental.

Queremos niños iguales que hagan lo mismo, sin valorar aquello que hay de excepcional en cada uno. Al parecer, el éxito radica en hacer que un chico se comporte como la mayoría, en lugar de ver la potencialidad de su comportamiento. Puede que tengamos un aventurero o un gran profesor de meditación entre nosotros, ¡pero no se puede permitir! Al movido se le pondrán límites a su actividad y al reflexivo se le animará a «pensar» menos y a hacer más deporte. ¡Cuántos talentos se pierden intentando que los niños no desarrollen aquello que ningún otro posee, porque han de hacer lo que hacen todos los demás!

Lo peor, quizás, no es esta inmersión de los niños en el gris de la mediocridad, puesto que no toleramos el blanco y el negro; lo más triste es que estamos contemplando la infancia como una enfermedad, puesto que toda separación de la norma se entiende como una patología. Jean-Marc Louis[1] afirma que los padres y educadores ceden demasiado a menudo a ese sueño del niño perfecto y normalizado. Y es eso, sólo un sueño, un constructo falso hecho con tablas y matemáticas, que debería ser orientativo, sí, pero nada más. Solamente se consideran niños aceptables si se encuentran en la parte central de la campana de Gauss,[2] pero ¡la derecha y la izquierda de la campana existen y son normales!

Dice Louis:[3]

> En la mayoría de los casos, estos juicios tienen como origen una mala información de los adultos respecto a la psicología del niño, y la ignorancia de las manifestaciones de las etapas que determinan la evolución en la infancia y adolescencia. Cuando los alumnos no están a gusto en su colegio, cuando

---

[1] J. M. Louis, *Los niños precoces,* Narcea, Madrid, 2004.

[2] Para los poco entendidos en matemáticas, como yo, es una curva que refleja la distribución normal de la población.

[3] J. M. Louis, *op. cit.,* p. 50.

no asimilan los contenidos, situamos el problema en ellos sin cuestionar un sistema que puede estar fallando (...).

Todos los niños son excepcionales. No hay ninguno igual y cada uno tiene unas particularidades maravillosas, como los distintos colores del arco iris. Pero nos perdemos en el mar de la seguridad y la comodidad: si un niño hace lo que hacen los demás, suponemos que ya hemos triunfado como padres o educadores. Pero, a menudo, no es así; simplemente cambiamos niños extraordinarios por niños ordinarios.

Hemos de iniciar un camino de tolerancia y comprensión hacia el niño normal con sus particularidades. No todos los niños siguen el mismo camino ni a la misma velocidad, pero no nos hemos de angustiar, simplemente es preciso observar y esperar. La desesperación que produce en algunos adultos el hecho de que su hijo no encaje con su idea de niño perfecto produce en el niño, a menudo, una falta de autoestima («No soy bueno, lo hago mal todo») e incluso una rebeldía por demostrar que estamos equivocados («Ahora te vas a enterar»). De la incomprensión adulta surgen los problemas psicológicos que ellos pueden sufrir; y de ahí, también, nuestra responsabilidad frente a ellos: *nuestra comprensión es su medicina.*

Como psicóloga, he de decir que es cierto que existen niños con patologías que deben ser tratados, pero no me refiero a estos casos. Es importante hacer un buen diagnóstico y mostrar a los padres y educadores la realidad, porque muchas veces pretenden que acojamos en terapia a niños que no la necesitan.

Hay muchas situaciones «complicadas» que se atribuyen a un comportamiento anormal del niño que, como hemos visto a lo largo del libro, se pueden solucionar simplemente comprendiéndole y adaptando la dinámica familiar a la nueva situación, generalmente transitoria. En vez de eso, los padres pueden tender a pensar que el problema es del niño y no harán nada por cambiar ellos. Así, en la consulta, observo continuamente que las situaciones que tienen peor pronóstico no son aquellas en las que el pequeño está peor (en cualquier sentido), sino aquellas en las que los padres son más inflexibles, más egoístas o menos empáticos. Aun así, el profesional debe intentar no ceder a la presión de los padres por «reconducir una conducta» (léase «hacer pasar por el aro») y no dar la razón a los padres, ya que esto no hace más que reforzar su idea de que es el niño el que «lo lleva mal».

Como hemos visto en estas páginas, las cosas que debe hacer un niño de 0 a 6 años son muchísimas y muy importantes. Es muy fácil que en alguna de ellas sea distinto al resto (tarde más en retirar el pañal, caminar, se despierte más veces...) . Esto no quiere decir que sea un niño normal o patológico. Enfocándolo con el prisma oportuno, cualquier niño puede parecer patológico. Durante la Revolución francesa, en el reinado del terror, Robespierre acostumbraba a decir: «Dadme tres frases de un hombre y le monto un juicio». Con los niños puede pasar algo parecido: si los padres, cuidadores o educadores hacen hincapié en lo que se aparta de lo normal (que a menudo no es ni tan siquiera lo normal, sino su idea de lo normal), pueden pensar que tienen un niño patológico y, por tanto, cuentan con la justificación necesaria para intentar cambiarlo por todos los medios.

Por todo ello, hay que intentar evitar la medicalización de los niños. El que su hijo se haga pipí en la cama a los 5 años no es un problema de salud; esto es fácil de entender. El que su hijo se aburra en clase y quiera salir al patio cuando no toca tampoco es un problema de salud. Dar medicación no pienso que sea una buena idea, ya que si seguimos por este camino será difícil encontrar un niño que no haya que tratar de alguna manera.

Pienso que como resumen, e hilvanando las ideas principales del libro, se puede establecer que el mejor tratamiento es la *prevención*, la mejor prevención es la comprensión y, para que haya una buena comprensión, es imprescindible que haya empatía, predisposición a comprender y amor.

Ya no toleramos a nuestros hijos, nos cuesta ver la parte divertida de las particularidades de cada uno. En la entrega de los Premios Goya de 2009, el director Javier Fesser dio las gracias a sus padres porque lo habían criado «con cariño, amor y buen humor». Tres ingredientes magníficos que no deberían faltar en una crianza feliz.

# Bibliografía


ACARÍN, N., *El cerebro del rey,* RBA, Barcelona, 2005.

ASOCIACIÓN ESPAÑOLA DE PEDIATRÍA (AEP), *Lactancia materna: guía para profesionales,* Monografía nº 5, Ergón, Madrid, 2004.

AINSWORTH, M., «Attachment beyond infancy», *American Psychologist,* 44, pp. 709-716.

AJURIAGUERRA, J. DE, *Manual de psiquiatría infantil,* Masson, Barcelona, 2002.

ANDERS, T. F., «Night-waking in infants during the first year of life», *Pediatrics,* 63, 1979, pp. 860-864.

BARUDY, J. y DANTAGNAN, M., *Los buenos tratos a la infancia. Parentalidad, apego y resiliencia,* Gedisa, Barcelona, 2005.

BASULTO, J., «Ya está listo para los sólidos», *Tu Bebé,* 181, 2008, pp. 40-42.

CATTS H. y KAMHI A., *Language and Reading Disabilities,* Allyn & Bacon, Needham Hts., 1999.

CHALLAMEL, M. J. y THIRION, M., *Mi hijo no duerme,* Obelisco, Barcelona, 2003.

CHECKLEY S., «The neuroendocrinology of depression and cronic stress», *Br. Med. Bull,* 52 (3), 1996, pp. 597- 617.

CORBELLA, J., CARBONELL, E., MOYÁ S. y SALA R., *Sapiens. El llarg camí dels homínids cap a la intel.ligència,* Edicions 62, 2001.

CYRULNIK, B., *Los patitos feos. La resiliencia: una infancia infeliz no determina la vida,* Gedisa, Barcelona, 2002.

DADERMAN, A. M. y LIDBERG, L., «Relapse in violent crime in relation to cerebrospinal fluid monoamine (5-HIAA, HVA and HMPG) in male forensic psychiatric patients convicted of murder: a 16-years follow-up», *Acta Psychiatrica Scandinavica,* 106 (supl. 412), 2002, pp. 71-74.

DEBRÉ, R. y DOUMIC, A., *Le sommeil de l'enfant avant trois ans,* PUF, París, 1959.

FABER, A. y MAZLISH, E., *Cómo hablar para que sus hijos escuchen y cómo escuchar para que sus hijos le hablen,* Medici, Barcelona, 1997.

FERNÁNDEZ DEL CASTILLO, I., *La revolución del nacimiento,* Granica, Barcelona, 2006.

FLORES GUEVARA, R., «El sueño en el feto», *Revista de la Asociación Ibérica de Patología del Sueño,* vol. 12, nº 1, enero- junio de 2000.

GALÁN, A. et al., «Repercusión del uso de chupetes sobre los parámetros de la oclusión de la dentición temporal», *Odontología Pediátrica,* vol. 8, nº 2, año 2000, p. 48.

—, «Posibles repercusiones de la lactancia materna y uso del biberón sobre la oclusión en dentición temporal», *Odontología Pediátrica,* vol. 8, nº 2, 2000, p. 49.

GINOTT, H. G., *Entre padres e hijos,* Medici, Barcelona, 2005.

GONZÁLEZ, C., *Mi niño no me come,* Temas de Hoy, Madrid, 1999.

—, *Bésame mucho. Cómo criar a tus hijos con amor,* Temas de Hoy, Madrid, 2003.

—, *Manual práctico de lactancia materna,* ACPAM, Barcelona, 2004.

—, *Un regalo para toda la vida,* Temas de Hoy, Madrid, 2006.

GRANDI, D. y DONATO, G., *Terapia miofuncional. Diagnóstico y tratamiento,* Lebón, Barcelona, 2008.

HALE, T. W., *Medicamentos y lactancia materna,* Emisa, Madrid, 2002.

HASLAM, D., *Trastornos del sueño infantil,* Martínez Roca, Barcelona, 1985.

HOFER, M. A., «Early social relationship: a psycobiologist's view», *Child Development,* vol. 58, 1987, pp. 633-647.

HOST, A., «Importance of the first meal on the development of cow's milk allergy and into-lerance», *Allergy proceedings,* 12 (4), 1991, pp. 227-232.

HOWIE, P. W. et al., «Protective effect of breast feeding against infection», *British Medical Journal,* 300, 1990, pp. 11-16.

ILLINGWORTH, R. S. y STONE, D. G. H., «Self-demand feeding in a maternity unit», *Lancet,* I (6710), 1952, pp. 683-687.

JOVÉ, R., *Dormir sin lágrimas,* La Esfera de los Libros, Madrid, 2006.

JUUL, J., *Su hijo, una persona competente,* Herder, Barcelona, 2004.

KLOET, E. R., «Hormones, Brain and Stress», *Endoc. Regul.,* 37, 2003, pp. 51-68.

LAWRENCE, R. A., *La lactancia materna,* Mosby, Madrid, 1996.

LEBRERO, E. y OLZA, I., *¿Nacer por cesárea?,* Granica, Barcelona, 2005.

LE DOUX, J. E., «Brain mechanisms of emotions and emotional learning», *Current Opinion in Neurobiology,* vol. 2, 1992.

LIEDLOFF, J., *El concepto del continuum. En busca del bienestar perdido,* Ob Stare, Tegueste, 2003.

LIGA INTERNACIONAL DE LA LECHE, *El arte femenino de amamantar,* Diana, México, 1993.

LOUIS, J. M., *Los niños precoces. Su integración social, familiar y escolar,* Narcea, Madrid, 2004.

LOZOFF, B., WOLF F. A. W. y DAVIS, N. S., «Sleep problems in pediatric practice», *Pediatrics,* 75, 1985, pp. 477-483.

MARTINES, J. C., ASHWORTH, A. y KIRKWOOD, B., «Breastfeeding among the urban poor in southern Brazil: reasons for termination in the first 6 months of life», *Bulletin of the World Health Organition,* 1989.

MAUSE, L., *Historia de la infancia,* Alianza, Madrid, 1991.

MCKENNA, J. J. y MOSKO, S. S., «Sleep and arousal, syncrony and independence, among mothers and infants sleeping apart and together (same bed). An experiment in evolutionary medicine», *Acta Pediátrica,* Supl. 397, 1994, pp. 94-102.

MILBERG, F. y GEROLD, I., «Dificultad para conciliar el sueño y despertares nocturnos como motivo de consulta pediátrica», *Arch. Argent. Pediatr.,* 99 (6), 2001, pp. 503-509.

MILLER, A., *Por tu propio bien. Raíces de la violencia en la educación del niño,* Tusquets, Barcelona, 2001.

MOORE, M. S., «Disturbed attachment in children: a function in sleep disturbance, altered dream production and immune dysfunction. Not safe to sleep: Chronic sleep disturbances in anxious attachment», *J Child Psychotherapy* 15, 1989, pp. 99-111.

NESSE, R. M. y WILLIAMS, G. C., *Evolution and healing: The new science of darwinian medicine,* Weindenfeld & Nicolson, Londres, 1995.

NICKLAS, T. A. y HAYES, D., «American Dietetic Association. Position of the American Dietetic Association: nutrition guidance for healthy children ages 2 to 11 years», *J Am Diet Assoc,* 108(6), 2008.

NYLANDER, G., *Maternidad y lactancia. Desde el nacimiento hasta los seis meses,* Granica, Barcelona, 2005.

ODENT, M., N*acimiento renacido,* Creavida, Buenos Aires, 1984.

—, *El bebé es un mamífero,* Ob State, Santa Cruz de Tenerife, 2007.

ORGANIZACIÓN MUNDIAL DE LA SALUD, «Nutrición del lactante y niño pequeño. Estrategia mundial para la alimentación del lactante y niño pequeño», A55/15, abril de 2002.

PANTLEY, E., *Felices sueños,* McGraw-Hill, Barcelona, 2002.

PÉREZ-ESCAMILLA, R. et al., «Determinants of lactation performance across time in an urban population from Mexico», *Social Science and Medicine,* 37 (8), 1993, pp. 1.069-1.078.

PUNSET, E., *El viaje a la felicidad,* Destino, Barcelona, 2005.

—, *El viaje al amor,* Destino, Barcelona, 2007.

RICHARDS, M. y BERNAL, J., «Why some babies don't sleep», *New Society,* 28, 1974, pp. 509-511.

RICHMAN, N., «A community survey of characteristics of one to two years-old with sleep disruptions», *Journal of American Academy of Child Psychiatry,* 20, 1981, pp. 281-291.

RODRIGÁÑEZ, C., *Poner límites o informar de los límites,* 2005 (texto inédito, se puede consultar en *www.casildarodriganez.org/varios.php*).

SADEH, A., «Stress, Trauma and Sleep in Children», *Child and Adolescent Psychiatric Clinics of North America,* 5(3), 1996, pp. 685-700.

SAMALIN, N., *Querer a todos por igual,* Medici, Barcelona, 1997.

SANJUÁN, J. y CELA CONDE, C. J., *La profecía de Darwin: del origen de la mente a la psicopatología,* Ars Médica, Barcelona, 2005.

SASSIN, J., PARKER, D., MACE, J. y cols., «Human growth hormone release. Relation to slow wave sleep and sleep waking cycles», *Science,* 165 (892), 1969, pp. 513-515.

SELIGMAN, M., *La auténtica felicidad,* Ediciones B, Barcelona, 2003.

SIEGEL, D. J., *La mente en desarrollo,* Desclée de Bronwer, Bilbao, 2007.

SLAVEN, S. y HARVEY D., «Unlimited suckling time improves breast feeding», *Lancet,* I (8216), 1981, pp. 392-393.

SMALL, M. F., *Nuestros hijos y nosotros,* Vergara-Vitae, Buenos Aires, 1999.

SOLTER, A., *Llantos y rabietas,* Medici, Barcelona, 2002.

SPITZER, M., *Aprendizaje. Neurociencia y escuela de la vida,* Omega, Barcelona, 2005.

STADLEN, N., *Lo que hacen las madres,* Urano, Barcelona, 2005.

SUOMI, S. J., «Long term effects of different early rearing experiences on social, emotional and physiological development in nonhuman primates», en KESHAVAN, M. y MURRAY, R. (eds.), *Neurodevelopment & adult psicopathology,* Cambridge University Press, 1997.

TAYLOR, S. E., Lazos vitales. *De cómo el cuidado y el afecto son esenciales para nuestras vidas,* Taurus, Madrid, 2002.

UNO, H. y cols., «Hippocampal damage associated with prolonged and fatal stress in primates», *Journal of Neuroscience,* 9 (5), 1989, pp. 1.705-1.711.

VALMAN, H. B., «Sleep problems», *BMJ,* 1981.

—, *ABC de uno a siete años,* Ancora, Barcelona, 1982.

VAS, M., *Mi niño no habla bien. Guía para conocer y solucionar los problemas del lenguaje infantil,* La Esfera de los Libros, Madrid, 2009.

VV.AA., *DSM-IV Manual diagnóstico y estadístico de los trastornos mentales.* Masson, Barcelona, 2002.

—, «Lactancia materna: guía para profesionales», Monografías de la AEP, nº 5, 2004.

WITTCHEN, H. U. et al., «Depressive episodes-evidence for a casual role of primary anxiety disorders?», *Eur Psychiatry,* 18 (8), 2003, pp. 384-393.

YEHUDA, R., «Biology of posttraumatic stress disorder», *Journal of Clinical Psychiatry,* 61 (suppl. 7), 2000, pp. 14-21.